去日本 去韩国

终极实用版

『去旅行』编辑部◎主编

中国农业出版社

图书在版编目（CIP）数据

去日本 去韩国终极实用版／"去旅行"编辑部主编 .
—北京：中国农业出版社，2014.4

ISBN 978-7-109-18544-9

Ⅰ . ①去… Ⅱ . ①去… Ⅲ . ①旅游指南－日本②旅游
指南－韩国 Ⅳ . ① K931.39 ② K931.269

中国版本图书馆 CIP 数据核字（2013）第 261541 号

中国农业出版社出版
（北京市朝阳区麦子店街 18 号）
（邮政编码：100125）
策划编辑：李梅
责任编辑：李梅

———————————————————

北京中科印刷有限公司印刷　　新华书店北京发行所发行
2014 年 4 月第 1 版　　2014 年 4 月第 1 次印刷

———————————————————

开本：710mm×1000mm　1/16　　印张：22
字数：400 千字
定价：49.90 元

日本的阿尔卑斯山脉——飞弹山脉

日本、韩国的文化在一定程度上受到中国文化的影响，两国在发展过程中，逐渐形成了各自特色鲜明的自然、人文特征。很多中国人前往日本、韩国旅游，就是想亲身体验一下，同中国一样受到佛家和儒家文化影响的两个邻国，究竟有哪些不同的人文与自然之美。

提到日本，樱花、富士山很可能是人们脑海中首先跳跃出来的字眼。的确，烂漫的樱花和云端上的富士山正是日本迷人景致的点睛之处。此外，日本还有很多迷人的景致。

来到日本，你可以在红粉掩映下的山峦、建筑、湖畔游荡，可以在白雪皑皑的山峰中漫步，可以在雾气弥漫的温泉中嬉戏，还可以在散发着日本风情的小餐馆中品尝美食。而在日本的寺庙之乡，你又可以寻觅到一份清幽、一种淡然。日本的北海道则会让你感受到大自然的浪漫和五彩缤纷。看过了太多的美景，接下来的日本佳肴怎可错过？美味的生鱼片、寿司等日本料理都能给你的舌尖和视觉带来特别的冲击和享受。

游完日本，再来到与日本隔海相望的韩国。韩国，无论是火热来袭的韩剧，还是市场上随处可见的韩版服饰，或是被炒得沸沸扬扬的韩国整容技术，都能让人感觉到她离我们如此之近。

在韩国，你可以在韩屋村中品味韩国特有的文化、历史风貌，可以在古寺中感受那种远离世俗的清静，可以在韩剧拍摄地寻觅重温曾经深印在脑海中的影视场景，还可以在景致迷人的小岛上享受徐徐海风吹拂脸庞的凉爽惬意。除了这些，韩国口味多样的泡菜、各种风味料理一定能让你感受到更真切的韩国。

心动不如行动，想去日本、韩国旅游的人，就赶快出发吧！去亲身感受一下这两个邻国，体验那种熟悉与陌生交织的奇妙感觉。

最后，编者衷心地祝愿每一个准备前往日本韩国旅游的人，都能拥有一段愉快的旅行，并将这些美好的回忆永久留存。

目　录 CONTENTS

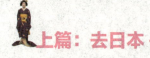

上篇：去日本

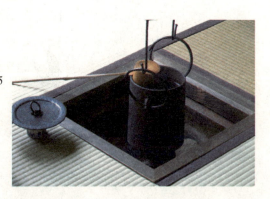

✈ PART 1 去日本前

✈ **PART 2 到达日本后** ✈ **PART 3 东京→横滨**

✈ PART 4 名古屋→山梨→长野

✈ PART 5 京都→奈良→大阪→神户 ·············

✈ PART 6 北海道

162 / 北海道

下篇：去韩国

✈ **PART 3 首尔→仁川→京畿道** ┄┄┄┄┄┄┄┄┄┄┄┄┄┄┄┄

✈ PART 4 釜山→济州道

穿和服的小人偶

上篇：
去日本

A
吃："痛快"享受美食

1.垂涎欲滴美食多

　　说到日本美食，能跃入脑海里的就是新鲜的日式料理、五彩斑斓的寿司和香气扑鼻的乌冬面，是简单却不失美味的便当，或是冒着热气的关东煮和Q劲十足的章鱼小丸子，也或者就是一杯日本清酒……是的，日本有太多太多令人垂涎欲滴的美食，这些美食色香味俱全，制作精细，讲究营养，让人抵挡不住舌尖上的诱惑。

　　在日本众多的美食中，最值得一提的要数日本的"和食"及"定食"了。和食也称日本料理，其主食以米饭、面条为主，副食多为新鲜的鱼虾等海产，常搭配日本酒。和食的魅力在于清淡，保持了材料本身的原味。怀石料理算是日本料理中最为高级的料理，其菜单有四季之分，每季只取应季的食材，料理中的每道菜也是客人点菜后现烹制的，制作精致美观，

不仅体现了料理的新鲜度和口感，也让品尝者有一个很好的视觉享受。

定食也就是日本便当，一个漆器食盒里分多格，里面装着主菜、配菜、米饭、酱汤、咸菜等。定食内必须有米饭、咸菜、酱汤或清汤，其他菜可根据价格不同进行相应的调配。

2.餐馆选择多样化

日本的餐馆分为很多类型，既有高级的餐馆，也有极具日本特色的居酒屋，抑或是路边摊一样的屋台，或是日本专门料理店。每一种不同类型的餐馆，都会有其特别之处，当然也有一些要求。像日本的高级餐馆必须要提前预订，如果有变动一定要取消预订，否则你就会被加入黑名单，以后再订这家餐馆就会被告知已客满；日本专门日式料理店或和式餐馆在进餐馆前，需要换拖鞋，在包厢门口脱鞋时，要面向包厢（可以蹲着脱），不可背对包厢脱。脱下来的鞋子调头往内放；日本的居酒屋则是日本传统的大众餐馆，这样的餐馆没有什么特别要求，通常都是人们随意地围着一张桌子用餐。

3.了解用餐习惯不失礼

在日本用餐，有很多礼仪需要了解，不然很可能会闹出笑话，甚至会被别人误会，认为你不礼貌。

进入餐馆点餐时，如果是新式的大型食店，切忌大声叫喊服务员。找位置入座后，每张餐桌上都放置有一个电子呼叫器。想要点餐时，只要轻轻按一下上面的白色按钮，便会有服务员过来招呼你。

用餐时，也有一些用餐礼仪要注意。如果

吃寿司，直接放入口中即可，切勿分几口吃；如果吃面，可以直接从汤碗把面吸啜入口，且发出响声，这是对厨师表示赞赏的方式；如果是几个朋友点几样小菜一起吃的话，应该用公用的筷子将食物夹到自己专用的盘子中；如果要喝酒，等互相祝酒后才能开始用餐，即使不想喝，也应该假装喝一小口；如果去日本友人家做客，忌讳只食用一碗就说够了；在用餐过程中，避免谈论令人倒胃口的话题，也不应整理衣服或摸头发；一般来说，盘子里的食物应尽量吃干净；用完餐后，应将使用过的餐具放回用膳开始时的位置，包括把餐碗的盖盖好，把筷子放回到筷子盒或纸袋中；吃饱后尽量避免打饱嗝。

4."壮胆"吃河豚料理

在日本，吃一顿河豚料理，想必会是一段难忘的回忆。首先，吃河豚料理是需要勇气的。大家都知道，河豚有剧毒，其毒性是砒霜的13

最大集散地。想要吃河豚料理的游客不妨前去品尝一下。需要提醒游客的是，河豚料理的价格十分昂贵，大约需要 10 000 日元，折合成人民币 600 多元。

5.日本便宜美食哪里找

在日本旅游，消费还是挺高的。所以为了节省旅游费用，从饮食上节省也不失为一个好办法。在日本火车站一般会有荞面馆和便当出售，那里的面条十分便宜，一碗面只需要 200 日元，味道也不错，而便当也十分便宜，食用前还可以加热；日本东京有不少廉价的牛肉饭连锁店，如吉野家、松屋等，那里的牛肉饭一般只要 300 日元；在百货公司地下楼层一般会有熟食的超级市场，那里从 18:30 至关门前，食品会实行减价促销，新鲜美味的便当有时只需要 400~600 日元；如果想要买饮料，不妨去不少"100 日元商店"买，那里的饮料比便利店或自动售货机还要便宜近 1/4。

倍，但不得不承认，河豚的味道是极其鲜美的。在日本，只有那些在特许经营店工作并持有专门执照的厨师才有资格制作河豚料理，他们所制作的河豚料理自然无毒，可以供人享用。

吃河豚的最佳季节是在冬季，这个时候的河豚味道最鲜美，生食最宜。河豚常见的料理方法是所谓的"菊盛"，也就是先将河豚切成近乎透明的菊瓣形切片，再放入盘中由外向内叠层排成菊花的形状。吃的时候，用筷子由外层向内层一层一层剥着吃。据说这种吃法能够品出河豚特有的鲜味。

日本下关市的唐户，南风泊是日本河豚的

6.饮食重点知一二

日本的用餐时间，早餐大概是在 6:00~8:00，午餐在 12:00~14:00，晚餐一般是在 19:00~21:00。

自己到柜台结账。日本大部分餐厅结账，

需要客人自己拿账单到入口旁的柜台结账。

叫服务员。在一般的餐馆，想要点菜或添加茶水时，可招手叫服务员。但如果是新式的餐馆，可以按桌子上的按铃叫服务员。如果是在高级餐馆，有很多服务员，服务员看到客人有需要时，会自动地来询问客人是否需要帮助。

点菜不用愁。如果你担心去日本餐馆不会点菜，那就完全没有必要了。因为大部分日本餐馆会有点菜模型，你只要抄下点菜模型的名称去点餐就可以了。即使没有点菜模型，菜单上也会有食物图片供你选择。

日本就餐常用日语	
日语	**中文**
私が注文したい	➡ 我想点菜。
ある人は私に紹介してないの？	➡ 有什么可介绍给我的呢？
この料理は何ですか？	➡ 这是什么料理？
今日のコースは何ですか？	➡ 今天的套餐是什么？
私はこのように。	➡ 我要这一样。
店員	➡ 服务员
勘定	➡ 买单

B

住：住宿选择多样化

1. 国际青年旅舍很实惠

日本的国际青年旅舍遍布全国大小城市，很容易就能找到，有的甚至就在景点周围。对于背包客或是想要省钱的游客来说，国际青年旅舍是一个不错的选择。国际青年旅舍的费用一般在2800日元每晚，价格相当实惠，内部设施也较为齐全。此外，在国际青年旅舍还能获得不少旅游情报及结交不少国际友人。

去日本旅游，如果你打算选择入住国际青年旅舍，建议先在国内通过网站 www.yhachina.com，办理一张国际青年旅舍会员卡，然后预订好房间，这样前往日本后就可以直接住宿了。国际青年旅舍办理入住手续的时间一般在15:00~20:00，提早到的游客可以先将行李放在公用储物柜里，然后再出去游玩。

📷 旅游达人游玩攻略

1. 国际青年旅舍的柜台有营业时间，在预约时应询问清楚，否则晚上来的话，可能会遇到不办理入住手续的情况。

2. 在国际青年旅舍，住宿的费用包括晚餐和隔天的早餐，如果不需要用餐，住宿费可以便宜些，但是需要事先通知青年旅舍。此外，如果不能赶上晚餐，就不要预约晚餐，因为晚餐是定时提供的。

3. 国际青年旅舍的位置一般会离火车站比较远，各处的国际青年旅舍都需要从火车站乘10~15分钟的巴士才能到。有的国际青年旅舍在山上，比较偏僻，他们通常会提供免费接送服务。在电话预约时，最好询问清楚接送时间及详情。

2. 别具一格的胶囊旅馆

胶囊旅馆是日本的一种非常便宜的旅馆，它的费用约每晚3000日元，是普通酒店的40%~50%。胶囊旅馆非常小，大概只有2平方米，但却"五脏俱全"，广播、电视、无线上网应有尽有。此外，胶囊旅馆的卫生条件也非常好，房内的床单、枕巾等就寝用品都是每天一换。此外，这里还提供免费的洗漱用品。在公共的休息室有自动售货机，为游客提供了很大的方便。

日本各个县市都有胶囊旅馆。规模小的约有50个房间，大的胶囊旅馆房间多达700个。胶

囊旅馆不仅受游客的青睐，还有不少日本当地人居住。想要住胶囊旅馆，提前预订一个房间是你的明智之举。

3.找个旅馆感受当地风土人情

日本商务饭店、大饭店的收费比较昂贵，因此可以选择日本的旅馆。旅馆的费用为3500~5000日元。日本的旅馆可以分为家庭旅馆和普通旅馆。家庭旅馆是经济实惠的住宿，很受自助旅游人士的欢迎。住在家庭旅馆，游客可以和旅馆的主人交谈，了解当地的风土人情，感受原汁原味的日本特色。

日本普通旅馆和家庭旅馆的形式差不多，但价格却比家庭旅馆便宜。日本旅馆团体提供了很多日式旅馆的资料，游客可以在各地的观光案内所取到，并可以请那里的职员订房。

4.大饭店用优惠套票较划算

大饭店的位置及设施是日本诸多住宿类型中最好的，一般分布在离市中心、火车站不远的地方，内部设施也十分完善。当然，大饭店的价格也相对较高，每晚需要8000~10000日元。不过游客在出国前到旅行社购买"机票＋住宿"的优惠套票，会比较划算。

5.错过末班车不妨到漫画吃茶店小憩

如果晚上玩得太晚，错过了末班车，又不想花钱打车回住的地方，不妨选择在漫画吃茶店小憩一会儿。漫画吃茶店有私人房间和舒适的倾斜式座椅，还有DVD和漫画图书馆，提供可以续杯的咖啡和便宜的食物。在漫画吃茶店住一晚，大约需要2500日元。

日本住宿常用日语

日语	中文
ここで予約ホテルですか？	➡ 可以在这里预约饭店吗？
私は1泊3000元以下の部屋。	➡ 我想住3000元以下每晚的房间。
すみません、空いている部屋が？	➡ 请问有没有空房间？
すみませんが、家賃が含む朝食（食事）の費用は？	➡ 请问房租有没有包括早餐（用餐）的费用？
一泊いくらですか？	➡ 一晚多少钱？
ここは何時に閉まりますか？	➡ 这里几点关门？

C

行：达人教你玩转交通

1.遍布全国各地的机场任你行

　　日本的航空业相当发达，全国各地遍布 100 多个大大小小的机场。航空公司有日本航空、全日空、日本航空系统三大公司，独立的公司还有 Sky mark airlines、北海道国际航空等。几乎所有的航线，都是每日早晚往返 2 班以上。想要进一步了解各个机场的信息，可以登录网站 www.jpwindow.com 查询。

　　在日本买机票，可以在旅行社代理店购买；在 JR 和私营铁路的车站也会有机票出售，但是要注意那里是否有航空公司的标记或者引人注目的旗帜；另外，游客也可以使用信用卡预约机票，只需向预约中心通过电话键输入信用卡号码，就能完成预约，如果是当日的，只需持信用卡到机场即可办理。

2.JR国铁很便捷

　　JR 国铁是日本最为便捷的交通工具之一。JR 列车主要包括新干线、特急、急行、快速、普通等类型，这些列车运行速度都比较快，几乎在日本的各个城市都能找到它们的踪迹，不过价格都比较高，特急、急行、新干线等火车除了基本的车费外，还有特急或急行费。以东京到大阪为例，新干线单程票就要 14000 日元左右。

新干线的票价还是挺高的，所以游客如果在出国前确定要搭新干线火车，记得要在中国国内的日资航空公司或有相关代理服务的旅行社购买"全日本国铁通行证"（JR Pass）。JR Pass专门面向外国游客，日本国内没有出售。JR Pass全日通票共有7天、14天和21天三种，普通席价格为28300日元、45100日元和57700日元。有了JR Pass，游客除了有不能坐Nozomi、以及新干线头等舱和寝台列车要补差价的限制外，其余的均不用额外付费。沿站你可以在任何站点上下车，非常自由方便。如果游客想要事先订位，可以去绿色窗口提前订位，不加额外费用。建议游客在机场或车站的便利店买上一份列车时刻表，这会让你的行程更加顺畅！

3. 搭乘公交车有方法

在日本，没有地铁通行的地方，公交车成了游客出行重要的交通工具。公交车站一般都在火车站旁边，你可以先在火车站内的观光旅游中心或公交车站询问前往景点的路线，然后在公交车站牌或公交车外壳上查看行驶路线。上车后记得在车门口处的整理券发票机上领取整理券，再关注司机座位上的电子车资表（表上的固定号码是你手上整理券的号码，跳动的红字则是车资）。下车时，你只要按下门铃，然后将整理券和车资一起放入投票机内即可。

在不少著名旅游城镇，如箱根、富士山等地，会推出"一日乘车证"，凭借一日乘车证，游客可以在一天内无限次搭乘公交车。

4. 搭地铁日本畅快行

地铁是日本大城市内主要的交通工具，目前共有9个城市拥有地下铁系统，福冈、神户、京都、大阪、名古屋、横滨、东京、札幌及仙台都有地下铁行驶。游客乘坐地铁基本能够到达旅游景点或比较繁华的地方。乘坐地铁时，可以在地铁站购买"一日乘车券"，这样你就可以在一天内无限期使用这张乘车券乘坐地铁，既省钱又省时。

日本地铁几乎都是在检票口前的自动售票机上买票，地铁的线路图在地铁站咨询台和当

地的旅客办事处都可以获得。进站时，乘客将一张印有票价、到达站名的一寸多长的长方形票放入检票口，1 秒钟后从 1 米外的另一头验出；车票必须保留，出站时要再次置入自动检票口收回。

日本地铁分为近铁和私铁两种类型。其中，近铁由日本各城市的交通局负责运营，主要有札幌市营地下铁、仙台市地下铁、都营地下铁（东京）、横滨市营地下铁、名古屋市营地下铁、京都市营地下铁、大阪市营地下铁、神户市营地下铁、福冈市营地下铁等；私铁则由日本各地铁公司负责运营，主要有东京地下铁、埼玉高速铁道线、临海线、港未来线、神户高速线等。

5.租车游日本挺自由

想在日本旅游更畅快的话，租车旅游肯定是一个不错的选择。日本的租车业很发达，在火车站和轮渡码头聚集了很多汽车租赁办事处。租赁小型汽车，第一天的费用为 6825~9450 日元，此后每一天为 5775~7875 日元。但是在旅游旺季，汽车的租赁费用会增加 1000 日元左右。需要注意的是，日本车辆是靠左行驶的。

6.方便却昂贵的出租车

如果不需要赶时间的话，不建议游客选择出租车。日本的出租车费用十分昂贵，收费标准为前 2 千米的费用为 600~660 日元，此后每 350 米的费用为 100 日元。如果出租车的车速小于 10 千米 / 小时，就会采用计时收费的方式。全日本的出租车费用基本是统一的。

日本交通常用日语	
日语	中文
予約したいのですが（東京）の列車。	我想预订到（东京）的列车。
この列車の予約が必要ですか？	这列车需要预订吗？
（京都市）への列車は何番ホームで発車ですか？	前往（京都）的列车，在几号月台发车呢？
私はこれが私の席です。	我想这是我的座位。
私は次の駅で降りる。	我在下一站下车。

D

游：热门旅游别错过

1. 在寺庙之乡寻一份清静

寺庙小院，朱红色神殿大门的拱廊，安静的金光闪闪的寺庙……京都是日本的寺庙之乡。京都拥有日本最美丽的寺庙，它可能是《聪明的一休》里华美的金阁寺，也可能是古老清雅的清水寺……拥有 1600 多座佛教寺庙和 400 多座神社的京都是你来日本绝对不可错过的城市。在京都，你会发现一种含蓄、静逸，不掺杂任何商业气息和尘世凡俗的美，她比其他城市更"日本"。

京都寺庙推荐		
名称	地址	旅游达人印象
金阁寺	京都市北区	碧水蓝天，白云朵朵，配上金色的楼阁，即使是被熙攘的人群包围也能感受到一种宁静，别有一番风味
清水寺	京都市东祇园和东山之间	清水寺的一景一色完完全全地将京都风采表露无遗，无论是春天的樱花、夏天的瀑布、秋天的红叶，还是冬天的细雪。清水寺都彷佛是为了证明京都而存在一般，无时无刻不吸引着人们流连忘返
银阁寺	京都市左京区	银阁寺是充满日式特色的庭院，淡雅大方。深秋时节，红叶烂漫，天黑后的暮色中的银阁寺更有几分凄美感
东寺	京都市内	京都的标志性建筑，这里的建筑、景观与植物好比精心修建的盆景，简约而大气，笔墨不多却处处写意
龙安寺	京都市右京区	龙安寺，枯山水庭院的代表，那个著名的石庭，据说无论从哪个角度看，都不能看到全部的石头

2. 樱花烂漫之际，漫步园中最惬意

"粉红色的面容/带上些许慵懒/在早春三月起床/便不停地梳妆打扮/把嘴唇描得猩红/漂泊的春情漫过富士山……"若是在春天来到日本，那一定会是一次幸福的旅行。春来冬去，樱花在整个日本绽放，这个时候日本人成群结队地来到公园内，欣赏那如云似霞的烂漫樱花。坐在草地上，吃着寿司，抿一口清酒，就着熏人醉的樱花胜景……恐怕这就是日本人最幸福的滋味吧！

赏樱最好的公园		
名称	**地址**	**旅游达人印象**
上野公园	东京都上野区	每年樱花季节，上野公园都要举办隆重的"樱花祭"。这里共有1200多棵樱花树，是赏樱的绝佳之地
北之丸公园	东京千代田区千代田1丁目	园内有200多株樱花，春季成为了赏樱的极佳之地。这里还是野餐的好去处
代代木公园	东京都涩谷区	代代木公园的樱花众多，是春季赏樱花的好地方。这里还是野餐、运动、漫步的好地方
三溪园	横滨市山手附近的本牧山丘上	一座秀丽古典的日式庭院，拥有迷人的景观花园，园内有蜿蜒于池塘间的小径，是观光樱花、梅花和红叶的绝佳地方
西之丸庭院	大阪城天守阁旁边	西之丸庭院有600多株樱花树，这里的樱花以染井吉野樱为主

3.有一种浪漫叫北海道

造物者若不是偏心，怎会将北海道造得如此美？想必去过北海道的人都忍不住发出这样的疑问。冯小刚导演的《非诚勿扰》让北海道一时名声大噪，其唯美的花海、宁静的乡野气息和深邃的大海给每一个观众留下了一个浪漫的梦——有机会去趟北海道。北海道的

美还不止于此。春秋时节，北海道色彩斑斓；冬季，北海道是漫天雪花的北国风光；夏天，北海道又成了"东方的普罗旺斯"，成片的薰衣草、向日葵花田，让北海道多了一份香气扑鼻的美。如果说令人迷醉的美景是北海道直白的美，那《情书》里的小樽则体现了北海道含蓄的美。

北海道美景推荐地		
名称	交通	旅游达人印象
札幌	可以乘坐飞机到达新千岁机场	札幌一年四季都美，以冬季最迷人。到了冬天，整个城市一片雪白，充满浓厚的北国风味。札幌每年还会举办以冰雪为主题的户外活动，如札幌雪祭。届时，来自各地的冰雕艺术家将会在此雕刻出各种惟妙惟肖的冰雕
富良野	乘坐巴士从旭川机场到富良野车站约1小时	富良野四季绚烂多彩，春天到处盛开着观音莲，夏日有芬芳的薰衣草，秋日有满山的红叶，冬天水蒸气结成的水珠晶莹闪亮
小樽	乘坐JR千岁线、函馆线快车从新千岁机场车站到小樽车站约1小时	唯美的爱情电影《情书》的取景地就是小樽，小樽是日本北海道西南部，富有欧洲浪漫气息

日本旅游常用日语

日语	中文
私は行きたい（金閣寺）どう行くの？	➡ 我想去（金阁寺）怎么走?
料金はいくらですか？	➡ 票价是多少?
いつまでですか？	➡ 什么时候闭馆呢?
すみません、これは誰の作品？	➡ 请问这是谁的作品?
ここで写真をとってますか？	➡ 这里允许拍照吗?
この建物は本当にとても精巧で美しい。	➡ 这建筑真的很精美。

E
⓹：达人教你在日本扫货

1. 日本著名商业街区

　　日本是名副其实的购物天堂，如果想"疯狂"购物的话，东京和大阪是最佳目的地。东京和大阪有很多著名的商业街区，首都东京更是会聚了诸多的购物地，像银座、新宿、涩谷、池袋等。银座是日本最具有代表性的繁华大街，以高级购物商店而闻名；新宿有数不尽的商场店铺，如知名的小田急百货、OIOI百货、三越等，这里比较适合年轻人；涩谷是日本年轻人的聚集地，这里的每条街、每个地段都有自己的特点；池袋以阳光城大厦60为中心，是娱乐、购物、休闲的好去处。想要买电器的游客可以去秋叶原的电器街。

　　大阪也是日本不可错过的"购物天堂"，极具传统商贸气息的心斋桥商店街、天神桥商店街等都是充满人气的购物街，在那里，游客能够购买到具有大阪特色的商品。而大阪的"美国村"、"电电之城电器街"则是售卖名牌、电子商品、潮流服饰的购物热点。不过，在日本买日产电器不要抱着"可能比其他地方便宜"的想法。

商业街和商场推荐		
名称	地址	交通/电话
银座	东京中央区银座	交通：乘地铁在银座站下可到，JR山手线有乐町车站；日比古线银座站等多条轨交可达
涩谷	东京涩谷区	交通：乘坐地铁在涩谷下可到
新宿	东京都西南部新宿区	交通：JR新宿站、京王线新宿站直达，丸之内线、大江户线也穿过该区
109百货	东京涩谷区道玄坂2-29-1号	电话：03-34775111
丸井百货店	东京新宿区新宿3-30-13号	电话：03-33540101
大阪心斋桥	大阪市中央区心斋桥筋1-2	交通：搭乘地铁御堂筋线至心斋桥站下，步行可达
大阪"美国村"	大阪市中央区西心斋桥	交通：搭乘地铁御堂筋线至心斋桥站下，步行可达
横滨崇光百货	横滨市西区高岛2-18-1号	电话：045-4652111
三越百货公司	爱知县名古屋市中区荣3-6-1号	电话：052-2521111

2.购物时间掌握好

在日本，百货商店的营业时间是10:00~20:00（周末和节假日照常上班），有些商店的营业时间会延长。

日本打折季一般在每年的4月中下旬、7月中旬到8月中旬、10月下旬、12月底到次年1月中旬等时间，届时商品物美价廉，是不错的购物时机。

3.购物退税小窍门

在日本购物需要另外支付5%的消费税，一件标价100日元的商品，实际支付金额为105日元。但当天购买1万日元以上的商品（有的商场没有金额限制）就可以办理退税，一些规模较大的商场都有专门的退税点（化妆品和食品不可退税）。

顾客购物之后，营业员会帮忙填写一式三份的退税申请表，包括护照号码、本国地址、消费金额、退税金额等，并将购物发票贴上，商店一份，顾客两份。顾客拿着退税申请表去退税点办理即可。若是商场没有退税点，可去机场关税台办理。在退税时，办理者一般会让游客选择退税方法，有现金、支票、刷卡3种。建议游客选择刷卡退税，既简单又能立即生效，更省去了携带零钱的麻烦。

4.在药妆店买化妆品最划算

爱美的女士来到日本必买化妆品。在日本买化妆品，建议去药妆店。药妆店主要销售日系品牌的护肤品、彩妆、健康食品及保健药品，价格都十分便宜。所有药妆店均为开架式，免费试

用，可自备纸巾、棉签等用品。另外，药妆店的小样是可以免费自取的。日本的药妆店非常多，就像超市一样，每个社区至少有一两家，电车站也会有，购物区更多。日本最大的药妆连锁店是松本清，拥有760多家店铺。东京的药妆店价格因地区不同而有所差异，涩谷地区较高，新宿、上野和阿美横町地区相对便宜些。不过，每家药妆店的价格会有所差异，建议货比三家，也要注意有没有促销活动。一般，药妆店的促销、打折时间是在周末。

5.便利商店确实很便利

　　日本的便利商店极其广泛，其营业时间一般都会持续到午夜时分，有的店铺甚至会24小时经营。便利商店内的商品种类也非常多，几乎你想要的商品都能在这里见到，的确很便利。

6.日本逛街"必停站"

　　日本逛街"必停站"指的是百元商店，这种商店是日本经济衰退下衍生的行业，店内商品一律都是100日元。商店内的商品包括有生活智能产品、传统艺术仿制品等，商品种类众多，且都有着自己的特色，是绝对值得一逛的地方。

百元商店推荐	
名称	交通/电话
大创原宿店	东京竹下通街
超级大创町田店	东京町田站附近
大创大阪日本桥店	大阪日本桥站附近
大创名古屋荣skyle店	大名古屋荣车站附近
大创福冈交通中心店	福冈交通中心
大创神户Promena店	Promena神户、神户站附近
大创札幌中央店	大通站南二条西2丁

日本购物常用日语

日语	中文
すみません、このものはいくらですか？	➡ 请问这个东西多少钱？
私に持って大1ヤードのですか？	➡ 能帮我拿大一码的吗？
価格はいくらですか？	➡ 价格是多少？
包装をお願いしてください。	➡ 请帮我包装一下。
私はそれにしました。	➡ 我就要这个了。
また別のスタイルですか？	➡ 还有别的样式吗？

F

娱：尽情享受日本特色的休闲娱乐

1.泡个温泉解疲劳

日本有"温泉王国"的美称，其温泉不仅数量多、种类多，而且质量很高。日本各地几乎都有著名的温泉，来日本游玩，不去好好泡一下温泉，享受一下温泉给你带来的舒适感是一大憾事。日本温泉的种类有很多，有的可以治疗风湿，有的可以美容减肥，据说还有一种温泉能够治疗不孕症，称为"送子汤"。游客可以根据自己的需要，选择适合自己的温泉。另外，日本温泉的一大特色就是多伴有迷人的自然风光，让人可在享受温泉浴的同时欣赏美丽的风景。

最佳温泉体验处推荐		
名称	地址	特色
箱根温泉	神奈川县足柄下郡箱根町汤本698	箱根温泉在日本久负盛名，这里有著名的"箱根七汤"，就是七个被视为疗养胜地的温泉。箱根温泉最大的特色在于，游客在享受温泉的同时，还能观赏到逶迤的溪谷和优美的湖光山色
道后温泉	松山城城下町（外城）松山市	道后温泉的泉水质感柔和，除对神经痛、筋肉痛有疗效之外，还被公认有很高的美肤效果。另外，道后温泉历史悠久，据说宫崎骏著名动画片《千与千寻》中的汤婆婆的浴池以它为原型
汤泽温泉	新潟县南鱼沼郡汤泽町汤泽2455	汤泽温泉的泉质是弱碱性单纯温泉，对动脉硬化、外伤、风湿病、神经痛、妇女病、手足冰凉、疲劳恢复以及增进健康等具有一定疗效
草津温泉	群马县吾妻郡草津町草津	草津温泉以自然环境优美，疗效极高而著称。此外，草津温泉还拥有齐全的入浴设施和温泉旅馆、饭店以及礼品购物、餐厅等设施
热海温泉	静冈县热海市	热海温泉是日本著名的海滨温泉乡，依山傍海，风景秀丽，是日本第一大温泉疗养地。这里的温泉有促进新陈代谢、调整自律神经方面的功效
野泽温泉	长野县下高井郡野泽温泉村	这里的温泉属于硫磺泉，据说美肤效果很好。此外，这里还有一个滑雪场地
川汤温泉	北见市阿寒国立公园内	这是一处天然、奇特的温泉。在这里，温泉的水在河床上的礁石间翻滚沸腾，游客可以在河畔自行选择一处，然后挖个天然的大坑，等待温泉的热水将坑灌满后，就有了属于自己的露天温泉

名称	地址	特色
高天原温泉	富山县富山市有峰	温泉地处极高的自然屏障的中央，四面群山环绕。绝对是泡温泉享受美景的绝佳去处
宝川温泉	群马县利根郡都和藤原町1899	宝川温泉内富含碱性水，可以治疗疲劳、神经紊乱以及消化不良等疾病
麻布十番温泉	东京都港区麻布十番商店街西端	麻布十番温泉是东京都顶级的温泉区。其温泉是从地下500米深处涌出来的蒸汽般的、富含矿物质的温泉。此外，这里还为不同性别配备了单独的露天温泉池

道后温泉

2.滑雪乐趣多又多

由于日本四面环海，面临日本海的一侧冬季降雪丰厚、气候湿润，造就了那里得天独厚的天然滑雪场。日本全国各地，北至北海道南至九州，共有500多座滑雪场，规模大小不一，有的有数十条滑雪道，有的只有一个小型滑雪缆车的坡道。日本的滑雪场通常都有高山美景相伴，难度不一的滑雪道，适合不同水平的滑雪者。

日本的滑雪季节通常从12月到次年4月止，1月中至2月是滑雪旺季，积雪状况也最佳、最丰厚，且气温约为零下10℃，也比较适中。大型滑雪区的一日票价为4000~4500日元，许多滑雪场也提供半日票、多日票、季票和夜间滑雪票。若在滑雪场住宿，一般为8000日元每人，且附赠一至两餐。不过，游客也可以通过旅行社以优惠的价格购得滑雪假期套装，包括交通、滑雪缆车票和住宿。

最佳滑雪场推荐			
名称	地址	开放时间	其他事宜
白马Koruchina国际滑雪场	本州岛长野县北安云郡小谷村千国乙（距大系线信浓大町站20分钟，距丰科收费站90分钟）	2月上旬至4月上旬	**缆车费用**：上午券2300日元，下午券2300日元，一日券3200日元 **滑雪用具租借费**：滑雪鞋&滑雪板4000日元 滑雪服4500日元（含押金）
白马八方尾根滑雪场	本州岛长野县北安云郡白马村八方（距大系线信浓大町站10分钟，距丰科收费站70分钟）	12月上旬至次年5月上旬	**缆车费用**：回数券3000日元，上午券3300日元，下午券3300日元，一日券4600日元 **滑雪用具租借费**：滑雪鞋&滑雪板2500日元，滑雪服2500日元
鹿岛枪滑雪场	本州岛长野县大町市神原（距大系线信浓大町站50分钟，距丰科收费站60分钟）	11月上旬至次年4月上旬	**缆车费用**：单次券300日元，上午券3000日元，下午券3000日元，一日券4300日元 **滑雪用具租借费**：滑雪鞋&滑雪板3000日元，滑雪服3000日元
手稻奥林匹克滑雪场	北海道札幌市手稻区手稻本町（距新千岁机场60分钟，距札幌60分钟）	12月上旬至次年4月上旬	**缆车费用**：单次券250日元，4小时券2500日元，一日券3500日元 **滑雪用具租借费**：滑雪鞋&滑雪板4500日元，滑雪服4000日元
二世谷国际比罗夫滑雪场	北海道俱知安町字山田（距新千岁机场120分钟，距札幌120分钟）	11月下旬至次年5月上旬	**缆车费用**：单次券270日元 4~8小时券3200~4500日元 **滑雪用具租借费**：滑雪鞋&滑雪板4500日元，滑雪服4000日
定山溪高原札幌国际滑雪场	北海道札幌市南区定山溪（距札幌90分钟，距定山溪温泉20分钟）	11月中旬至次年5月上旬	**缆车费用**：单次券250日元，上午券3400日元，下午券3000日元，一日券4500日元 **滑雪用具租借费**：滑雪鞋&滑雪板4500日元，滑雪服3700日元

3.相扑比赛精彩无限

相扑是日本传统体育活动，类似摔跤运动，由两个人在土台上进行角逐，使对方身体任何一部分着地（除两脚掌外）即为胜利。相扑比赛没有时间限制，如果双方经过长时间角斗而胜负未分时，比赛可以暂停，休息后再重新开始比赛，直至决出胜负。

日本每年的相扑比赛是先后在东京（1月）、大阪（3月）、东京（5月）、名古屋（7月）、东京（9月）、福冈（11月）举行。游客想

要看相扑比赛，一定要选好时间和地点。另外，相扑比赛，几乎每一场都是座无虚席，所以最好提前订票。东京两国国际馆会在1、5、9月举行盛大的相扑锦标赛，想要看的游客需要提前1个月买票。观看一场相扑比赛要花上1万多日元。想要具体了解日本相扑比赛的情况，可以登录网站sumo.goo.ne.jp查看。

相扑比赛地点推荐	
名称	地址
两国国技馆	东京都墨田区横纲
大阪府立体育会馆	大阪府大阪市浪速区难波
爱知县体育馆	爱知县名古屋市中区二之丸
横滨文化体育馆	横滨市中区
京都府立体育馆	京都市北区大将军鹰司町

4.极富日本风情的歌舞伎表演和艺伎表演

歌舞伎是日本典型的民族表演艺术，被联合国教科文组织列为非物质文化遗产。现今的歌舞伎表演都由男性演出，女性角色由男性表演，称为"女形"。歌舞伎的演出内容，分为历史上武士故事为主的"荒事"和民间社会男女爱情故事为主的"和事"。歌舞伎的舞台布景非常讲究，既体现了日本的花道艺术，又有旋转舞台和升降舞台，千变万化，再配以华丽的舞蹈，可谓豪华绚丽。而

男演员演出的"女形"，虚幻妖艳，给人以超脱现实之感。

看一场歌舞伎表演可是需要花不少钱，票价基本都在1万～2万日元。不过，如果感觉票价贵的话，歌舞伎座还设有仅仅观看其中一幕的专用席，票价约2000日元，这对于只想感受一下日本歌舞伎文化的游客而言，还是很不错的。东京的歌舞伎座是观看歌舞伎的最好去处。

艺伎是日本特有的一种女性表演艺术工作者，如今日本的艺伎已成为极具代表性的传统文化。艺伎表演大致可分为"立方"和"地方"两种。"立方"是指舞蹈为主的表演者，"地方"是指演唱"长呗"、"清元"等歌曲，演奏太鼓、三味线等的表演者。艺伎除了这两大项表演外，也有茶道、香道等日本传统艺术表演。

在日本，想要看一场正宗的艺伎表演，需要到"茶屋"去联系。客人可以指定某个著名的艺伎，让茶屋代为邀请。而艺伎们提供服务的地方，通常在客人指定的茶楼、酒馆或船上。不过，并不是所有人都能向茶屋预约，只有熟客才可以。游客来日本，可以在高级料理店内看艺伎表演。在东京、京都等地有一些被称为料亭的高级料理店，可以帮客人安排艺伎服务。东京都的向岛就有近20家可以提供艺伎服务的料亭。另外，游客还可以通过网上或者电话预约找到艺伎表演，价格会相对便宜一些。

日本娱乐常用日语

日语	中文
どうぞ私に1条バスローブがいいですか？	➡ 请给我一条浴袍好吗?
演出はいつ始まりますか？	➡ 演出什么时候开始?
次はいつですか？	➡ 下一场大概在什么时候?
一杯の酒をください。	➡ 请给我来一杯酒。
この席に座ってもいいですか？	➡ 这个位子可以坐吗?

知：日本旅行必知的6大生活细节

1.进门前需脱鞋

在日本，不管你是在旅馆、餐厅，还是在别人家里做客，进门前一定要记得先脱鞋，并将鞋尖朝外整齐地放置在门口，然后再换上拖鞋或者直接穿着袜子进去。要注意的是，日本人最忌讳将鞋子散乱地摆放在门外，鞋头放错或乱放都被认为是不礼貌的。

2.泡温泉有讲究

日本的大多数温泉都是公众式的，供多人同时泡。所以为了保持浴槽的干净，每个人在进入浴槽前，都要好好洗净身体。入浴槽时，严禁跳入，要慢慢进入。另外，在浴槽内不要使用毛巾。泡完温泉后，让皮肤自然干燥，这样有利于吸收温泉的有效成分。但如果你泡的是强酸性和硫化氢等刺激性的温泉（有伤口的人不能泡此类温泉），在泡完之后需要冲洗身体，否则皮肤容易受损。

3.公共场合不要大声说话

日本是个喜欢安静，且很注意减少噪声的国家。在日本旅游，特别是在公共场合，一定要小声交谈，不要大声说话。另外，在公共场合手机响后，应立即接听，并在门外或走廊上谈话，不能在人群中放声交谈。而在电车和地铁车厢内应将手机调为振动模式，尽量不要通话。

4.上厕所也有门道

日本的厕所分为西式公厕和亚洲蹲式公厕。当使用蹲式公厕时，正确的姿势是面朝蹲便器帽盖一侧，远离公厕门。另外，不是所有的公厕都提供手纸，所以最好随身自备。需要注意的是，上厕所用的卫生纸直接丢马桶冲掉，女性生理用品可以放进小垃圾桶。在日本人看来，将卫生纸放进垃圾桶里是很脏且不礼貌的事情。

另外，在日本的女厕所里一般都会有一种叫"音姬"的电子装置。音姬是日本人发明使用的一种可以发出流水的声音，用于遮掩如厕声音的电子装置，主要用于女子厕所。所以，女游客们若是担心自己"方便"的声音被人听见，就按一下"音姬"的按钮，在水声中无所顾忌地"放胆行事"吧！

5.日本人面前不要抖腿及做较激烈的肢体动作

日本人通常有一个共同的观念就是"越抖越穷"，因此在和日本人打交道时，不管你是有心的，还是无意的，都不要在他们面前抖腿。这是极其不礼貌的，也会给你在和日本人的交往中带来诸多不便。

另外，日本人很多肢体动作和我们的习惯和理解上都会有所差异。比如拍别人肩膀，我们表示亲热，而日本人则认为是表示不尊重，表明对方比自己要低好多等级。在日本，一般只有老板对员工可以这样做。所以，在与日本人交往中，务必不要拍他人肩膀。

6.日本和服的衣襟

和服是日本的一种民族服饰，其穿法有着十分繁琐的步骤。左右衣襟相压，正确的是右手可以伸进怀里拿东西——也就是左衣襟压右衣襟，据说日本人入殓时所穿的和服才是右边衣襟压在左边衣襟上。所以，如果有机会穿和服，无论是正式的和服还是和式浴袍，都应注意这一点。

日本艺伎艳丽的和服

富士山

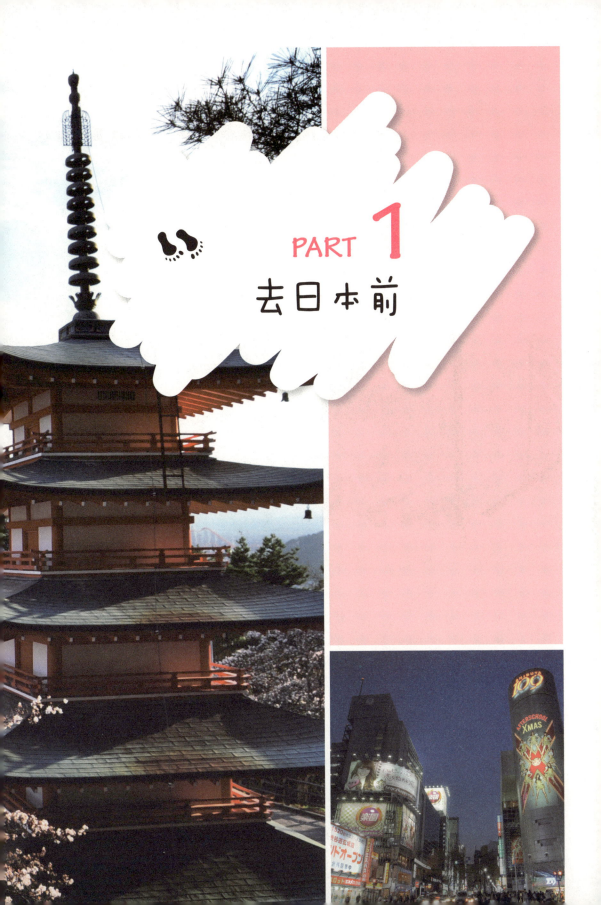

PART **1**

去日本前

1

日本
零距离

🧳 历史

日本地理位置独特，历史悠久。据《古事记》和《日本书纪》记载，第一代天皇——神武天皇于公元前660年建国，日本大致经历了上古时代、古代、幕府时代、近代和现代几个历史阶段。

·上古时代，日本历史的萌芽期

日本上古时代共经历了旧石器时代、绳文时代、弥生时代、古坟时代四个分期，旧石器时代约始于3万年前，古坟时代结束于公元6世纪。从弥生时代起，"倭"、"倭国"等与日本的相关记载始见于中国正史记载。4世纪后期的古坟时期，在近畿地方逐渐兴起了大和国，经过长期的扩张逐渐征服了日本中部大部分地区，首领称"大王"，后改称天皇。

·古代，日本对外学习、改革发展的重要时期

日本古代大致开始于公元6世纪末，至镰仓幕府建立的公元1185年，其间经历了飞鸟时代、奈良时代、平安时代三个阶段。日本古代是日本对外学习、改革和发展的一段时期，在日本史中占有重要地位。如派遣使节和留学生到隋朝学习，及多次派遣遣唐使；奠定了中国式官僚制度的基础；佛教于飞鸟时代通过百济传入日本；出现了最早的钱币富本钱。平安时代末期，武家政权时代开始。

·幕府时代，日本文化趋于成熟的时期

日本的幕府时代从武士政权诞生的公元

1185 年，至幕府政权结束，政权归还给天皇的 1867 年（有的说 1868 年），相当于中国的宋元时期到清代中期，历经镰仓幕府、南北朝时代、室町幕府、安土桃山时代、江户幕府几个时期，分别由不同的将军当政。这个时期日本实际的统治权在幕府将军手中，但幕府将军承认自己由天皇册封。室町幕府时期为日本的战国时代。江户时代始于德川家康的江户（现在的东京）幕府，此后的 200 多年是日本庶民文化大发展时期，武士和商人的文化、茶道、浮世绘、歌舞伎、文人画等绚丽多彩。

· 近代，明治维新到"二战"日本投降

日本近代历史从 1867 年（有的说 1868 年）开始，经历了明治、大正、昭和、平成，结束于 1945 年"二战"日本战败投降。江户幕府末期，日本的内忧外患使日本开始向资本主义国家学习先进的政治体制、文化，推行各种新制度，这就是著名的"明治维新"。这个阶段出现了江户时代不同的文化，个人主义小说、文学开始在日本出现，欧美传入了新的科学文化，神佛分离，出现废佛毁释等运动。

· 现代，"二战"日本投降后至今

昭和时代中期被称为日本经济复活期，并出现日本自由党、日本社会党、日本进步党、日本协同党、日本共产党等多个政党，经济复苏。到了平成时代，日本经济陷入低迷，长期的经济不景气导致失业率增加等社会问题，日本经济实力相对下降。

📖 文化

独特的地理位置及悠久的历史造就了日本独具一格的文化，但同时日本的文化又受到了东西方文化的影响。日本的文化很大程度上受到了中国文化的影响，汉字、儒学思想等都是日本借鉴中国文化的内容。同时从古至今，日本文化的发展都带有鲜明的自身的民族特色。

· 和服文化

和服是日本人的传统民族服装，也是日本人最值得向世界夸耀的文化资产。每一套和服都有不同的高雅而优美的图案，这些图案多是

日本山水的秀美风光，极具艺术价值。另外，和服讲究穿着时的每一个细节及步骤。因此，所穿和服的人，不论是坐姿还是站姿，都需经过完整的学习训练，而成为内外兼具完美礼仪的人。

·道文化

日本有很多道文化，包括茶道、花道、武道、书道、众道、香道、色道、禅道等。日本的道和中国的道有所不同，日本的道指的是技艺。比如：

茶道：茶道是日本最具代表性的文化，是在"日常茶饭事"的基础上发展起来的，是一种用茶具、茶叶、水作为工具来表演品茶迎接宾客的特殊礼节。茶道需要有幽雅自然的品茶环境，同时具备一整套煮茶、泡茶、品茶的程序。它不仅仅是一种物质享受，更主要是通过茶会和学习茶礼来达到陶冶性情、培养人的审美观和道德观念的目的。日本国内有许多传授茶道各流派技法的学校，不少宾馆也设有茶室，你可在其中轻松地欣赏到茶道的表演。

花道：花道就是我们熟悉的插花，是日本文化生活的重要组成部分。花道是属于艺术范畴内的一门技术。它是一种室内装饰艺术，以切取植物可观赏的枝、叶、花、果、根等为材料，插入容器中，按照一定的设计原理，使其组成一种富有诗情画意的花卉装饰品，充分再现了自然美。花道能使人修身养性，陶冶情操，给人一种追求美、创造美的喜悦和享受。

武道：武道是日本武术的总称，日本武道包括柔道、空手道、忍术等，现在这些已经成为日本的传统体育运动，得到了普及。柔道是日本武术中特有的一科，由柔术演变发展而来，也是中国拳术的发展。空手道融合了中国的武术，包括踢、打、摔、投、锁、绞、逆、点穴等多种技术。忍术又名隐术，即隐身术，为日本古代武道中一颗隐秘武技的明珠。忍术包括了战斗、制造混乱和收集情报。忍术的训练包括伪装、逃跑、隐藏、格斗、地理、医学和爆破。

·漫画

漫画是日本文化中令人瞩目的一部分。在世界漫画的领域里，日本漫画有着极高的地位。日本漫画有浓厚的日本特色，多以日本社会生活和精神状态为题材，画面精致、富有创意，且情节曲折。日本漫画可以成为我们了解日本的一个重要窗口。

日本漫画始祖是手冢治虫，其最有名的作品包括《铁臂阿童木》《怪医黑杰克》《森林大帝》（狮子王就是以这部漫画为原型而制作的）。日本漫画之父——宫崎骏是日本最为著名的漫画家，他导演了很多经久不衰的动画电影，如《千与千寻》《哈尔的移动城堡》《天空之城》等。想要欣赏宫崎骏作品可以去东京的朝向风博物馆，馆内展示有崎骏动画从构想到拍摄成片的制作全过程，以及其他的艺术展品。只不过想要到这个博物馆，需要提前一个月预约。

· 宗教文化

日本的主要宗教有神道与佛教。不过，如今大多数日本人并没有特定的宗教信仰，只有在婚礼和葬礼上会举行许多宗教仪式。神道教是日本本土宗教，祭神的场所是神社，神道教认为自然界万物皆为神。日本的佛教由中国传入，始于日本飞鸟时代（公元 552 年前后），属大乘佛教，净土宗和日莲宗占绝大比例。此外，天主教在日本也有一定的传播，只不过现在日本经过正式受洗的基督宗教教徒不超过总人口的 1%。

经济

日本是一个经济实力极为强盛的国家，国民拥有很高的生活水平。日本的服务业在 GDP 中占最大比重，并处于世界领导地位，首都东京不仅是全国第一大城市和经济中心，更是世界数一数二的金融、航运和服务中心。另外，日本是世界第一大动漫强国，因此动漫产业成为了日本的经济支柱，在世界上占有重要位置。日本主要的贸易伙伴有中国、美国、韩国等，其主要的进口物品以原材料为主，出口产品有汽车、电子产品、机械、工业机械等。

地理

日本位于亚欧大陆东部、太平洋西北部，领土由北海道、本州、四国、九州 4 个大岛和其他 6000 多个岛屿组成，被称为"千岛之国"。日本全国分东京都、北海道、大阪府、京都府和 43 个县，即 1 都、1 道、2 府、43 县，均为平行一级行政区，各自下设市、町、村。日本东部和南部为一望无际的太平洋，西临日本海、东海，北接鄂霍次克海，隔海分别和朝鲜、韩国、中国、俄罗斯、菲律宾等国相望。

日本境内多山，山地成脊状分布于日本的中央，将日本的国土分割为太平洋一侧和日本海一侧，山地和丘陵占总面积约 71%，国土森林覆盖率高达约 67%。富士山是日本的最高峰，被日本人尊称为"圣岳"。

日本神户港

日本海岸线狭长，但由于日本是一个岛国，其海岸线十分复杂。西部日本海一侧多悬崖峭壁，港口稀少，东部太平洋一侧多入海口，形成许多天然良港。日本流域面积最大的河川是利根川，利根川也是日本第二长的河流，日本最大的湖泊是位于滋贺县的琵琶湖。

三泷寺

🏮 习俗

·日常礼仪

初次会面：日本人初次见面时，对互相交换名片非常重视。日本人通常认为名片就是一个人的代表，对待名片就像对待本人一样有礼貌。当你从对方手中接过名片后，假如不仔细查看就随手放入口袋的话，便会被认为是极不礼貌的行为。

去家里做客：前往日本人家里做客时，要预先和主人约定好时间，并按时前往。进门前要先按门铃，在主人应答后主动通报姓名。如果对方家里没有安装门铃，就不能用手敲门，而是打开门上的拉门，问一声："里面有人吗？"日本人不习惯让客人参观自己的住房，所以不要随便查看他们的房间。去日本人家做客必须要带上礼品，所带礼品既不能过于贵重，也不能过于随意。

言语忌讳：日本人有不少语言忌讳，在与其交往时，要尽量避免提到如"苦"和"死"，数词"4"、"42"、"13"等词语。

用餐忌讳：日本人用餐时，不会把筷子插在盛满饭的碗中。日本人给客人盛饭时，不会把整锅饭一下子分成一碗碗的份饭。此外，日本人使用筷子时，忌讳将筷子放在碗碟上面。

·寺庙礼仪

日本有很多的寺庙，而寺庙也是观光客到日本旅游必去的地方。观光客需要了解一些寺庙礼仪。比如，在你进入寺庙之前，要脱去鞋、帽和头巾，有些寺庙提供塑料袋以便你带着鞋进去（若下雨带伞，把雨伞放在伞架上，有的收保管费）；进入寺庙时，面向神像，并鞠躬，若有敬奉的盒子，需投币在内后再鞠躬；寺庙内通常不允许拍照；在佛教仪式中，来访者被要求应专心致志地坐在榻榻米垫子上。

·传统节日

日本一年中有不少传统节日，而这些传统节日中有不少节日来源于中国的民俗文化。其中，日本的"五节句"是日本一年中五大重要的传统节日。"五节句"分别是1月7日"人日"、3月3日"桃花"、5月5日"端午"、7

东京歌剧城表演

月7日"七夕"和9月9日"重阳"。日本的"五节句"是把中国的历法和日本的农耕风习融合到了一起，与中国文化有着紧密的联系。

新年：日本人的新年是1月1日。这一天，在外的游子都会回家和家人团聚。另外会准备门松、挂在门上的稻草绳、镜饼等应景的东西。在除夕夜，寺庙会敲钟。而新年这一天，人们会吃荞麦面迎接新年的到来。新年一到，大家就会穿上和服到寺庙里参拜，祈求新的一年健康、幸福。

端午节：日本的端午节在5月5日，这天也是男孩节。在这一天，家家户户门上摆着菖蒲叶、屋内挂着钟馗驱鬼图，吃去邪的糕团或粽子。另外，有儿子的家庭门前均悬挂着祝男孩子健康成长的"鲤鱼旗"。

七夕：七夕在7月7日，是中国的传说与日本古老习俗的融合。这一天，人们把写有诗歌、心愿的纸系在竹竿，许下愿望，据说这天许下的愿望将会实现。

女孩节：每年阳历3月3日是女孩节。这一天是日本女孩子最高兴的日子。届时，家家户户都摆设起偶人架，在上边摆上各式各样的古装玩偶、橘花或樱花的盆景。而女孩子要穿漂亮的和服，并且邀来自己最亲密的伙伴，转帐坐在古装玩偶前，尽情地吃、喝、玩耍，愉快地欢度节日。

🛎 时差

中国北京所在的时区是东八区，日本东京是东九区，如北京时间为8:00，那么日本东京时间则为9:00；北京时间为24:00，那么日本东京时间为次日凌晨1:00。

2 出发前的准备

在前往日本旅行前，首先需要准备的证件就是护照。如果你没有护照或者所持护照有效期不满 6 个月，就必须去办理或者更换护照。根据最新的规定，全国现在共有 43 个城市的外地人可以携带本人有效身份证或户口簿在当地办理外，其他城市的人则需要携带有效身份证或户口簿在本人户口所在地办理。可以就近办理护照的城市有：北京、天津、石家庄、太原、呼和浩特、沈阳、大连、长春、哈尔滨、上海、南京、杭州、宁波、合肥、福州、厦门、南昌、济南、青岛、郑州、武汉、长沙、广州、深圳、南宁、海口、重庆、成都、贵阳、昆明、西安、无锡、常州、苏州、温州、嘉兴、舟山、泉州、株洲、湘潭、珠海、东莞、佛山。

护照办理步骤：

1. 携带本人身份证或户口簿到户口所在地（可就近办理护照的 43 个城市除外）的县级或县级以上的派出所、公安分局出入境管理部门、北京市公安局出入境管理处或者参团旅行社领取护照办理申请表。

2. 填写申请表。

3. 提交申请表。携带本人身份证或者户口簿相应证件，填写完整的申请表原件，提供彩色照片一张（需在出入境管理处或者是他们指定的照相馆照相）。

4. 领取护照。公安局出入境管理处受理申请后，审批、制作和签发护照的时间是 10 ~ 15 个工作日。领取护照时，须携带本人身份证或者户口簿、领取护照回执和 200 元工本费。凡在回执上标明取证日期 3 个月后没有领取证件的，公安局出入境管理处将予以销毁。

🧳 签证

办理好护照后，就要去日本驻华大使馆办理签证。报名参加赴日团体旅游的中国公民办理签证时，可通过报名参团的旅行社向日本大使馆、总领事馆等提出申请，中国公民只需要向旅行社提交签证申请表以及护照等相关材料即可。若是个人赴日旅游，则本人必须亲自前往办理签证处申请。

需准备的材料

● **个人资料：** 日本旅游个人资料表，有效期6个月以上的护照原件，本人身份证复印件及全家户口本复印件，2寸彩色正面免冠照片2张（半年之内，淡色底版）。

● **资金证明：** 旅行社一般都需要5万元起（根据个人的收入情况而定）存款证明/存单，如果手里的现金都用在股市和其他投资上可以提供相关证明，有房产证的也可以用来做证明。

● **在职/读证明：** 需提供本人所在工作单位的在职证明，其中包括姓名、性别、出生日期、工作起止日期、担任职务，并要单位加盖公章，还需提供所在单位营业执照复印件并加盖公章。在校学生需提供学生证复印件。无学生证时，需提供学校开具的在学证明，并加盖公章。

● **签证费用：** 日本旅游签证申请费用为200元。获得签证后根据所提交材料，需支付每人5万~15万元的保证金，如期回国后返还。

可办理访日团体旅行的旅行社

名称	地址	电话
中国国际旅行社总社	北京市东城区东单北大街1号	010-85227572
中国旅行社总社	北京市东城区东交民巷8号	010-65593824
天津中国国际旅行社	天津市河西区友谊路22号	022-28358866
西安中信国际旅行社有限责任公司	西安市碑林区长安北路94号长与饭店4楼	029-87892601
河南旅游集团有限公司	郑州市城东路288号	0371-68262213
湖南省中国国际旅行社	长沙市五一东路晓园大厦11楼	0731-82280437
湖北省海外旅游（集团）有限公司	武汉市江岸区中山大道909号	027-85416505

日本驻华使领馆

名称	地址	电话
日本驻华大使馆(北京)	北京市朝阳区亮马桥东街1号	010-85319800
日本驻上海总领事馆	上海市万山路8号	021-52574768
日本驻广州总领事馆	广州市环市东路386号花园大厦	020-83343090
日本驻沈阳总领事馆	沈阳市和平区十四纬路50号	024-23227490
日本常驻大连办事处	大连市西岗区中山路147号森茂大厦3楼	0411-83704077
日本驻重庆总领事馆	重庆市渝中区邹容路68号 大都会商厦37楼	023-63733585
日本驻香港总领事馆	香港中环康乐广场8号交易广场第一座46-47楼	00852-25221184

📷 **旅游达人游玩攻略**

签证申请人办理签证时，须无本人滞留不归史，无日本拒签史（任何种类或任何理由）；签证申请人如被领馆拒签，申请人须承担申办签证所需实际损失费用。

🛄 费用

日本这个高消费国家被认为是亚洲旅行最贵的国家之一。一天最低旅行费用通常要在350元人民币以上，中等水平的旅行费用一天在1200元人民币以上（2013年11月12日人民币兑换日元的汇率约为1∶16.3379）。所以，为了保证旅游的顺畅，在前往日本前最好做个预算。总的来说，旅行费用包括交通费、餐饮费、住宿费、观光费等。

交通费用

在日本旅游，主要的交通工具有电车、火车、公交车等。这些交通工具的费用不一，如果你选择地铁、公交车游玩，一天下来花费大概是1500日元；如果选择出租车的话，一天费用在3000~4000日元。其他交通工具的具体费用可参考本书上篇"达人教你玩转交通"版块。

饮食费用

在日本旅游，餐饮的费用是有很大弹性的。如果你只是简单的填饱肚子，那么在日本火车站的荞麦面馆花约700日元就能吃一碗面条，在一般的拉面店，700~1000日元也能吃饱。但是，如果你想去高档的餐馆用餐，那费用就高多了，有时需要花上几十万日元。如果打算去中档的料理店、居酒屋，一天需要花2万~10万日元。

住宿费用

在日本，住宿最便宜的是国际青年旅舍，每晚的费用为2800日元左右；其次是胶囊旅馆，每晚的费用为3000日元左右；高档的酒店费用在8000~10000日元。其他的住宿信息可参考本书上篇"住宿选择多样化"版块。

观光费

日本的旅游景点收费还算比较便宜，一天下来观光费基本上用不了多少。如果，选择一天逛2个寺庙外加1个博物馆的话，费用大概为1500日元。

其他费用

其他费用包括娱乐（泡温泉）、购物等，这些费用需要根据个人而定。需要提醒的是，日本物价高，游客在购物时要看清标价。

🛄 机票

去日本旅行前，提前在网上预订好机票是非常有必要的，一般以提前一个月左右预订机票为好。预订机票，建议去e龙网（www.elong.com）或携程网（www.ctrip.com）查询机票的打折信息并预订。另外，也可以去Sta travel（www.statrael.com.cn）进行查询。此外，日本国内也有众多廉价航空公司可供选择。从中国飞往日本，需要3~4个小时。

航空公司推荐

名称	网址
中国南方航空	www.csair.com
亚洲航空	www.yahang.org
中国国际航空	www.airchina.com.cn

廉价航空公司推荐

名称	搭乘点
日本蜜桃航空	关西国际机场
日本亚洲航空	成田国际机场
捷星日本公司	成田国际机场
日本天马航空	羽田国际机场

🧳 行李

行李准备妥当是旅行的前提，去国外旅行更要将所需物品带齐，否则有可能给自己的旅行带来很大的麻烦。建议提前准备行李，在准备行李前，列个清单是很有必要的。

证件

外出旅行，必须要带好护照、身份证、签证、证件复印件，以及2寸证件照数张这些证件。小孩子乘坐飞机时，还需要带上户口本。

衣物类

日本气候十分复杂，主要有亚寒带多雨气候区、亚热带气候区、温暖潮湿气候区，四季分明。3~5月是春季，需准备一件长袖、薄外套或毛衣；6~8月是夏季，需带一些比较单薄、防晒的衣物，并带上雨具；9~11月是秋季，带上长袖和薄外套即可；12月至次年2月是冬季，需带好防寒、保暖的衣物。

日常生活用品

日本的大多数酒店，都会提供一次性洗漱用品。不过，民宿一般不提供一次性的毛巾、牙刷、牙膏、洗发液等日常生活用品，需要自备。此外，旅行充电转换器、相机、录像机也必不可少，如需电池，建议多带几节，国外很贵。

药物类

去国外旅游，因饮食不当引发的病通常是肠胃病，所以一定要准备些肠胃药、腹泻药和止痛药，另外也可带些感冒药、晕车药、消炎药等。如果有慢性病的，就要在国内带足药，并记得携带英文的诊断书，万一有事，当地的医生就可以尽快做出判断。不过，最好携带盒装或袋装药品，机场内不允许携带瓶装药品。

其他物品

日本不流通人民币，在出发前，应先在银行查询最新的汇率，并换取一定额度的日元。到达日本后，可以在当地银行兑换日元。日本的大部分消费点可以使用信用卡消费，不过也有少数地方信用卡不能用，例如便利商店、地铁等。

📞 电话

日本的公用电话随处可见。这些公用电话不仅能拨打市内和市外的电话，还可以打国际电话。日本公用电话主要以用电话卡拨打为主，日本出售电话卡的公司有 KDD、IDC、Japan Telecom、NTT，代码分别为 001、0061、0041、0033。

从日本打到中国

拨打固定电话：先输入你所购买的卡的所属公司的代码，再输入中国国家代码86+ 区号（去掉区号前面的0）+ 对方电话号码。如用 KDD 公司的卡拨打北京（区号010）的座机号：12345678，方法为：001861012345678。

拨打手机：先输入你所购买的卡的所属公司的代码，再按国际接入号 00365+ 中国国家

代码86+手机号。如用KDD公司的卡拨打北京长途电话12341234123时，方法为00100365861234123123。

在日本国内互打电话

在日本国内使用公用电话进行市内通话时，首先输入你所购买的卡的所属公司的代码，再输入地区区号（去掉区号前面的0），再输入电话号码。如用KDD公司的卡拨打东京（075）的座机号：123456，方法为：00175123456

🧳 保险

前往日本旅游，建议事先在中国国内投保一份保险。旅行中，无论是自身财物被盗，还是遭遇交通事故，都会给你的旅行带来严重的影响。所以，购买一份包括意外和紧急救援医疗双重保障的境外旅行险还是十分有必要的。

购买保险时，应查看保单的覆盖范围是否包含有意外事故、遗失和被盗物品、身心健康等各种问题。如果你打算在旅游时，参加游泳，或是到偏远地区旅游等活动，就一定要事先仔细检查保单中是否包含这些活动，没有的话就要慎重考虑自己是否要参加这些活动。同时，你在购买保险时，还应根据自己的旅游行程，充分考虑购买保险的保障期限，然后再来确定相应的保额和天数进行投保。一定要看清楚保单上的责任免除条款，了解清楚保险公司将不承担哪些赔偿责任。

办好保险后，建议游客在旅途中随身携带旅游保险单的详细资料和紧急联系电话。

3

入境
那些事

🛄 入境检查

　　飞机快要抵达日本时，游客会领到日本入境卡、海关申报单，只要认真地将其填好就行。抵达日本机场后，旅客需向入境审查官提交护照及所填写的出入境卡，然后在入境审查官的引导下，在指纹机上记录电磁指纹信息，并在指纹机上部的照相机上拍摄面部照片，随后是接受入境审查官的询问，最后是从入境审查官手中取回护照。

🛄 行李提取

　　通关后，游客可在显示板上找到所搭航班的行李领取处。领取行李时，最好再确认一下航空公司及飞机班次。

　　行李领取后需要前往海关检查点进行行李检查，游客需向海关人员提交旅客携带的海关申报单。海关人员在查看旅客携带物品申报单时，会对酒类3瓶（760ml/瓶）、外国香烟400支、香水2盎司（1盎司约28ml）实行免税制度，需要注意的是，未满20周岁的人禁止携带酒类和香烟进入日本。

　　日本的行李检查十分严格，海关人员会检查你是否携带日本的海关法中禁止携带的麻药、毒品、手枪等违禁品，假币等伪造物品，伤风败俗的书籍、假名牌产品等。同时，猎枪、气枪、进口的动植物及其制品（鳄鱼、

蛇、龟、象牙）、有必要事前检疫的动物都是限制携带的。

🧳 下榻酒店

日本的绝大多数城市和景点周围，都可以轻易找到一家酒店。如果你打算在到达日本之后再寻找酒店的话，建议先到当地旅游局进行咨询。

日本的酒店包括一星级至五星级五种类型的酒店，酒店的价格和服务设施都不相同。日本的三星级酒店每晚需花费 10 000 日元左右。想要住得更舒适点，可以选择三星级以上的酒店。

在选择酒店时，一定要考虑好酒店的位置，如果时间比较紧的话，应尽量选择距离地铁站或者市中心不远处的酒店。时间不怎么赶的话，可以选择远离市中心的酒店，这样可以为你的预算节省不少费用。

在日本，酒店入住时间为 15:00 左右，退房时间为 12:00 前，超时需另加费用。酒店内会提供免费和收费电视，冰箱内的酒水也要收费。日本的电压为 110 伏，插头为双股插头，中国的电器制品的充电器插入日本的插座容易发生事故，不过有些旅馆也兼容 110 伏和 220 伏电压，可在入住时具体询问。

酒店预订网站推荐

网址	特色
www.agoda.com	➡ 可以了解日本各城市的酒店和具体收费标准
www.j-hotel.cr.jp	➡ 可以了解日本各大饭店的信息

🧳 应急语言

日语	中文
地震です！	➡ 地震！
火事です！	➡ 起火了！
非常口はどこですか？	➡ 紧急出口在哪里？
避難場所はどこですか？	➡ 避难所在哪里？
助けてください！	➡ 请帮助我！
助けて！	➡ 救命！
危ない！	➡ 危险！
救急車を呼んでください。	➡ 请叫救护车来。
車にはねられました。	➡ 被车撞了。
車にひかれました。	➡ 被车轧了。
痛いから、動かさないで！	➡ 很疼，请别动我！
お願いします！	➡ 请打119电话！
財布を落としました。	➡ 我把钱包掉了。
電車の中に、バッグを忘れてしまいました。	➡ 我把包忘在电车里了。
財布をとられました。	➡ 我的钱包被抢了。
パスポートをなくしました。	➡ 我的护照不见了。

彩虹大桥

PART 2

到达日本后

1

在日本的游玩计划

一家人的游玩线路··

明治神宫 → 东京迪斯尼乐园

明治神宫

1 明治神宫

　　日本东京的明治神宫值得游玩一下。在这里，你可以观看神宫内部古色古香的建筑和种类多样的绿色植被，还能看到各种独特的日式婚礼。如果时间充裕的话，还可以去新宿商业区购物、品尝美食。

东京迪斯尼海洋乐园

2 东京迪斯尼乐园

　　东京迪斯尼乐园，这个乐趣十足的游乐园，总是用一种无形的吸引力紧紧抓住游客。带着孩子来到这里，与孩子一同进入童话般的世界内玩乐，与孩子分享快乐，一天时间在你们的欢笑声中悄悄流走。

→ 西本愿寺 → 大阪历史博物馆 → 奈良公园

3 西本愿寺-东本愿寺

西本愿寺

　　在京都，可以带着孩子前往京都最大的寺院——西本愿寺游玩。在这里，你可以看到很多反映绚烂豪华的桃山时代艺术风格的建筑，如唐门、白书院、黑书院等，还可以欣赏到独特的枯山水样式庭院中的美景。之后，可以前往不远处的东本愿寺观，看京都最大的木制建筑大师堂。

4 大阪历史博物馆-大阪公园

　　一家人来到大阪，可以到市中心的大阪历史博物馆去看看。上午，可以观看博物馆内的资料和文物，以增加一家人对东京历史的了解，同时增长孩子对东京的认知。下午，可以前往大阪公园游玩，观看园内的街头音乐表演和水边的野鸟。

春日大社

5 奈良公园

　　到了日本，怎能错过奈良市内风景优美的奈良公园呢？一家人来到奈良公园后，可以观赏若草山、东大寺、春日大社等景致，还可以看到成群的鹿嬉戏其间。玩累了后，可以去有鹿群在周围悠闲漫步的餐厅中品尝美食。

 情侣族的游玩线路 ·········

大雪山国立公园 ➡ 东京歌舞伎座剧场 ➡

大雪山国立公园

1 大雪山国立公园

　　来到北海道，日本面积最大、成立最早的大雪山公园自然是你们首先要游玩的地方。在这里，白天可以和恋人攀登旭岳峰，欣赏日本最原始的风景，可以在满是珍贵植物的林间牵手漫步；晚上，则还可以和恋人一起进入热气腾腾的温泉中，享受温泉给身心带来的舒适感受。

2 东京歌舞伎座剧场—银座

　　东京歌舞伎座剧场是日本国粹文化"歌舞伎"的表演地，作为甜蜜恋人的你们游玩东京时怎能漏下呢？白天，在这里可以欣赏精彩的演出，品尝日本特色美食；看完精彩的表演后，两人可以一起去银座的商店挑选喜爱的商品。晚上，则可以在咖啡馆中小坐一番，享受专属两人的欢乐时光。

歌舞伎町

筑地鱼市 → 富士山 → 仁和寺

3 筑地鱼市-浜离宫恩赐庭院

东京筑地鱼市这个可以品尝东京最美味鲜鱼片的地方，是情侣游玩时万万不可错过的地方。美味的鱼生、观赏鱼以及令人激动不已的鱼类拍卖会，都足以让两人将美好的时光消磨掉。逛完筑地鱼市，不妨前往浜离宫恩赐庭院，漫步于青山秀水中。

4 富士山

可以和恋人一起前往山梨县，日本风景的代表——富士山以及周围的富士山五湖怎可不去？上午可以攀爬白雪皑皑的山峰，下午则可以在清澈的湖中划船，在湖畔品尝美食。晚上，可以和心爱的TA在空地上露营。在这短短的一天里，山峦、湖水都成了你们爱的见证者。

5 仁和寺-龙安寺

在京都，不妨携手前往京都日本真言宗御室派总寺——仁和寺游玩。寺内众多的"御室樱"将所有古色古香的建筑都浓罩在"红粉"之中，在中间行走，可以感受到浪漫与温馨的韵味。逛完仁和寺，两人可以前往有枯水庭院和鸳鸯池的龙安寺中观看美景。

筑地鱼市

背包族的游玩线路 ∙∙∙∙∙∙∙∙∙∙∙∙∙∙∙∙∙∙∙∙∙∙

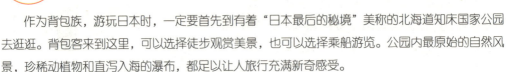
知床国家公园 → 钏路湿原国家公园 → 北之丸公园

1 知床国家公园

作为背包族，游玩日本时，一定要首先到有着"日本最后的秘境"美称的北海道知床国家公园去逛逛。背包客来到这里，可以选择徒步观赏美景，也可以选择乘船游览。公园内最原始的自然风景，珍稀动植物和直泻入海的瀑布，都足以让人旅行充满新奇感受。

钏路湿原国家公园

2 钏路湿原国家公园

在北海道，还可以闲逛北海道钏路市的钏路湿原国家公园。在这片日本最大的沼泽地中，可以看到众多美丽的花卉和罕见的植被，还可以时不时地撞见野生动物。在山间玩累了后，晚上可以去公园周边收费便宜的青年旅舍小酌。

3 北之丸公园

除了北海道，东京的北之丸公园游玩也值得。公园内风景优美，有日本武道馆、科学技术馆、国立现代美术馆、国立公文书馆可以游览，还有大片的林木和水塘可以徒步赏景。逛完公园，就可以前往新宿区品尝美食了。

→ 富士山 → 二条城

4 富士山

　　来到日本，一定要前往山梨县游览富士山。富士山被美丽的湖泊环绕着，白天，你可以任意选择一条登山线路攀爬青翠的山峦，观赏山中美景，体会旅行的乐趣。到了晚上，你可以露营，或者找一家餐馆美餐一顿。

5 二条城

　　二条城是德川幕府将军在京都的行辕，是京都首屈一指的赏樱胜地，不仅樱花十分美丽，"鹂鸣地板"走廊、本丸御殿和二之丸御殿建筑很有特色，不愧为世界文化遗产。融入这座古城中，慢慢地游走，韵味无穷。

富士山

2

日本名片上的10大风景

东京塔

富士山

富士山是日本最高的山峰，也是日本的象征。锥形的山体、葱翠的山峦、自由活动的动物、白雪覆盖的顶峰，构成了她特有的美，展示了她那无穷无尽的魅力。每年的7月和8月，总有一大批人来接近她，感受她独具韵味的美。

东京迪斯尼乐园

东京迪斯尼乐园依照美国迪斯尼乐园而修建，被人们誉为"亚洲第一游乐园"。它的出现，曾引发了日本"迪斯尼热"现象。园内有7个乐趣十足的游乐区、舞台，广场上还会定时举办丰富多彩的化装表演和富趣味性的游行活动。

姬路城

姬路城是日本保存最为完好的城堡之一，也是公认的日本最伟大的三大城堡之一。城堡周边地势极为平缓，城边有着厚厚的砖墙，内部有着迷宫般的通道和小径。即使现在已经成了极具人情味的游玩景点，你也能从中感受到这里当年防御外敌入侵的风范。

金阁寺

  金阁寺是日本最美丽的建筑之一，也是一座临济宗相国寺派的寺院。寺院建筑极其精美、独特，木结构的造型流露着一种古色古香的韵味，金叶包裹的楼阁更是给人一种高贵、华美的感觉。

东京塔

  东京塔是仿造法国巴黎的埃菲尔铁塔建造而成的，也是日本最高的一座铁塔。塔身有黄、白、红三种颜色，鲜艳夺目；内部还有水族馆、餐厅等设施。来到这里，你可以欣赏到东京的美丽景致，还能品尝到众多特色美食。

唐招提寺

  唐招提寺是日本著名的古寺院，为中国唐朝高僧鉴真所建。寺内有金堂、讲堂、经藏、宝藏等建筑物，历史悠久，建筑极其精美。还有着鉴真大师的坐像，是深受国内外旅游者喜爱的寺庙。

唐招提寺

姬路市姬路城

清水寺

　　清水寺是日本京都最古老、最知名的佛教寺庙，周围风景极其秀丽，山脚下还有着气势极其雄浑的清水瀑布。来到这里，你既能观看寺内精美的十一面观音像和古建筑，还能欣赏寺外美丽的景致。

日本京都清水寺

明治神宫

　　明治神宫是东京五个最主要的神社之一，每年都有无数的人前来参拜，还有很多新生儿命名仪式、成人礼、毕业典礼和婚礼等各种人生重要仪式在此举行。特别是在樱花烂漫的时节前来，你更会被这里热闹的气氛所感染。

名古屋城

名古屋城

　　名古屋市的名古屋城是一座规模庞大的城堡，内部生长有几千棵樱花树。园内散布着众多精致、华美的建筑，其中最为出名的是天守阁。每到春天樱花盛开的时节，这里的所有建筑掩映于粉烟之中，景象极其美丽、动人。

浅草寺

　　浅草寺是东京都内最古老的寺院之一，也是平安文化的中心。寺门口有着极为引人注目的红灯笼，寺内有天顶画、五重塔等景致。每年，这里还有非常热闹的三社祭、灯笼花节、桑巴舞狂欢节、键球板节等节日盛典。非常值得游览。

3

意外情况的应对

证件丢失了怎么办

在日本旅游，如果护照丢失了，就要立即向当地警察局报案。警察会将你所丢失的证件号码一一进行记录，然后给你一个报案号码的小卡片。这样你在以后遇到查护照时，就可以直接出示小卡片。

报案完毕后，应前往中国驻日本大使馆进行补办。补办护照时，需要提交中国驻外使领馆签发的《中华人民共和国旅行证》，提交户口簿、身份证原件及相应复印件，中国驻外使领馆在核实后就会补发。

中国驻日本使领馆

名称	地址	电话	证件及签证等业务地区
驻日本大使馆	东京都港区元麻布3-4-33号	090-87761119	东京都、神奈川县、千叶县、埼玉县、长野县、山梨县、静冈县、群马县、栃木县、茨城县
驻大阪总领馆	大阪府大阪市西区靱本町地区3-9-2号	06-64459481	大阪府、京都府、兵库县、奈良县、和歌山县、滋贺县、爱媛县、高知县、德岛县、香川县、广岛县、岛根县、冈山县、鸟取县
驻福冈总领馆	福冈县福冈市中央区地行浜1-3-3号	092-7131121	福冈县、山口县、佐贺县、大分县、熊本县、鹿儿岛县、宫崎县、冲绳县
驻札幌总领馆	北海道札幌市中央区南13条西23-5-1号	011-5635563	北海道、青森县、秋田县、岩手县
驻长崎总领馆	长崎县长崎市桥口町10-35号	095-8493311	爱知县、岐阜县、福井县、富山县、石川县、三重县
驻名古屋总领馆	爱知县名古屋市东区东樱2-8-37号	052-9321098	爱知县、岐阜县、福井县、富山县、石川县、三重县

🛅 生病了如何求诊

如果只是轻微的感冒或腹泻，可以将随身携带的药物拿出来，按说明吃点药。如果身体出现较为严重的不适情况，可求助于旅馆的工作人员，尽量安排医生或者到就近的医院就医。如果在旅游途中出现较为严重的身体不适，应让身边的人叫救护车，或者送你前往就近的医院。在寻求不到帮助的情况下，可以打电话到"AMDA 国际医疗情报中心"，询问会说外语的医生、诊所信息。东京地区电话：03-52858088；关西地区：06-66362333。此外，在东京都还有很多提供外国人医疗服务的医院，如火圣母病院、日本红十字社医疗中心、东京卫生病院等。

外国人医疗服务医院

名称	地址	电话
圣路加病院	东京都中央区明石町9-1	03-35415151
东京卫生病院	东京都杉区天沼3-17-3	03-33926151
火圣母病院	东京都新宿区中落合2-5-1	03-39511111
日本红十字社医疗中心	东京都涩谷区广尾4-1-22	03-34001311

🛅 要记住的紧急电话

名称	电话号码
报警电话	110
火警、急救车电话	119
外语应答急救	#9110
电话号码查询台	104
医院询问	03-52858181（英语、韩语、汉语、泰语）
日本旅游电话	03-35034400
救援电话	0120-461997
日本热线	03-35860110
遗失物品（东京）	03-38144151
急救翻译服务	03-52858185

日本九州窝美景

东京夜景

PART **3**

东京——→横滨

1 东京 Dongjing

东京交通

 从机场前往中心区

　　成田国际机场是日本最大的国际航空港，年客流量居日本第二位。成田国际机场主要运营国际航线，有1号和2号两个候机楼，两座候机楼之间有免费的摆渡巴士往来。

　　从成田国际机场进入东京中心区的主要交通工具有机场专线大巴、电车、出租车三种。

机场专线大巴

　　成田国际机场的机场专线大巴是利木津巴士，其售票处设在机场入境处。从机场开往东京中心区所需时间为85~110分钟，票价为3000日元，停靠站点有东京、池袋、品川、银座、新宿等。

电车

　　成田国际机场运行的电车有成田SKY

成田国际机场信息		
名称	地址	网址
成田国际机场	千叶县成田市	www.narita-airport.jp

成田国际机场摆渡巴士信息	
名称	巴士站
第1候机楼到达楼层1楼	6号巴士站
第2候机楼到达楼层1楼	8、18号巴士站
备注：巴士运行时间为6:30~22:30，所需时间为10分钟	

东京成田国际机场

ACCESS线、京成本线、JR线三种，其停靠站设在1号候机楼成田机场站和2号候机楼第2大楼站，售票处设在车站内。

名称	咨询	网址
成田SKY ACCESS线	03-38310131(9:00~18:00,提供日语和英语语音服务）	www.keisei.co.jp
京成本线		
JR线	050-20161603(10:00~18:00)	www.kotsu.metro.tokyo.jp

出租车

　　成田国际机场出租车的乘车点均设在1、2号候机楼的1楼，游客到达乘车点后，机场工作人员会引导你选择想要乘坐的出租车。乘出租车进入东京中心区的价格一般为15 000日元，深夜乘车或要经过首都高速湾岸线时需加收费用。

🚌 乘轨道交通玩东京

地铁

　　乘地铁游东京非常方便，几乎每个重要旅游景点都有地铁站。东京地铁有营团地铁和都营地铁两种类型。其中，营团地铁票价为160日元的底价，按距离长短增加收费；都营地铁票价为170日元的底价，按距离长短增加收费。运营时间均为5:00至次日1:00。

去日本 去韩国
终极实用版

东京地铁线路示意图

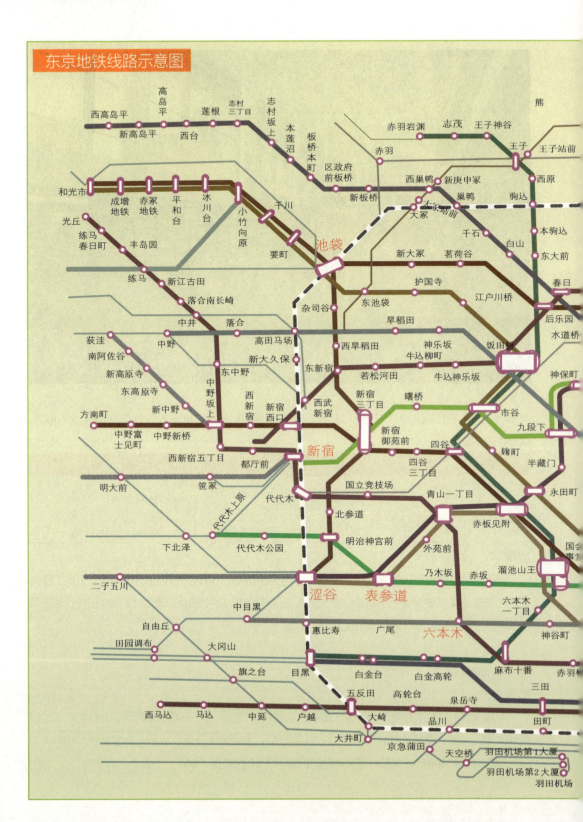

有轨电车

有轨电车是东京最重要的交通工具之一，有山手线、京浜东北线、中央线、京叶线、总武线等线路。其中，山手线是最为重要的线路，每5分钟左右就会有一班车发出，停靠地点有品川、涩谷、新宿、池袋、田端、上野等；京浜东北线速度较快，主要停靠大宫站、东京站、横滨站等站点；中央线是一条东西走向的线路，停靠地点有神田、御茶水、四谷、新宿等。有轨电车的车票可以在每个车站内的自动售票机上购买，票价一般都在120~130日元，随着乘车距离的增加而增加。

🚌 乘公交车游东京

东京公交车运行线路一般都在"东京站丸之内南口 – 银座4丁目 – 台场"一带，其中，东京站乘车地在东京站丸之内南口旁，银座4丁目乘车地在地铁银座站A6出口旁，台场乘车地在百合鸥线台场站旁。东京公交车运营时间为8:00~20:00（周六、周日和节假日期间从9:00开始），票价为300日元。不过，东京市内车流量比较大，所以利用公交车游玩的人比较少。

🚌 乘出租车逛东京

东京的出租车数量非常多，乘出租车游玩非常方便，司机服务也很热情，但就是费用太贵。东京的出租车票价是按距离和时间计算，票价一般为2千米以内710日元，2千米后就另外收费。此外，在23:00至次日5:00乘车时，需要加收20%~30%的费用。乘客需要乘坐出租车时，可以在乘车点挥手叫车或通过打电话（03-57552336）叫车。乘车时，乘客不需要手动关后座车门，门是自动的，上车后，只需要告诉司机目的地，或者出示地图，指出所到目的地文字即可。

🚌 自驾车玩转东京

自驾车游玩东京比较方便，不过需要驾驶员有很好的技术才行。游客想要租车，可以拿护照、中国驾照国际认可公证书（在公证处可办理驾照公证书，可以要求英文或者所去国家的语言）前往城市内设立的租赁汽车公司办理手续即可租车。租车时间一般以6小时、12小时和24小时为单位，费用也因租赁公司的不同而异，一般普通汽车租赁费用都在24小时10 000日元左右。游客需要注意的是，驾车须靠左侧行驶，还车时必须给油箱加满油。想租车可以关注这个网站：www.zuzuche.com，也可以查看下表的信息。

名称	地址
立川租车公司	东京都立川市
葛饰区租车公司	东京都葛饰区

东京景点

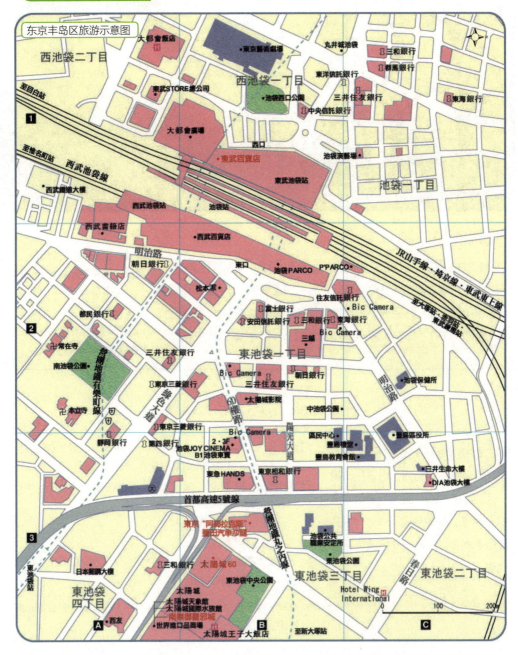

东京丰岛区旅游示意图

上野公园

上野公园有"史迹和文化财物的宝库"之称，是东京最大的公园，也是东京最著名的赏樱胜地。公园占地面积庞大，园内有宽永寺、德川家灵庙、东照宫、清水堂、西乡隆盛铜像等古迹，还有上野动物园、国立西洋美术馆等分布其中，是休闲、旅游的好去处。

旅游资讯

地址：台东区上野公园
交通：乘东京地铁在上野站下车
门票：免票
开放时间：5:00~23:00
网址：www.gotokyo.org

上野动物园

上野动物园，又称"东京都恩赐上野动物园"。这是日本最古老、最有名的动物园，也是日本第一座公共动物园。园内有来自中国的大熊猫，栖息着黑天鹅、大雁、鸳鸯等水鸟，还有一处环境优美的荷池。

旅游资讯

地址：台东区上野公园 9-83 号
交通：乘东京地铁在上野站下车
门票：成人 (16~64 岁)600 日元，老人 (65 岁以上)300 日元，青少年 (13~15 岁)200 日元
开放时间：9:30~17:00；每周星期一闭馆 (如星期一是公休日的话，则星期二休息)

旅游达人游玩攻略

1. 上野动物园提供有导游服务，导游会给游客介绍野生生物奇迹，并解答游客的问题。

2. 上野动物园在每年 12 月 29 日至次年 1 月 1 日，将会停止对外开放，前往参观应避开这一时段。

浅草寺

浅草寺是东京最古老的寺院之一，也是日本现存的具有"江户风格"的民众游乐之地。公园入口处挂有红灯笼，灯笼上写有"雷门"二字，这是浅草寺的象征。寺内主要建筑有宝藏门、本堂、五重塔、浅草神社等，观音像供奉于本堂内。

旅游资讯

地址：东区浅草

交通：乘东京地铁银座线在浅草站下车

门票：免票

开放时间：夏季 6:00~17:00，冬季 6:30~17:00

网址：www.senso-ji.jp

浅草寺

国立西洋美术馆

国立西洋美术馆是专门收藏西洋美术作品的大学美术馆。馆内收藏了数千件西洋绘画、雕塑作品，包括有罗丹的雕塑作品《青铜时代》、鲁本斯的绘画作品《丰饶》、雷诺阿的《阿尔及利亚风格的巴黎舞女》，此外还有以莫奈、高更为首的印象派画家的绘画作品。

旅游资讯

地址：台东区上野公园 7 番 7 号

交通：乘地铁在上野站下车

门票：420 日元

开放时间：9:30~17:30

电话：03-57778600

网址：www.nmwa.go.jp

东京国立博物馆藏品

📍 东京国立博物馆

　　东京国立博物馆是日本历史最悠久的博物馆之一，也是一座集收集、保管、修复、管理、展览各种文化遗产于一体的大学博物馆。博物馆由本馆、东洋馆、平成馆、表庆馆等展览馆组合而成，收藏文物十余万件，主要有日本雕刻、染织、金工、武器等展品。其中有不少日本国家一级文物。

💬 旅游资讯

地址：台东区上野公园 13-9 号
交通：乘地铁在京成上野站、根津站下车
门票：成人 600 日元，大学生 400 日元
开放时间：9:30~17:00，周一闭馆
电话：03-57778600
网址：www.tnm.jp

📍 银座

　　银座是日本东京中央区的一个主要商业区，与巴黎的香榭丽舍大道、纽约的第五大道并列为世界三大繁华中心。这里聚集了众多高级购物商店，商品种类众多，还汇聚了意大利、法国、中国等地的风味餐厅，是在东京购物、品尝美食的首选之地。

💬 旅游资讯

地址：中央区
交通：乘坐地铁在银座站下即到

东京银座

📍 明治神宫

　　明治神宫坐落于东京的中心区，是东京五个最主要的神社之一，也是东京都中心区最大的一块绿地。神社内供奉着明治天皇和昭宪皇太后的灵位，内苑种植有来自日本各地、朝鲜半岛以及中国台湾地区的大量树木，环境极其清幽。

💬 旅游资讯

地址： 涩谷区

交通： 乘东京地铁千代田线，在明治神宫前站下车

开放时间： 宝物殿 9:00~16:30（3 月至 10 月），9:00~16:00（11 月至次年 2 月）；神宫御苑 9:00~16:30（除 6 月外），8:00~17:00（6 月）

门票： 免票，宝物殿 500 日元，神宫御苑 500 日元

网址： www.meijijingu.or.jp

📷 旅游达人游玩攻略

明治神宫的开放时间会随着月份的变化而变化，几乎每个月份的开放时间都不同，想知道具体时间的游客，可在网上查询。

东京塔

📍 东京塔

　　东京铁塔是一座独立的铁塔，其高度超过了法国巴黎的埃菲尔铁塔，主要作用是用来发射电波。铁塔由四脚支撑，为棱锥体外形，塔身被涂成一段一段的橙黄和乳白色彩，塔内有大眺望厅、商场、蜡像馆等。

💬 旅游资讯

地址： 东京都港区芝公园西侧

交通： 乘地铁在三田站、东京塔站或赤羽桥站下车

开放时间： 9:00~22:00

电话： 03-34335111

网址： www.tokyotower.co.jp

📷 旅游达人游玩攻略

游览东京塔时，进门是免费的，但想要游玩大眺望厅、蜡像馆等则需要买票，具体价格如下表所示：

参观者	大眺望厅（150米）	蜡像馆（三楼）	Space Wax（三楼）
大人（高中生以上）	820日元	500日元	500日元
小孩（中小学生）	460日元	350日元	350日元
幼儿（4岁以上）	310日元	350日元	350日元

东京周边景点

相扑博物馆

　　相扑博物馆有着悠久的历史，是东京最有想象力、最有趣的博物馆之一。博物馆占地面积大，分为两个展区，展出了相扑版画锦绘、轴绘长卷画、相扑娃娃和化妆打扮物件等重要藏品。

旅游资讯

地址：墨田区横网 1-3-28 号

交通：乘地铁在东京站、秋叶原站或两国站下车

门票：免费

开放时间：9:00~16:30

电话：03-36220366

相扑博物馆

东京迪斯尼乐园

　　东京迪斯尼乐园是一座全球瞩目的世界性主题公园，有着"亚洲第一游乐园"的美称。园内有世界市集、探险乐园、西部乐园、动物天地、梦幻乐园、卡通城及明日乐园 7 个主题区域，中心为高耸的主建筑"灰姑娘城"。此外，园内还会定时举办华丽的小型舞台表演和梦幻的大型游行表演。

旅游资讯

地址：千叶县浦安市舞滨

交通：乘 JR 京叶线、武藏野线在舞滨站南口下车

门票：6200 日元

开放时间：8:00~21:00

网址：www.tokyodisneyresort.co.jp

旅游达人游玩攻略

1. 前往东京迪斯尼乐园游玩时，可以通过上网的方式提前预约。

2. 东京迪斯尼乐园在每年 1 月 1 日至 1 月 5 日、4 月 3 日至 6 月 30 日、11 月 7 日至 12 月 25 日，会分别举办新年特别节目、迪士尼复活节奇幻世界、圣诞梦幻等活动，游客在这期间前来，可参与其中的活动。

东京风光

东京美食

东京是国际上有名的"美食天堂"，这里的美食非常多，分布范围也非常广。在众多的日本菜肴中，河豚最传奇，火锅与天妇罗盖饭最是常见，寿司与生鱼片最具特色……东京除了独具特色的日本菜肴，还可以找到中国的汤包、刀削面，韩国的泡菜、大酱汤，意大利的面条、比萨等。来到东京，一定不要错过了大饱口福的机会。

东京风味

·吉野家筑地店

吉野家是日本著名的盖饭快餐连锁店，拥有众多分店，分店不仅开在日本，在中国、美国、马来西亚等国家还能找到不少分店。这家店位于筑地市场附近，以销售"快速！便宜！好吃！"的牛肉饭为主，还供应鳗鱼饭、咖喱饭等美食。

地址：中央区筑地 5-2-1 中央批发市场
电话：03-55508504
网址：www.yoshinoya.com

·浅草大黑家

浅草大黑家在东京人气极为旺盛，其主打菜肴为天妇罗大碗盖饭。盖饭用上等胡麻油、虾、蔬菜，配以特制的调味汁和白米饭制作而成，有时还会放上干贝，味道极其鲜美。

地址：台东区浅草 1-38-10111 号
电话：03-3844-1

去日本 去韩国
终极实用版

·九段下寿司政

九段下寿司政从开业起，寿司便广受好评。这里最受欢迎的寿司是鲜鱼寿司，它用柯哈达和其幼鱼馨柯做成。比较知名的菜肴还有寿司什锦、在鸟贼中装入寿司饭的"印笼卷"。

地址：千代田区九段南 1-4-4
电话：03-32610621
网址：www.SUSHIMASA-t.com

· Umegaoka sushi no Midori

Umegaoka sushi no Midori 是日本最具人气的美味寿司餐厅之一，店内不仅有分量大、味道好的寿司供应，还可以现点现做，推荐品尝鲜美的鳗鱼。来这里用餐的人很多，通常都需要排队等候。

地址：涩谷区代官山 17-6
电话：03-34631581
网址：www.sushinomidori.co.jp

·寿司厨房家涩谷总店

寿司厨房家涩谷总店是东京都一家很受欢迎的烧肉店。店内以供应烧肉为主，价格便宜。这里的店长夫妇曾是北京的留学生，会说流利的汉语。

地址：涩谷区道玄坂
　　　2-15-1
电话：03-37701147

其他东京风味餐馆推荐		
名称	地址	电话
巨蟹道乐	新宿区新宿3-14-20	03-33520096
大和寿司	中央区筑地5-2-1	03-35476807
木村屋	中央区银座4-5-7	03-35610091
一兰拉面	新宿区新宿3-34-11	03-32255518
博多天神	新宿区歌舞伎町1-23-12	03-32050400

🍴 世界风味

·上海汤包小馆

上海汤包小馆位于繁华的银座街道上，是一家中国传统特色的餐厅。餐厅环境温馨、舒适，服务周到。这里主要提供上海汤包，此外冷面和甜品也值得一尝。

地址：中央区银座 4-1-2
电话：03-35664190
网址：www.fiverecipe.co.jp

·祥龙刀削面庄

祥龙刀削面庄是一家以刀削面为主打菜肴的中国风味餐馆。餐馆招牌醒目，门脸却很小。其刀削面味道正宗，价格实惠。

地址：台东区上野 7 丁目 8-1 逸品馆
电话：03-38452337

·松屋

松屋，又称元祖韩国传统料理，是一家非常受欢迎的韩式餐厅，特色菜有有猪大骨汤、酱蟹、辣拌海螺肉等，菜的分量大，口感细腻。此外，餐厅还有多种美酒提供。

地址：都新宿区大久保 1-1-17 号
电话：03-32005733

·纽约烧烤

纽约烧烤（New York Grill）位于东京凯悦花园酒店内，是一家美国风味餐厅。餐厅采用新鲜的牛肉和海鲜为主料，配以优质的调料制作菜肴，牛排和海鲜非常美味。

地址：新宿区西新宿 3-7-1-2
电话：03-53233458

·Signature at Mandarin Oriental

Signature at Mandarin Oriental 是东京最有名的米其林餐厅之一，以白色和银色为主色调，营造出一种舒适的氛围。主要提供法国菜，其中鹅肝酱、法式蜗牛是最受欢迎的菜肴。

地址：中央区日本桥室町 2-1-1
电话：120-806823

其他世界风味餐馆推荐		
名称	**地址**	**电话**
魔法的链接	新宿区西新宿1-5-1号新宿小田急地下3阶	03-33402466
韩国苑	台东区浅草5-30-11	03-38718680
赤宝亭	涩谷区神宫前3-1-14	03-54746889
韩国家庭料理	丰岛区北大冢2-17-2	03-53945365
Chateau Joel Robuchon	东京都目黑区三田1-13-1惠比寿花园内	03-54241347

东京购物

　　东京，毫无疑问是购物者心中的天堂。银座、涩谷、秋叶原、池袋、仲见世，这些都是名号响当当的商业街。来到这里，从服饰到居家用品到电子产品，你都能找到，只要你愿意，就肯定能将满意的商品带回家。

人气旺盛的购物大街

东京银座

·银座

　　银座是日本东京中央区的一个主要商业区，是代表日本自然、历史、现代的三大景点之一，与巴黎的香榭丽舍大道、纽约的第五大道并列为世界三大繁华中心。这里聚集了众多高级购物商店，商品种类众多，且都是高级商品。另外，入夜后的银座有着东京最迷人的夜景，银座大道后街还有很多饭店、小吃店、酒吧、夜总会可供游客吃饭、消遣。

地址：中央区
交通：乘坐地铁中央线在银座站下即到

·仲见世商业街

　　仲见世商业街是一条古色古香的江户式街道，也是东京最热闹的购物街之一。街道两侧是一排排自"江户时代"延续下来的大小店铺，其中有扇子店、和服店、玩具店、纪念品店、吉祥物店等。此外，这里还有多家日本人喜爱的小吃店铺。

地址：浅草寺内
交通：乘东京地铁银座线在浅草站下车

·秋叶原

　　秋叶原位于繁华的下町地区，是日本最大的电器产品商业街，也是世界上最大的电器销售地之一。在这条街道上，最新式的录像机、电视、电脑、音响、冰箱，以及厨房电器、用具等商品你都能找到。

地址：东区秋叶原
交通：乘地铁山手线在秋叶原站下车
电话：03-32516039

📷 旅游达人游玩攻略

在秋叶原购物时，你可以去街道上的免税店挑选商品，如秋叶原免税店。这样不仅可以免税，还会给你代办托运手续。

·池袋地下街

　　池袋地下街，主要由西口的东武百货和东口的西武百货组成。这里无论什么时候都异常热闹，特别是接近黄昏时，更是人潮鼎沸。地下街所销售的商品主要有服装、化妆品、鞋子、土特产品等，还有各种独具特色的日本小吃。

地址：丰岛区池袋
交通：乘地铁山手线在池袋站下车

·涩谷

　　涩谷是东京著名的繁华商业区之一，也是年轻人的购物天堂，东京各种各样的流行文化起源于这里。在这里，到处都是百货商场、时装店、特色商品专卖店、东急手工材料工具商店、自选超市，价格高低不等，你可以根据自己的喜好挑选商品。

地址：涩谷区涩谷
交通：乘地铁埼京线在涩谷站下车

涩谷

🎁 商品云集的百货店

· 109百货

109百货位于热闹的涩谷地区，是一座非常受年轻人喜爱的服装大厦。大厦从地下2层至地上6层排列着一家家商品琳琅满目的服装店和精品商店，店的装修风格独特，充满了生机与活力。

地址：涩谷区道玄坂2-29-1号
交通：乘坐地铁埼京线在涩谷站下车
电话：03-34775111

· 丸井百货店

丸井百货店位于繁华的新宿地区，是一家大型百货商场。商场装饰风格时尚，购物环境舒适，有包括青少年服饰、男士服装、电子配件、体育用品等商品，店员服务也非常周到，是你在东京购物"血拼"不可错过的地方。

地址：新宿区新宿3-30-13号
交通：乘地铁中央线在新宿站下车
电话：03-33540101

· 三越百货

地址：中央区银座附近
交通：乘地铁日比谷线在银座站下车

三越百货创办历史悠久，是日本最著名的百货公司之一。商场内装饰风格简单明了，销售的商品以高档品牌为主。

三越百货

东京娱乐

　　东京是整个日本娱乐事业最为发达的城市之一。在这里，你能看到相扑比赛、歌舞伎表演等日本特有的娱乐活动，还能看到单口相声表演，美酒飘香、音乐飞扬的酒吧也是日本娱乐的重要组成部分。另外，东京的色情娱乐业也是世界闻名的，尤其是涩谷和新宿，游玩时一定要小心，不要在不知情的情况下涉险。

·阁楼101六本木店

　　阁楼101六本木店位于东京不夜城六本木中，是日本东京著名的兔装女郎陪酒酒吧。店内装修极其奢华，格调高雅，环境舒适，价格也较为实惠。最主要的是，这里有年轻可爱的兔装女郎陪伴客人饮酒聊天。

地址：港区六本木 7 丁目 14-11 号
电话：03-34086838

·加藤餐厅酒吧

　　加藤餐厅酒吧是一家将餐厅和酒吧结合在一起的综合性酒吧。酒吧内部设计风格非常独特，将古典意大利风格和日本人注重细节的传统风格完美地结合了起来，营造出一种温馨、舒适的氛围。来到这里，你可以品尝各种正宗的日本料理，还可以喝到各种特制的鸡尾酒。

地址：千代田区纪尾井町东京新大谷酒店
电话：03-32212857

· 歌舞伎座

歌舞伎座是欣赏日本特色歌伎表演的理想场所，也是日本最具代表性的建筑之一。整个建筑呈日本桃山样式，在银座地区极其醒目，很容易就能找到。来到这里，你可以欣赏歌舞伎等日本传统文化表演。

📷 旅游达人游玩攻略

歌舞伎座中，除每年的 8 月和 12 月这两个月份，大部分时间你都能在这里看到十分精彩的演出。

地址：中央区银座 4-12-15 号
交通：乘坐地铁中央线在银座站下即到
电话：03-35413131

· 东京艺术剧场

东京艺术剧场前面有喷泉、雕像，外部建筑为玻璃钢架结构，内部有宽敞明亮的大厅，厅内舞台上放置着世界罕见的旋转式双面管风琴。剧场主要以表演古典的日式民歌为主，以表演日本相声为辅，是一个感受日本文化气息的好地方。

地址：丰岛区池袋
交通：乘地铁山手线在池袋站下车

· 池袋演艺场

池袋演艺场是一家有着几十年历史的大型演艺场。演艺场外部建筑风格时尚，内部主要以用语言、动作、表情来表演的单口相声为主，也有日式戏剧表演。可以一边品尝美酒，一边看表演。

地址：丰岛区池袋西一番街里
交通：乘地铁山手线在池袋站下车

东京住宿

　　东京的住宿可选余地较大，可以根据自己喜好选择不同形式和价位的住宿地点。东京的住宿类型主要有星级酒店、日式旅馆、情侣旅馆、胶囊旅馆等，还有极具日本风格的民宿。日本的酒店设施和服务都非常好，房间内的用品齐全，甚至连沐浴用品都是名牌产品。不过酒店价格普遍较高，一般都在每日 25 000 日元以上，有些还要加收 10% 的服务费。日式旅馆等经济型住宿，需要顾客自备毛巾等浴室用品，并且不提供早餐。以下是部分酒店的地址和电话。

🏠 新宿区

名称	地址	电话
东京希尔顿酒店	西区6丁目6-2号	03-33445111
东京京王广场酒店	西新宿2丁目2-1号	03-33440111
东京大饭店	百人町2丁目15-1号	03-33660707
新宿华盛顿饭店	西新宿3丁目2-9号	03-33433111

🏠 池袋区

名称	地址	电话
树本屋酒店	西池袋1丁目23-6号	03-39712702
小林酒店	南池袋3丁目18-36号	03-39716304
大林酒店	东池袋1丁目22-14号	03-39805881
多玛妮酒店	西池袋1丁目10-4号	03-59600081

🏠 其他区

名称	地址	电话
东京半岛酒店	千代田区有楽町1丁目8-1号	03-62702888
喜来登都酒店	港区白金台1丁目1-50号	03-34473111
丽思卡尔顿大酒店	港区107-6245号东京铁塔9楼以上	03-34238000
东京羽田东急酒店	大田羽田空港第2航站楼3-4号铺	03-57566000

2 东京→横滨
Dongjing→Hengbin

横滨交通

从东京去横滨

乘有轨电车前往

　　从东京前往横滨，乘有轨电车是不错的选择。游客可以选择乘坐京浜东北线，这种有轨电车可以直接到达横滨市内，速度也比较快。

乘JR国铁前往

　　从东京前往横滨，乘 JR 国铁是绝大多数旅客都会选择的交通方式。连接东京和横滨的火车线路在价格和所耗费的时间上几乎是一样的，但也有一些更为便利的线路可以选择，如从涩谷到横滨站的东急东横线、湘南新宿 JR 线、东海道 JR 线、横须贺 JR 线、京滨东北 JR 线、横滨 JR 线、京滨急行线、相铁线等。

🚌 乘地铁游横滨

横滨市地铁是市内的重要交通工具之一，有1号线、3号线、港未来线三条线路。1号线由湘南台开往关内，主要停车站是户冢、上大冈、吉野町站等；3号线由AZAMI野开往关内，主要停车站是横滨站、樱木町站、关内站等；港未来线由横滨站开往元町中华街，主要停车站是横滨站、港未来站、元町中华街站。三条地铁线路的运营时间均为5:00~24:00，在上下班高峰时，每小时最多发车14班。地铁基本票价为成人200日元，儿童100日元（3号线和1号线）。关于地铁的更多信息，可以咨询横滨市交通局，咨询电话为：045-6712222。

🚌 乘公交车游横滨

市内公交车

横滨市内公交车交通四通八达，行车线路十分复杂，主要公交车站位于横滨站东口、西口和樱木町等地。公交车乘车费用为：成人 210 日元，儿童 110 日元。游客在横滨市内乘坐公交车时，建议在公交车站购买一日游卡，其中市营公交车一日游卡为 600 日元、地下铁和巴士共通卡为 830 日元。

水上巴士

水上巴士是游览横滨港风景的特色旅游项目，非常受游客欢迎。水上巴士航行时间一般为40~120 分钟，主要的停靠码头有山下公园码头、未来港码头、横滨站东口码头、大栈桥码头等。

港未来100日元公共汽车

港未来 100 日元公共汽车是一种只在星期六、星期日和法定节假日运行的巴士。游客只需拿一枚面值 100 日元的硬币，便可轻松坐上途经樱木町车站前客运点、红砖屋仓库、日之出町车站前的巴士。

🚌 乘出租车游横滨

横滨一般在各个地铁站附近都设有出租车乘车站，很多大型的商场、机场附近也会有乘车站。横滨出租车比较贵，起步价为 710 日元（2千米），超过 2 千米再另行收费。另外，出租车在深夜或者某些固定时候也会加价，出租车前面挂着"割增"字样的就是要加价的车子。

横滨

横滨景点

横滨旅游示意图

三溪园

三溪园是横滨的一座日式传统庭院公园，也是横滨的恋人圣地之一。公园环境优美，湖水荡漾，树木青翠，给人一种极其舒适的感觉。公园分为外苑和内苑两部分，外苑的主要景观有旧灯明寺、三重塔、林洞庵、旧东庆寺佛殿等，内苑的主要景观有鹤翔阁、三溪纪念馆、御门、临春阁等。

💬 旅游资讯

地址： 山手附近的本牧山丘上

交通： 乘 58、99、101 路市内公共汽车在本牧站下车

门票： 大人（中学生以上）500 日元，老人（65 岁以上）300 日元，儿童（小学生以下）200 日元

开放时间： 9:00~17:00，12 月 29 日至 31 日闭馆

电话： 045-6210634

网址： www.sankeien.or.jp

📷 旅游达人游玩攻略

三溪园经常会举办各种大型展览，想了解展览活动的具体时间和内容，可以登录网站查看。

横滨三溪园

地标大厦

地标大厦是日本最高的大厦，是横滨的地标性建筑。大厦 49 楼以下为办公室、商场、戏院及餐厅，49~70 层是酒店，69 层设有空中花园。此外，大厦内还有以每分钟 750 米的速度快速上升的"世界第二快"电梯。

旅游资讯

地址：西区港未来 2-2-1 号

交通：乘地铁港未来线在港未来站下车

山下公园

山下公园是日本最早的临海公园，是横滨最有名的公园之一。公园面对横滨港，风景优美，是市民休憩的场所。公园岸边有曾经被称为"太平洋女王"的船只"冰川丸"，在这里还能见到横滨港湾大桥。

旅游资讯

地址：横滨港

交通：乘 JR 线在关内站下车

网址：www.yamashitapark.net

横滨美术馆

横滨美术馆位于高速发展的未来 21 地区的中心地段，是一座现代大型美术馆。美术馆建筑左右对称，气势雄伟，馆内设有展厅和举办各类活动的艺术空间，以收藏、陈列众多美术作品和美术类书籍为主。

旅游资讯

地址：西区港未来 3-4-1 号

交通：乘地铁港未来线在海港未来站下车

门票：1100 日元

开放时间：10:00~18:00

电话：045-2210300

网址：www.yaf.or.jp

横滨港湾大桥

横滨港湾大桥是一座斜张桥，有着"空中走廊"的美誉。大桥连接了中区与鹤见区、首都高速道路湾岸线，下层是国道 357 号线。大桥大黑头侧的桥脚道路下有展望台与游步道，可以观看到大型客船通过时的壮观景象。此外，夜幕下的大桥也别有一番风韵。

旅游资讯

地址：横滨港附近

交通：乘 109 系统巴士在樱木町站下车，或乘 JR 线在关内站下车

开放时间：全天

横滨美食

横滨有着众多的美食，中国风味、日本风味的餐馆你都能轻易在这里找到。横滨最出名的美食聚集地，还得算有着众多餐馆的中华街，这里有各种风味的美食，能满足大部分人对美食的需求。此外，琵雅21也是一间不能错过的餐厅。

·中华街

中华街是日本乃至亚洲最大的唐人街，也是日本的三大中华街之一。中华街是横滨"食的天堂"，仅中国餐馆就有200多家，且大部分都是华人经营。餐馆以广东、江苏、上海和四川菜为主，菜肴均保留着各自原汁原味的特点，其中，肉包是最受欢迎的美食之一。

地址：中区 山下町
交通：乘港湾未来线在向元町站下车

·琵雅21

琵雅21是横滨豪华国际大陆饭店的直营餐厅。餐厅内中午提供有"午餐特别推荐菜单"，晚上有"主厨推荐的海鲜套餐"，菜肴相当丰富，价格也较为实惠。来到这里，你可以一边品尝厨师不拘素材种类自由制作的新鲜菜肴，一边透过玻璃窗观看横滨港内来往的船只及大型缆车等景色。

地址：港口未来大桥海上旅客空桥2楼
交通：乘港湾未来线可到

横滨购物

横滨是日本最重要的国际港口城市之一，商业非常发达。横滨的购物场所主要集中在未来21港区和横滨站附近，其中，横滨皇后广场、横滨崇光百货、高岛屋百货商店是最具代表性的购物场所。

· 横滨皇后广场

横滨皇后广场位于繁华的未来21港区内，是一座大型综合商业广场。广场由三栋相邻的、由高到低的相似形状的建筑构成，白色是其基本色调。广场内有各种精品服饰店和杂货铺，商品种类更是多得让人眼花缭乱，每个购物者来到这里都可以尽情享受购物乐趣。

地址：西区港未来2-3-1~9号
交通：乘JR市营地铁在樱木町站下车
电话：045-6820109

· 横滨崇光百货

横滨崇光百货是一座大型百货商场，也是日本最大的百货巨舰之一。商场每层楼都各有特色，特别是地下二楼入口处那每到整点就会有音乐响起的"小小世界"时钟，吸引了很多人的目光。商场内聚集了众多奢侈品牌商品，商品种类众多，服务态度也好，是来横滨购物不可错过的地方。

地址：西区高岛2-18-1号
交通：乘地铁东急东横线在横滨站下车
电话：045-4652111

· 高岛屋百货商店

高岛屋百货商店位于横滨车站西口站附近，是西口的地标性百货商店。商店外部建筑奢华大气，有着极深的感染力，内部以经营时装、钟表、珠宝首饰、化妆品、和服、食品等商品为主，种类繁多。来到这里，你不仅能挑选到称心如意的商品，还能品尝到日本特色美食。

地址：西区南幸1-6-31号
交通：乘地铁JR东急东横线在西口站下车
电话：045-3115111

横滨娱乐

在横滨，你除了可以尽情地购物、品尝美食外，还可以尽情地游玩。如果你想看精彩的棒球赛，可以去横滨露天体育场；如果你想体验惊险刺激的娱乐活动，可以去横滨太空世界……总之，在横滨，绝对可以让你玩得开心快乐。

·横滨露天运动场

横滨露天运动场位于横滨市中心地带，是当地海湾明星队的训练场地。这里经常会举办大型棒球比赛，届时，场内满是观看比赛的观众，场面相当火爆。在横滨想要看一场精彩的棒球赛，这里将是最好的选择。

地址：中区　**门票：**1800 日元　**电话：**045-6611251

📷 **旅游达人游玩攻略**

横滨露天运动场在每年 4~10 月期间才会有棒球比赛举行，想看的观众可以在这个时间段买票前往。

·横滨太空世界

横滨太空世界是一座未来型都市立体游乐园，也是横滨吸引游客的主要场所之一。游乐园由神奇娱乐游乐区、布拉诺街道游乐区、儿童欢乐游乐区三大游乐区组成，拥有几十项童话般的游艺设施和惊险动人的最新高科技游艺设施，其中，最为引人注目的是世界最大的摩天轮。

地址：中区新港 2 丁目 8-1 号
交通：乘地铁海港未来线在海港未来站下车
开放时间：11:00~21:00　**电话：**045-6416591

·横滨八景岛海岛乐园

横滨八景岛海岛乐园位于横滨湾的末端，是一个被大自然所环绕的游乐园。园内汇集了水族馆、游乐园等与海洋有关的娱乐设施，设有十余种惊险节目。来到这里，你可以体验从高处垂直掉下的"自由落体"运动，还可以亲眼目睹几千只热带鱼和淡水鱼穿过水中隧道的景象。

地址：金泽区八景岛
交通：乘根岸线在新杉田站下车，换乘金泽海滨航线在八景岛站下车
门票：成人（16 岁以上）2450 日元；学生（5~16 岁）1400 日元
电话：045-7888888
网址：www.seaparadise.co.jp

横滨住宿

　　横滨距离东京非常近，这里的住宿点的数量和类型虽没有东京那么多，但是价格相对来说较为实惠。来到这里，你可以根据自己的需要来选择住宿点，从最高水平的舒适且服务周到的豪华酒店，到价格合理的一般旅馆，都可以轻松选择。

名称	地址	电话
新横滨王子大饭店	港北区新横滨3–4号	045–4711111
樱木町华盛顿酒店	未来21港区樱木1–101–1号	045–6833111
蒙特利横滨酒店	中区山下町6–1号	045–2318526
横滨伊势佐木町华盛顿酒店	中区伊势木长者町站5–53号	045–2310033
横滨蒙特雷酒店	中区提保町山下6–1号	045–2318526

富士山

PART 4

名古屋→山梨→长野

1

名古屋

mingguwu

名古屋交通

从机场前往市区

中部国际机场是日本中部地区的一个国际机场，也是日本最大的离岸机场之一。中部国际机场负责国际航线、国内航线和货运航线，其中以国际航线为主。机场内的航站楼2层为抵达大厅，3层为出发大厅。

中部国际机场信息		
名称	地址	网址
中部国际机场	常滑市、伊势湾的一个小岛上	www.centrair.jp

从中部国际机场进入市区的主要交通工具有机场巴士、JR 国铁两种。

机场巴士

中部国际机场的机场巴士主要停靠在航站楼 1 楼，乘客从航站楼出来后，直接在车上购票即可。

JR国铁

中部国际机场运行的 JR 国铁主要停靠在航站楼 1 楼，有新干线、JR 线、近铁、名铁空港特急等种类，其中，名铁空港特急是运行速度最快的 JR 国铁，只需要 28 分钟便可到达市内。

乘地铁玩名古屋

名古屋地铁由名古屋市交通局负责经营，是名古屋市内最重要的交通工具。名古屋地铁

地铁净心站

与其他铁道、巴士等站点有着众多换乘连接站，地铁运行时间一般为 5:30~24:00，乘车高峰时间一般在 7:00~8:00。名古屋地铁站构成相当复杂，乘车检票口、换乘口、出站口繁多。比如：东山线的名古屋站有 3 个检票口，10 个出站口（包括换乘口）。乘客下车时一定要查好地图或站台方向示意图，否则走错出站口就会带来很多不便。

乘客在乘地铁时，可以在地铁售票处购买地铁全线 1 日游乘车卡或地铁、巴士全线一日游乘车卡。地铁全线 1 日游乘车卡票价为 740 日元，一天内，乘客可以在名古屋所有的地铁线路中不限次数地乘坐地铁；地铁、巴士全线一日游乘车卡票价为 850 日元，一天内，乘客可以在名古屋所有的地铁线路、巴士各线路中不限次数地乘坐地铁、巴士。

名古屋地铁信息		
线路编号	线路名	起始站
1号线	东山线	高畑站–藤丘站
2号线	名港线	金山站–名古屋港站
3号线	鹤舞线	上小田井站–赤池站
4号线	名城线	大曾根站–大曾根站
6号线	樱通线	中村区役所站–野关站
7号线	上饭田线	上饭田站–平安通站

🚌 乘公交车游名古屋

　　乘公交车游览名古屋市是非常方便的，市内大多数公交车乘车站都与地铁站相连。名古屋市内公交车主要乘车站在名古屋站，地点在出 JR 樱通口名古屋站前公交车乘车中心的 2 楼。名古屋市有一般公交车、基干公交车、市中心循环公交车、区域循环公交车等类型，费用一般为 200 日元，具体情况可以打电话052-5220111 咨询。

名古屋市区景点

名古屋城

大须观音寺

大须观音寺，又称"真福寺"。寺庙建筑曾遭到破坏，寺内的大部分建筑都是重新修建而成的，只有地下文库仍旧是原貌，里面的典籍也基本没遭到损毁。来到这里，你可以看到众多的古书，还能听到整个寺院里的圣歌。

旅游资讯

地址：中区大须 2-21-47 号

交通：乘地铁鹤舞线在大须观音站下车

门票：免费，大须文库收费

开放时间：冬季 9:00~17:00，夏季 10:00~16:00

电话：052-2316525

旅游达人游玩攻略

参观大须观音寺文库时，需要提前通过打电话的方式预约。

名古屋城

名古屋城是日本的"三大名城"之一。城区中种有数千株樱花树，花开时节，所有的建筑都被掩映在粉烟之中，非常美丽。城内的中心地带是本丸区，主要建筑有正门、西北角望楼、乃木会库、清正石、本丸御殿等。此外，城内还有一座收藏颇丰的博物馆。

旅游资讯

地址：中区

交通：乘地铁名城线在市役所车站下车

门票：500 日元

开放时间：9:00~16:30

网 址：www.nagoyajo.city.nagoya.jp

热田神宫

热田神宫位于名古屋市的中心地带，是日本的"三大神社"之一，也是日本皇室庄严神圣的古迹。神宫占地面积达十余万平方米，馆内收藏有大量的刀剑文物。其中，最为出名的藏品为日本三大神器之一的草雉剑。

💬 旅游资讯

地址：中区
交通：乘地铁名城线在神宫西站下车
网址：www.atsutajingu.or.jp

名古屋电视塔

名古屋电视塔是日本最早的一座集约电波塔，也是名古屋市中心的地标之一。电视塔由内藤多仲设计，塔内有可以饱览名古屋市内景色的展望台。夜幕降临后，强光将塔身照得金光闪闪，极其美观。

💬 旅游资讯

地址：中区久屋大通公园
交通：乘地铁在久屋大通站下车
门票：600日元
开放时间：4月至12月10:00~22:00，1月
　　　　　　至次年3月10:00~21:00
电话：052-9718546
网址：www.nagoya-tv-tower.co.jp

名古屋市美术馆

名古屋市美术馆位于风景优美的伏见白川公园内，是日本著名的美术馆之一。美术馆由当地建筑家黑川纪章设计，外观非常壮丽，馆内分为"常设展"和以个人或主题为中心的"特别展"两种展览，收藏展览了包括巴黎流派的绘画、墨西哥文艺复兴时期的作品和当地作家作品、现代美术作品在内的数千件美术作品。

旅游资讯

地址：中区伏见白川公园内

交通：乘地铁东山线、鹤舞线在伏见站下车

门票：300 日元

开放时间：9:30~17:00

电话：052-2120001

网址：www.art-museum.city.nagoya.jp

旅游达人游玩攻略

名古屋市美术馆在 8 月 10 日至 10 月 27 日、11 月 9 日至 12 月 23 日会举办展览活动，想了解展览具体内容可以上网查询。

名古屋市美术馆

名古屋周边景点

名古屋港水族馆

名古屋港水族馆

名古屋港水族馆是日本地区最大的水族馆之一。水族馆外观新颖，是一个金属球体建筑，内部分为南北两个展馆。南馆以"南极旅行"为主题，展示了"日本之海"、"深海"、"赤道之海"等五个水域的生物生长的环境；北馆以"35 亿年追溯旅行"为主题，展示了"大洋"、"日本之海"、"极光之海"等五个区域中饲养的大型海洋哺乳动物。

旅游资讯

地址：港区港町 1-3 号

交通：乘地铁名港线在终点下车

电话：052-6547080

德川美术馆

德川美术馆

　　德川美术馆是名古屋最著名的美术馆之一。馆内收藏、展示了包括家具、武器、盔甲、茶道、器皿、书法、画卷在内的珍贵文物。其中，最有价值的当属描绘了《源氏物语》里的故事的画卷。

旅游资讯

地址：东区德川町 1017
交通：乘开往猪高车库方向的市内巴士在德川园新站下车
门票：1200 日元
开放时间：10:00~17:00，每周一闭馆
电话：052-9356262
网址：www.tokugawa-art-museum.jp

名古屋JR中央塔

名古屋JR中央塔

　　名古屋 JR 中央塔是日本最高的大厦之一，也是一个具有功能丰富多彩的空中立体都市空间。中央塔底部的十余层是东急百货、高岛屋百货等购物场所，其余楼层多半为酒店和商务办公场所，顶层还有咖啡厅、酒吧、餐厅等娱乐设施。

旅游资讯

地址：中村区名驿 1-1-4 号
交通：乘地铁在新名古屋车站下车

名古屋美食

名古屋除了有日本传统的生鱼片、寿司外，还有自己的特色美食，如平面、酱煮乌冬面、天妇罗饭团、鸡肉刺身、炸鸡翅、油炸面拖虾、天结等。众多可选择的美食，各式风格的居酒屋和食品店，时刻在诱惑着食客的味觉。

名古屋风味

· Yabaton Honten

Yabaton Honten 是日本的一家连锁餐馆，生意异常火爆。餐厅中最为有名的菜肴是豆酱猪排，用炸猪排蘸上热豆酱，再配上切碎的白菜和米饭制作而成，味道十分鲜美。

地址：中区 3-6-18 号
交通：名古屋火车站附近
电话：052-2528810
网址：www.chinese.yabaton.com

📷 旅游达人游玩攻略

前往 Yabaton Honten 就餐时，建议尽量早点去，餐馆生意特别好，去晚了就必须排队就餐了。

· 木曾路火锅料理

木曾路火锅料理是名古屋一家非常有名的日式餐厅。餐厅内部装潢奢华，包间十分宽敞，里面的主打菜肴是牛肉火锅，其牛肉特别鲜嫩，口感很好，入口即化。餐厅中穿着整套和服招待顾客的服务员，也是一道亮丽的风景线。

地址：中区日土地名古屋大厦附近

·世界小的山

世界小的山是一家非常别致的餐厅，里面有很多中国留学生做兼职服务员。来到这里，你可以感觉到一种久违的亲切感。餐厅内服务周到，价格也较为实惠，其主打菜肴是手羽先，这道菜几乎是每个来这里就餐的人必点的菜肴。

地址：中区荣 4-9-6 号
电话：0081-242134

🍴 中国风味

·翠园

从外表看上去，翠园好像是一家高级中华料理店，内部装饰也极为时尚，环境舒适、雅致，柔和的灯光照耀其间，给人一种异常温馨的感觉。不过，餐厅装饰虽然奢华，但菜肴的价格却比较便宜。餐厅内的主打菜肴是饺子、小笼包、古老肉，口味是极其地道的中国风味。

地址：港区稻永 4-4-20 号
电话：052-3826768

·东北大冷面

东北大冷面是一家以非常地道的东北菜为主打的中式餐馆。餐厅装饰风格古朴，内部环境干净、整洁，菜肴价格较为实惠，老板也很热情。餐馆中不仅菜肴口味地道，而且特色菜单也十分引人注目。

地址：中区荣 5-5-31 号
电话：052-2620311

去日本 去韩国
终极实用版

名古屋购物

名古屋的购物场所众多，主要分布在大须观音寺、名古屋车站、荣町地区这三个地方。大须观音寺附近的几条街道上主要接待前来旅游的游客，其商品包括时装、电器、工艺品等。名古屋车站和荣町地区则有大量的地下商场和百货商店，各种各样的商品你都能在这里找到。

· 大须商店街

大须商店街是以大须观音庙为中心的一条充满平民色彩的购物街，有着"日本最充满活力的商店街"的称号。商店街上保留着小工商业集中的"下町"风情，有服饰店、电器店、电脑销售店、杂货店、旧衣店等各式各样的店铺，商品种类丰富，价格也较为便宜。

地址：中区大须 3-38-9 号
交通：乘地铁鹤舞线在大须观音站下车
电话：052-2612287
网址：www.osu.co.jp

· 东急百货店

东急百货店位于名古屋 JR 中央塔大楼内，是一家大型百货商场。商场内购物环境舒适，服务也十分周到，商品种类繁多，云集着路易威登、罗威、克洛伊等一流品牌。

地址：中村区名驿 1-1-4 号
交通：乘地铁在新名古屋车站下车

名古屋荣区

大须商店街

· 三越百货公司

三越百货公司位于名古屋市中区中心地带，是一家百货、餐饮综合店。店内不仅有着众多时尚品牌服饰店，还有鞋帽、皮包、工艺品、化妆品、珠宝首饰、家居用品等各式各样的店铺，深受游客喜爱。来到这里，你不仅能挑到满意的商品，还能品尝到众多美食。

地址：中区荣 3-6-1 号　**电话：**052-2521111

· Loft

Loft 是在"荣"商圈中有着不可忽视的地位的一家超大型购物商场。商场外部建筑独具特色，曾荣获"国际建筑设计"大奖。商场内均为开放式楼层，主要有旅行用品、家饰、灯具、文具、家庭用品、钟表、健康杂货等商品。此外，商场地下一层还有书店以及时尚品牌专营店。

地址：中区荣 3-18-1 号
交通：乘地铁名城线在矢场町站下车
营业时间：10:30~20:00
电话：052-2193000　**网址：**www.loft.co.jp

名古屋娱乐

· 御园座

御园座位于名古屋市中区最繁华的地带，是一座大型演艺剧场，设施齐全，主要是 4 月和 10 月用来表演名古屋歌舞伎的场所。不过，这个场馆内没有为顾客提供翻译设施。

地址：中区荣 1-6-14 号
交通：乘地铁鹤舞线在伏见站下车
电话：052-3088899
网址：www.misonoza.co.jp

📷 旅游达人游玩攻略

前往御园座观看演出前，可以提前在网上预订门票。

名古屋住宿

名古屋的住宿点主要集中在名古屋车站和荣町区附近，住宿的类型主要有星级酒店和经济型住宿等常见的住宿类别，也有青年旅馆和日式旅馆。其中，四星级、五星级酒店主要分布在市中心荣町一带，名古屋车站也有四星级、五星级酒店，但大多数都是二星和三星的酒店。名古屋青年旅馆和日式旅馆较少，价格比较实惠。来到名古屋，你可以根据自己的心里价位选择住宿点。

名古屋车站区酒店推荐		
名称	地址	电话
名古屋里索尔酒店	中村区3-25-6号	052-4500002
名古屋万豪酒店	中村区名驿1-1-4号	052-5841111
名铁大酒店	中村区名驿1-2-4号	052-5822211
名古屋生态酒店	中村区椿木14-5号	052-4530015
名古屋清雪1号酒店	中区平和1-3-1号	052-4600021

荣町区酒店推荐		
名称	地址	电话
名古屋希尔顿酒店	中区荣1-3-3号	052-2121111
白川名古屋太阳酒店	中区荣2-7-13号	052-4608490
西佳名古屋酒店	中区荣4-6-1号	052-4600008
名古屋易克诺酒店	中区荣3-6-15号	052-4600003
东急名古屋酒店	中区荣4-6-8号	052-4600008

2

名古屋→山梨
Mingguwu→Shanli

山梨交通

🚌 从名古屋去山梨

乘JR国铁前往

从名古屋前往山梨，JR 国铁是比较方便的交通工具。乘 JR 国铁从名古屋前往山梨时，一条线路是在名古屋站乘 JR 中央本线在盐尻站下车后，换乘中央本线（特急）在山梨县甲府站下车，运行时间为 3 小时左右；第二条线路是在名古屋站乘坐 JR 东海道本线在静冈站下车，再换乘 JR 身延线在山梨县甲府站下车，运行时间在 3 小时 10 分钟左右。

乘长途巴士前往

乘长途巴士从名古屋前往山梨，所用时间比 JR 国铁要长点，费用也要高点。游客可以在名古屋车站找到开往山梨县甲府站的长途巴士，

然后跟司机说明你想要去的目的地，到了甲府站后下车即可，行车时间大概需要4小时。

🚌 乘公交车游山梨

　　山梨市内最方便的交通工具就是公交车了。山梨市内的公交车主要有富士急行线巴士、东名高速巴士等类型，主要停靠车站有富士吉田站、都留站、大月站等，其中，富士吉田站是前往富士山地区游玩的必经车站。山梨市内各种不同类型的公交车收费方式都不同。

山梨景点

📍 富士山

　　富士山是日本第一高峰，也是一座横跨静冈县和山梨县的休眠火山。富士山有着独特优美的锥形轮廓，山上云雾缭绕，植被丰富，风景优美。每到冬季，山峰上便被皑皑白雪覆盖起来，显得格外美丽。

富士山

💬 旅游资讯

地址：山梨县和静冈县
交通：乘中央高速巴士在富士五湖站下车　　**电话**：0555-227000

📷 旅游达人游玩攻略

富士山受气候的制约，日本规定一年中只在夏季的一段时间游人才可以登山，其时间一般为每年7月1日至8月26日。想要登山的游客，可以选择从河口湖5号站出发。另外，山上的气温比山下低很多，一定要注意保暖。

📍 富士五湖

　　富士五湖是富士山北部山脚四周的 5 个湖泊的总称。这 5 个湖泊分别为河口湖、山中湖、西湖、本栖湖、精进湖，湖水清澈，湖面上可以见到富士山的倒影。其中，本栖湖是五湖中唯一冬季不结冰的湖，精进湖是五湖中最小的一座湖泊。湖边景色优美，游客很多，特别是秋日红叶节期间更是挤满了人。

💬 **旅游资讯**

地址： 山梨县境内

交通： 乘中央高速巴士在
　　　　　富士五湖站下车

开放时间： 全天

山梨美食

·渡边食处

渡边食处位于环境优美的河口湖边，环境极其幽静。店内一半是餐厅，一半是销售当地土特产的商店。店内主要供应日本家常口味的菜肴，店主服务态度极其热情，菜肴价格也较为实惠。

地址：河口湖车站对面

交通：乘东名高速巴士在河口湖站下车

·富士山五合目拉面

富士山五合目拉面位于一个土特产商店里面，是一家小型餐馆。餐馆内的玻璃柜上放有拉面的图片、价格，柜台前面摆有数张木质桌子。在这里，没有服务员，面做好后，需要你自己端，筷子也要自己拿。

地址：吉田市上吉田富士山五合目

山梨娱乐

来到山梨，观看完美丽景致后，接下来便是好好地娱乐一番了。山梨是非常适合泡温泉的地方，有着众多温泉的石和町是最佳的泡温泉场所，你可以进去舒舒服服地泡上一番。此外，有着世界上最大落差过山车的富士急乐园也是值得一去的地方。

·富士急乐园

富士急乐园是位于富士山麓的著名游乐园。园内设有过山车、鬼屋、咚咚怕、透明观览车、空中大转盘、托马斯乐园等娱乐设施。其中的过山车为世界上落差最大的过山车，以拥有4项世界最高纪录而被载入吉尼斯世界大全。

地址：富士吉田市新西原 5-6-1 号

交通：乘中央高速巴士在富士五湖站下车

门票：1300 日元

电话：0555-232111

网址：www.fujiq.jp

· 石和町

石和町有着日本最大规模的温泉群，被称为"日本的温泉王国"。这里有着百余家温泉酒店和日本风格的旅馆。来到这里，你可以舒舒服服地泡温泉，还可以品尝美味的日式料理，睡独特的榻榻米。

地址：笛吹市富士山北麓
交通：乘巴士可以到达

山梨住宿

在山梨游玩一圈后，你可以选择住经济型酒店或是直接前往石和町住温泉酒店、旅馆。经济型酒店中，服务设施非常完备，环境也极为温馨，价格也比较实惠；住温泉酒店、旅馆则可以泡温泉、吃美食。

山梨酒店推荐		
名称	地址	电话
若草之宿	南都留郡富士河口湖町小立498号	0555-721371
湖龙酒店	南都留郡富士河口湖町浅川630-1号	0555-72251
甲府华盛顿酒店	甲府市北口1-2-17号	055-2521311

3 山梨——长野

Shanli——Changye

长野交通

从山梨去长野

从山梨前往长野，JR 国铁是最方便的交通工具。乘客可以在山梨县甲府站乘坐 JR 中央线（特急）火车在盐尻站下车，再换乘 JR 信浓川线（特急）在长野站下车，行车时间约为 2 小时 50 分钟，票价约为 5900 日元。

乘电车玩长野

游玩长野市内，电车是非常方便的交通工具。长野市内运行的电车主要有JR新干线、JR信浓特急线、JR中央本线特快、JR松本特急线等线路，搭乘这些线路的电车，可以到达长野的大部分景点。长野电车的具体运行时间和票价可以在各电铁站内询问。

乘公交车游长野

长野的公交车运行线路非常广泛，几乎覆盖了长野县内的所有区域。长野的公交车主要运行在长野、户隐、汤田中、松本、木曾等地，主要运行站点有长野站、户隐站、汤田中站、野泽温泉站、松本站、南木曾站等。

长野景点

善光寺

善光寺有着悠久的历史，是长野最知名的寺院。寺院主要有仁五门、本堂、山门等建筑。其中，山门位于参道尽头，高约 20 米，是"国家级重要文化遗产"；本堂是日本最大的木结构建筑物之一。此外，这里还供奉有游人很难见到的阿弥陀三尊。

旅游资讯

地址： 长野元善町 491 号

交通： 乘公交车在善光寺下车可到

门票： 免费（本堂内阵、戒堂巡礼、经藏、善光寺史料馆通用参观票 500 日元）

开放时间： 4:30~16:30（夏季），6:00~16:00（冬季）

电话： 026-2343591

网址： www.zenkoji.jp

旅游达人游玩攻略

最好在早上前往善光寺参观，且尤其推荐在寺僧做完早课时前去，这样可以接受主持大师的祝福。

善光寺

📍 松本城

松本城

松本城，又名"乌鸦城"，是日本唯一的复合连接式天守建筑群。松本城被河流环绕，风景优美，其主楼共六层，无论站在哪一层都可以见到令人难忘的风景。此外，城内还有松本市立博物馆、日本民间博物馆等可以参观。

💬 旅游资讯

地址：松本市丸之内 4-1 号

交通：乘 JR 中央本线电车在松本站下车

门票：600 日元（3 月至 11 月），400 日元（12 月至次年 2 月）

开放时间：8:30~16:30

电话：0263-322902

网址：www.city.matsumoto.nagano.jp

📷 旅游达人游玩攻略

参观松本城的天守阁时，游客需要注意的是，在入口处必须脱鞋，穿着袜子从底层步行向上游览。

妻笼宿

📍 妻笼宿

妻笼宿位于南木曾町兰川东岸，是木曾路的观光名所之一。妻笼宿作为日本重要的传统建筑群保护区，房屋全部为木结构建筑，有着江户时代的风情。每年 11 月 23 日，在这里可以看到武士、虚无僧、驾笼抬夫往来于街道的情景。

💬 旅游资讯

地址：木曾郡南木曾町吴妻 2159-2 号

交通：乘汽车在妻笼宿下车

📍 上高地

　　上高地被穗高连峰、烧岳山、常念山等山脉环抱，是日本著名的风景胜地之一。这里有白桦、落叶松等原始森林，以及大正池、田代池、明神池分布在其间，景色优美。来到这里，你可以看到河童桥这一上高地的标志性建筑，还可以欣赏上高地周围的风景。

上高地

💬 旅游资讯

地址：松本市安云上高地
交通：乘坐公共汽车在上高地站下车
电话：0263-952606
网址：www.kamikochi.or.jp

📍 诹访湖

　　诹访湖位于长野县中心地带，是长野县最大的湖泊。湖泊水域面积庞大、风景优美，还有可以喷发水柱的间歇泉和介绍"御神渡"的幻灯，都是非常吸引人的景致。此外，冬天来到这里，你还能见到在冰面上打窟窿钓鱼和滑冰的景象。

诹访湖

💬 旅游资讯

地址：长野县诹访湖
交通：乘坐 JR 中央本线特快在上诹访车站下车

📍 白桦湖

　　白桦湖是一座人造湖，也是一处非常受欢迎的娱乐场所。这里有游乐场、温水游泳池、温泉、美术馆、森林铁路等休闲娱乐设施，游客可以在这里尽情地享受娱乐带来的乐趣。此外，这里还会举行施放烟火、迎神庙会、竞舞、冰雕比赛等文化气息十足的日本民俗文化庆典活动。

💬 旅游资讯

地址：茅野市北山白桦湖 3419-3 号
交通：乘 JR 中央本线特快在茅野车站下车
电话：0266-682255
网址：www.shirakabako-center.com

温泉

长野美食

长野的美食餐厅虽然不很多，但餐厅内的环境都十分整洁，服务态度也很好，消费价格也比较低。来到这里，你既可以品尝到日式料理，也可以品尝到美味海鲜，还能品尝到特色荞麦面。

·海鲜藏·鱼鱼鱼

海鲜藏·鱼鱼鱼是长野一家有名的海鲜餐厅。餐厅有整洁的环境，摆放有多种绿色盆栽植物，总能给人一种舒适的感受。餐厅内以提供新鲜的海鲜为主，由顶级厨师精心制作，味道十分可口。

地址：须坂市井上 1700-14 号
电话：026-2464470

·野麦

野麦（Nomugi）是长野县最好的荞麦面馆之一。餐厅的主人曾经经营过一家法国餐厅，因而这里的荞麦面中带有一种法式菜肴的风格。餐厅内最受欢迎的菜肴是用手工柳条篮装着的笊篱荞麦面，值得品尝。

地址：松本市中央 2 丁目 9-11 号
电话：0263-363753
网址：www.homepage3.nifty.com

·信州地酒之乡三国屋

信州地酒之乡三国屋是长野县一家非常受欢迎的餐厅。餐厅内装饰风格时尚，环境优雅别致，给人以温馨舒适的氛围。餐厅内以提供日式料理为主，口味非常好，价格也较为实惠。

地址：其他城市日本长野县饭田市北方 813-1 号
电话：0265-258865

·かのう食事处

かのう食事处是一家老字号餐厅，也是深受信州大学师生喜爱的餐厅。餐厅内有着多种口味的菜肴，周到的服务，以及实惠的价格。来到这里，你可以品尝到炸鸡、可乐饼、色拉、味增汤等特色菜肴。

地址：松本市女鸟羽 3-4-30 号
交通：乘公交车在信州大学站下车可到

长野其他餐馆推荐		
名称	地址	电话
山人	北安云郡白马村大字神城饭田22720号	0261-753162
饭田	北安云郡白马村大字神城饭田22900-2号	0261-753126
公路驿站白马	北安云郡白马村神城21462-1号	0261-753880
西尾长野萨丽雅张部店	西尾张部244-1号	026-2396271
sukitei	长野市南长野妻科112-1号	026-2341123
marusei	486 motoyoshi-cho	026-2325776

长野购物

　　长野以生产手工艺品为主，在长野旅游，一定要购买些小工艺品带回去。长野的工艺品以内山纸、上田捻线绸、花纸绳、松本手缠彩线球等最为出名，做工十分精致，深受游客喜爱。

·表参道

　　表参道位于善光寺附近，是长野市内规模最大的购物街道。街道上有众多店铺林立，商品种类众多，生活用品、服饰、工艺品、长野土特产等商品你都能轻易在此找到，价格也比较实惠。

地址：长野元善町
交通：乘公交车在善光寺下车，步行可到

·高砂街

　　高砂街是中町的一条以销售传统工艺品为主的街道。街道上分布有众多工艺品商店，其中的商品从纺织品到陶瓷，再到花纸绳等物品应有尽有，商品做工极为精致，种类也非常齐全，是挑选传统工艺品的好去处。

地址：松本市中町以南
交通：乘坐山阳地铁本线在高砂站下车

·Merami

　　Merami是长野一家非常受欢迎的传统工艺品店铺。来到这里，店员会热情地招呼你入内挑选商品，并待你挑选好后，细心地帮你包装好。店内的主要传统工艺品有棚织、纸质服饰、剪纸等，价格都比较实惠。

地址：松本市大桥通
开放时间：10:00~17:00
电话：0261-331314

长野娱乐

长野的娱乐场所非常多，酒吧、滑雪场、温泉、电影院等都能轻易找到。不过，长野最吸引人的娱乐场所莫过于滑雪场和温泉了。来到这里，假如你不尽情地在雪地上、温泉中享受一番，回来你一定后悔。

·外衣

外衣是一家有着悠久历史的酒吧，在松本市非常有名。酒吧内装饰风格热情、奔放，有日本最著名的调酒师为客人调制特色的鸡尾酒，以及最火爆的乐队演出，让每个来到这里的人都能感到开心快乐。

地址：长野县松本市 chuo 2-3-24 号
开放时间：11:00~24:00
电话：0263-347133

·乐颜亭养老乃龙

乐颜亭养老乃龙是一家非常受欢迎的酒吧。酒吧外部招牌为草绿色，给人一种清新的感觉。内部环境极为优雅、别致，各色美酒整齐地摆放在吧台上。来到这里，点一杯美酒，度过一段美好的时光。

地址：鹤贺南千岁町 857-1 号
电话：026-2271822
网址：www.yoronotaki.co.jp

·志贺高原

志贺高原是日本最大的滑雪场，也是世界上最大的滑雪场之一。这里曾是长野冬奥会的比赛场地之一，有数十条滑道。滑雪场内有各种不同的地形，无论你是哪个层次的滑雪者都能在这里找到满意的滑道。

地址：长野县下高井郡山卢内町
交通：从长野车站乘坐前往志贺高原的汽车可到
开放时间：9:00~21:00（12 月至次年 4 月）
电话：0269-342133
网址：www.shigakogen.gr.jp

📷 **旅游达人游玩攻略**

1. 志贺高原非常大，游玩地点也非常多，时间安排比较紧的人，建议选择高原中部区域游玩，在那里住宿也比较方便。

2. 进入志贺高原游玩时，可在志贺高原观光协会办公室听取滑雪技巧讲解，并预定住宿房间。

滑雪场

·白马47滑雪场

　　白马47滑雪场是白马村最大的滑雪场之一，场内地形丰富，设施完备，有数十条极为宽敞的滑雪道，游客可以在里面尽情地游玩。不过，这里的滑雪道大多数难度较大，适合滑雪技术好的人滑雪。

地址：北安县郡白马村
电话：0261-754747
网址：www.hakubagoryu.com

· 野泽温泉滑雪场

野泽温泉滑雪场（Nozawa Onsen Snow Resort）隐匿在一个毫不起眼的角落里，却是在日本滑雪、泡温泉最舒适的地方之一。来到这里，白天你可以在雪地上尽情滑雪，晚上则可以舒舒服服地"泡汤"。

地址：高井郡野沢温泉村

电话：0269-85-3166

网址：www.nozawaski.com

· 浅间温泉

浅间温泉是一处没有乡村氛围的温泉胜地。这里的温泉水质特别好，有很多位于古典式建筑内的浴池，可以供游客尽情地"泡汤"。此外，这里还曾是众多诗人和作家流连的地方，有着深厚的文化气息。

地址：松本市东北方

开放时间：10:00~20:00

电话：0261-466278（浅间热广场）

温泉

长野住宿

长野的住宿点主要集中在市中心区域以及滑雪场、温泉附近，有酒店、青年旅舍等不同类型。长野市中心的酒店设施比较完备，价格较高。滑雪场、温泉附近的酒店、青年旅舍则价格较为便宜。

长野市中心区酒店推荐		
名称	地址	电话
微笑酒店	鹤贺上千岁町1177-3号	026-2263211
长野大道酒店	南千岁2-8-5号	026-2231123
林登广场酒店	鹤贺南千岁町975-1号	026-2251119

长野市中心区酒店推荐

名称	地址	电话
岛	南千岁2-15-8号	026-2263388
舒适酒店	南千岁1-12-4号	026-2681611
太阳道大饭店	大字栗田995-1号	026-2647700
日航大酒店	南千岁2-22-3号	026-2262200
广场酒店	南石堂町1326号	026-2240100

长野其他地区酒店推荐

名称	地址	电话
Hotel Route-Inn Court Shinonoi	卢篠井御币川1264-2号	026-2930085
ホテルナイスイン村一番	卢篠井会585-1号	026-2929191
松本客栈	松本市深志2-2-1号	0263-335489
里土满松本酒店	松本市中央1-10-7号	0263-375000
Buena Vista	松本市本庄1-2-1号	0263-370111
Hotel Iidaya	松本市中央1-2-3号	0263-320027

大阪城

PART 5

京都 → 奈良 → 大阪 → 神户

1 京都 Jingdu

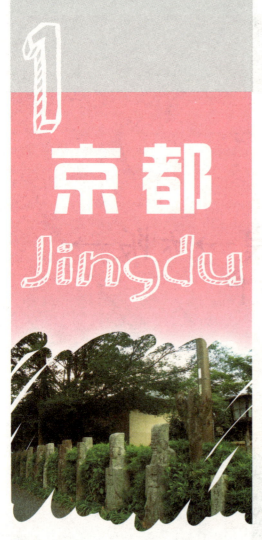

京都交通

🚌 从机场前往市区

关西国际机场是日本第二大国际机场，也是日本第一个24小时运营的机场，主要停靠从中国、韩国、美国等国家飞往日本的国际航班，也停靠从京都飞往日本国内的航班。关西国际机场的国际航班抵达大厅在机场大楼的1层，出发大厅在4层。国内线出发和到达均在2层。

从关西国际机场进入市区的主要交通工具有 JR 国铁、机场迎送巴士、出租车三种。

关西国际机场信息			
名称	地址	电话	网址
关西国际机场	大阪湾东南部的泉州海域离岸5千米的海面上	072-4552500	www.kansai-airport.or.jp

JR国铁

从关西国际机场进入市区乘坐JR国铁是非常方便的。JR国铁乘车处设在机场大楼2层，在售票处购买车票后，便可乘车。JR国铁进入京都市内所需时间一般为73~75分钟。

机场迎送巴士

关西国际机场的机场迎送巴士乘车处设在机场大楼1层。游客可在8号乘车处，乘坐机场迎送巴士到达京都站八条口，全程运行时间为95~105分钟，票价为2300日元。

出租车

关西国际机场出租车乘车处设在机场大楼1层，游客可以直接前往乘车处招呼出租车，也可以通过打电话072-4566598（关西国际机场出租车运营协会）叫车。出租车进入京都市内所需时间为120分钟左右，费用一般为32 000日元左右。

乘地铁玩京都

乘地铁游玩京都市非常方便，京都市内有南北运行的乌丸线和东西运行的东西线两条地铁线路，其中乌丸线运营时间为5:30~23:00，东西线从醍醐站开往二条站，中间在三条站、京阪站会停靠。

乘公交车游京都

公交车同样也是游览京都的一种非常方便的交通工具，价钱也比较低廉。京都公交车乘车站点在市内随处可见，且附近都设有站点示意图和到站、发车时间表。京都公交车运行时间一般为7:00~21:00，也有小部分公交车时间有所不同，游客在后门上车，从前门下车，票价都是220日元。

乘出租车逛京都

京都出租车的起步价为2千米640日元，大部分出租车都配有卫星导航系统，无论游客想去哪个地方，只要告诉司机确切的地址或电话号码，司机便能很快将你送达目的地。此外，京都的MK出租车起步价为580日元，车上配有用英语交流的驾驶员。

租自行车玩转京都

京都除了边远山区外，大部分地区都比较平坦，所以租自行车游玩是非常合适的游览方式。游客可以拿着护照前往旅游俱乐部或京都自行车旅行协会（电话075-3536968、电话075-3543636）办理租车手续，进行租车。旅游俱乐部主要对外出租大号自行车、普通自行车，费用为每天800日元、押金为每天3000日元；京都自行车旅行协会主要对外出租山地自行车，费用为每天1500日元。

京都市区景点

东寺

东寺

　　东寺，又名"教王护国寺"。寺庙早在日本平安时代就已完成修建，是用作镇守国家的真言宗寺院。寺内主要有金堂、讲堂、五重塔、灌顶院、御影堂等建筑，其中五重塔是寺院的象征性建筑物，同时也是日本的国宝级文物。

旅游资讯

地址：京都车站西南处

交通：乘 17、19 路公交车在东寺东门前站下车

开放时间：夏季（3 月 20 日至 9 月 19 日）8:30~17:30，冬季（9 月 20 日至次年 3 月 19 日）8:30~16:30

网址：www.toji.or.jp

旅游达人游玩攻略

东寺每月 1 日都会举行人般若会，用以诵读六百卷《大般若经》来进行祈愿。每月 21 日为"弘法市"的日子，寺内会举行理趣三昧等法事。届时，前来参拜的游客非常多，在东寺周围的店铺也会摆出露天摊档，集市上有小吃、民俗工艺品等，大大方便了游客购物。

东本愿寺

东本愿寺是佛教净土宗大谷派总寺院。寺院最为显眼的是它的护卫堂大门，游人来到寺院前便能看到它。寺内的大师堂极其庞大，是京都最大的木制建筑，也是世界上最大的木建筑之一。

旅游资讯

地址：下京区乌丸通七条达

交通：乘地铁在五条比站下车

开放时间：5:50~17:30（3 月 至 10 月），
　　　　　　6:20~16:30（11月至次年2月）

电话：075-3719181

网址：www.higashihonganji.or.jp

东本愿寺参拜接待所

西本愿寺

西本愿寺，又称"本愿寺"，是日本京都最大的寺院，也是日本佛教净土真宗愿派的总寺院。寺内有唐门、白书院、黑书院、能舞台等日本国宝级建筑物，以及壁画、枯山水样式的虎溪庭院等精彩景点。此外，寺内的飞云阁、金阁、银阁是"京都三阁"，一年中只会不定时开放一两次，平时很难见到。

西本愿寺

旅游资讯

地址：下京区掘川通花屋街

交通：乘坐9、28、75路公交西本愿寺下可到

门票：免费

开放时间：5:30~17:30（3 月 至 10 月），
　　　　　　6:00~17:00（11月至次年2月）

电话：075-371-5181

网址：www.hongwanji.or.jp

💬 旅游资讯

地址：东祇园和东山之间

交通：在 JR 京都站乘 206 系统市营巴士在清水道站下车

门票：300 日元，夜间特别参拜 400 日元

开放时间：6:00~18:00

电话：075-5511234

网址：www.kiyomizudera.or.jp

📷 旅游达人游玩攻略

清水寺一般都在 18:00 左右开门，有时也会随着季节的变化而调整。不过，寺院在夜间特别参拜期间，将会在某些时段暂时结束一般参拜，然后再次开门举行夜间参拜。有关详细信息息，可以参考下表。

📍 清水寺

清水寺原是平安时代的代表性建筑物，后曾多次遭大火焚毁，现为德川家光重新修建而成，是京都"三大名胜"之一。寺内主要建筑有西门、三重塔、经堂、开山堂、轰门、朝仓堂、本堂、阿弥陀堂等。寺内最出名的景致为十一面观音像，为每位朝圣者心中的圣物。

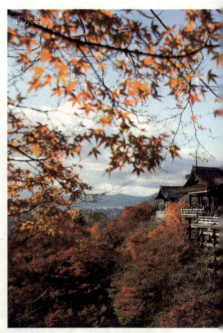
清水寺

日期	一般参拜		夜间特别参拜	
	开门时间	关门时间	开门时间	受理结束时间
1月2号至3月7号	6:00	18:00		
3月8号至3月17号（春季夜间特别参拜）	6:00	17:30	18:30	21:30
3月18号至3月21号	6:00	18:00		
3月22号至4月7号（春季夜间特别参拜）	6:00	17:30	18:30	21:30
4月8号至7月31号的平日	6:00	18:00		
4月8号至7月31号的周六、周日、节假日	6:00	18:30		
8月1号至8月13号	6:00	18:30		
8月14号至16号（夏季夜间特别参拜）	6:00	18:00	19:00	21:30
8月17号至9月30号	6:00	18:30		
10月1号至10月31号的平日	6:00	18:00		
10月1号至10月31号的周六、周日、节假日	6:00	18:30		
11月1号至11月14号	6:00	18:00		
11月15号至12月8号（秋季夜间特别参拜）	6:00	17:30	18:30	21:30
12月9号至12月30号	6:00	18:00		
12月31号（除夕钟声）	6:00	18:00	22:00前后	整夜开门
1月1号（新年首次参拜）	整夜开门	18:00		

京都国立博物馆

📍 京都国立博物馆

　　京都国立博物馆建于明治中叶时期，为典型的欧洲巴洛克风格建筑，也是世界公认的"宝物殿"。博物馆分为新旧两馆，馆内珍藏着流传至今，且与千年古都京都共呼吸的国宝，其中新馆主要陈列日本、中国、朝鲜三国的石器、绘画、刀剑等文物，旧馆主要举办国际展览和特别展览。

💬 旅游资讯

地址：东山区大和通
交通：乘坐 206 路公交可到
门票：420 日元
开放时间：9:30~17:00，周一闭馆
电话：075-541-1151
网址：www.kyohaku.go.jp

📷 旅游达人游玩攻略

京都国立博物馆在每月第二和第四个星期的周六会免费对游客开放。

📍 八阪神社

　　八坂神社是日本全国约三千座八坂神社的总社，供奉着能消灭驱邪、保佑人们买卖兴隆的神。神社内的例行祭祀活动"祗园祭"，是日本的"三大祭"之一。园内南出口处有水泥制成的朱红色鸟居，园内有垂樱和夜樱等景致，是值得一游的地方。

💬 旅游资讯

地址：东山区祗园町北侧 625 番地
交通：乘坐阪急京都线在河源町站下可到
开放时间：9:00~16:00
电话：075-5311126
网址：web.kyoto-inet.or.jp

金阁寺

金阁寺，又名"鹿苑寺"，是日本一座极其古老的寺庙，也是一座临济宗相国寺派的寺院。寺内主要建筑有夕佳亭、龙门瀑、白蛇冢、舍利殿、陆舟之松等，其中核心建筑为外墙全以金箔装饰的舍利殿。

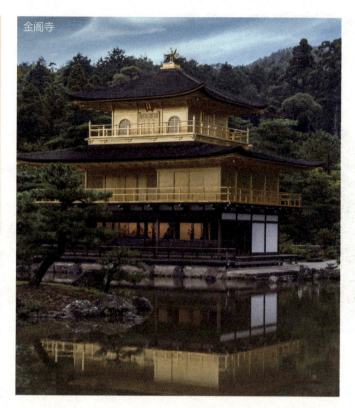
金阁寺

旅游资讯

地址：北区金阁寺前町 1

交通：乘坐 12、59 路公交在金阁寺前下车可到，也可以乘坐 101、204、205 路在金阁寺通下车

开放时间：9:00~17:00

电话：075-4610013

二条城

二条城是幕府将军在京都的行辕，其修建历史悠久，东西南北四面均有高大的围墙，围墙边有壕沟。内部主要建筑有本丸御殿、二之丸御殿、唐门、黑书院、白书院、内宅、天守阁等，其中最有特色的是画有猎野派画家名画的本丸御殿和二之丸御殿。此外，人走在上面便会发出"黄莺"鸣叫般响声的"鹂鸣地板"，也是特别有名的建筑。

旅游资讯

地址：中京区二条城町

交通：地铁东西线二条城前站

门票：600 日元

开放时间：8:45~17:00，12 月 26 日至 1 月 4 日以及 7 月至 8 月、12 月至次年 1 月的每周二闭馆

电话：075-8410096

网址：www.city.kyoto.jp

旅游达人游玩攻略

1. 参观二条城时，应特别注意在二之丸御殿内禁止拍照。

2. 二条城内提供收费的中、英、韩、日四种语言的景点解说录音导航机，想要该机器的游客，可以在东大手门旁申请。

3. 二条城在每年 3 月底至 4 月中旬"赏樱"时节时，行辕夜晚会向游客开放。

旅游资讯

地址：东山区林下町

交通：乘 100、206 路公交车在知恩院前下车，或乘地铁东西线在东山站下车

门票：400 日元

开放时间：9:00~16:10（3 月至 11 月），9：00~15：40（12 月至次年 2 月）

电话：075-5312111

网址：www.chion-in.or.jp

旅游达人游玩攻略

知恩院每年除夕夜都会有 17 位僧侣齐力撞响院内的大钟，钟声浑厚悠远，响彻夜空，是京都除夕夜不可缺少的节目。

知恩院

　　知恩院是日本京都的一座神圣寺庙，也是净土宗的总部。寺院占地规模庞大，院内有日本最大的大门，还有日本最大的大吊钟，以及人走在上面会发出吱吱作响的声音的"莺声地板"。此外，寺内还有许多狩野派的绘画作品和如来佛画像。

青莲院

　　青莲院是一座天台宗寺院，也是日本天台宗延历寺"三门迹"之一，又被称为"青莲院门迹"。寺内存有平安末期的作品"青不动"，这是现存不动图中的最高杰作。另外，寺内还有一棵年岁已久的樟树，枝叶相当繁茂。

旅游资讯

地址：东山区粟田口町

交通：乘地铁在东山站下车，或乘 5 路公交车在神宫道站下车

门票：500 日元

开放时间：9:00~17:00

电话：075-5612345

网址：www.shorenin.com

青莲院

📍 南禅寺

　　南禅寺是一座禅宗寺庙，也是京都"名刹"之一。寺庙大门是京都"三大门"之一，主要建筑有清凉殿、南禅院、金地苑、天授庵等，其中清凉殿为主殿，内部有美丽的枯山水庭院和有狩野派绘画的隔扇。每年秋天，寺内的红叶极其美丽。

💬 旅游资讯

地址：左京区南禅寺福地町 86

交通：乘 5 路公交车在南禅寺永观堂道站下车，或乘地铁东西线在蹴上站下车

门票：免费

开放时间：8:40~17:00（3 月中旬至 11 月），8:40~16:30（12 月至次年 3 月中旬）

电话：075-7710365

📷 旅游达人游玩攻略

参观南禅寺时，虽然门票是免费的，但里面的部分景点需要购买门票，票价为 300~500 日元。

南禅寺

📍 北野天满宫

　　北野天满宫是日本最著名的神社之一，神社内供奉着被视为"学识之神"的 10 世纪学者菅原道真，庭院里种植着他喜爱的梅花和李子树，还有一尊巨大的铜牛。每年 7 月，这里还会举行最隆重的传统节日祭祀活动"天神祭"。

💬 旅游资讯

地址：上京区马食街

交通：乘 50、101、203 路公交车在北野天满宫站下车

门票：免费，梅苑入苑费 500 日元

开放时间：5:30~17:30

电话：075-4610005

📷 旅游达人游玩攻略

每月 25 日，北野天满宫内会有热闹的跳蚤市场，这时候主要出售伊万里瓷器、尼龙袜子等各种小商品，还有描绘着道真传奇故事的天神缘起卷轴也会对外展出。此外，每年 2 月 25 日，北野天满宫附近的艺伎们还会在神社的果园中举行茶道仪式。

京都周边景点

📍 曼殊院

曼殊院是天台宗的皇家寺院，也是京都观赏红叶的著名寺院之一。寺内整体建筑精巧、别致，主要建筑有大书院、小书院、茶室、八窗轩、无窗席、曼殊院棚等。寺内收藏宝物众多，其中《古今》和《歌集》尤为珍贵。

💬 旅游资讯
地址：左京区一乘寺
交通：乘市营巴士在一乘寺清水町站下车
门票：500 日元
开放时间：9:00~16:00
电话：075-7815010

📍 修学院离宫

修学院离宫是日本最大的庭院建筑群，也是日本三大"皇家园林"之一。庭院历史悠久，且占地面积较大，由上、中、下三个部分构成。园内将修学院、宽阔的庭院以及优美的自然环境融为一体，巧妙绝伦。

💬 旅游资讯
地址：左京区比睿山麓
交通：乘睿山线在修学院站下车，或乘 5 路公交在修学院站下车
电话：075-2111215
网址：www.sankan.kunaicho.go.jp

📷 旅游达人游玩攻略
参观修学院离宫前，游客需在周一至周五提前通过上网预约。

📍 桂离宫

桂离宫，原名"桂山庄"，因桂川在它旁边流过而得名。这里很早就是赏月的胜地，也是京都各种建筑与庭院巧妙结合的典型代表。宫内有山、湖、岛，环境清幽，其主要建筑有书院、松琴亭、笑意轩、园林堂、月波楼和赏花亭等。

💬 旅游资讯
地址：西京区桂川的西岸
交通：乘 33 路公交车在桂离宫前站下车
门票：免费
电话：075-2111215
网址：www.sankan.kunaicho.go.jp

📷 旅游达人游玩攻略
参观桂离宫前，游客需提前通过上网的方式在宫内厅预约参观时间，在得到回复后才能前往参观。具体预约方法可以上网查看。另外，网站上还有关于桂离宫的讲解视频，有兴趣的人可以提前在网上浏览下。

最容易让人忽略的景点

龙安寺

龙安寺是一座临济宗妙心寺派的寺院，也是日本著名的枯山水庭院。龙安寺庭院是日本庭院抽象美的代表，主要景点有矿石寺院、枯山水庭院、鸳鸯池等，其中最出名的是矿石寺院。在矿石寺院内几乎看不到一点泥土，地面全部由圆形和椭圆形的小石子铺成，内部摆有十五块岩石，无论从什么角度看，都会发现有一块矿石是隐藏的，十分奇妙。

旅游资讯
地址：右京区龙安寺御陵下町 13
交通：乘 59 路公交在隆安寺前下车
门票：500 日元
开放时间：8:00~17:00
电话：075-4632216

旅游达人游玩攻略
龙安寺内有一些提供京都料理的店铺，想在店铺中就餐的人，可以打电话提前预约。

仁和寺

仁和寺是日本真言宗御室派的总寺，建造历史悠久，现已被列入"世界文化遗产名录"。寺内植有上百棵御室樱，主要建筑有五重塔、金堂、御殿、灵宝馆等。寺内的"木造阿弥陀佛三尊像"、"木造药师如来坐像"是极其珍贵的宝物，灵宝馆中的《黄帝内经太素》则是现存最早的内经传本。

旅游资讯
地址：京都西北部
交通：乘 10、26、59 路公交车在御室仁和寺站下车
门票：免费，御殿、灵宝馆均为 500 日元
开放时间：9:00~17:00
电话：075-4611155

旅游达人游玩攻略
每年 4 月下旬，仁和寺内的御室樱都会开花，这时候是观赏樱花的最佳时节，喜欢看樱花的游客可以选择这时候前往。

五重塔

📍 京都御苑

京都御苑是位于京都中心部位的旧皇宫，也是日本的一座国民公园。公园以京都御苑为中心，覆盖了出川通、乌丸通、丸太町通、寺町通所包围的区域范围。园内有京都御所、仙洞御所、京都大宫御所、皇宫警察本部京都护卫署等宫内厅、皇宫警察关连设施，还有运动场与网球场，是民众休憩的理想场所。

💬 **旅游资讯**

地址：京都市中心
交通：在京都市内有公交到达景点

京都美食

· 叶匠寿庵

叶匠寿庵位于热闹的若王子地区，是沿哲学之道开设的一家别有风格的日本点心店。店内装饰时尚，环境温馨、舒适。来到这里，你可以品尝到各式点心，还能在立礼式茶室里体验抹茶的点茶仪式。

地址：京都市左京区若王子 2 丁目
交通：乘市营公车在东天王町站下车
门票：抹茶的礼法：1050 日元
开放时间：10:00~16:30
电话：075-7511077

📷 **旅游达人游玩攻略**

前往叶匠寿庵品尝点心前，如果提前通过打电话的方式预约的话，中午时也可以在茶室品尝便当。

·清水寺小吃街

清水寺小吃街在前往清水寺的必经之路上，是京都的一条老街。这条街上有着各式各样的小吃店，几乎京都所有的特色小吃你都能在这里找到。来到这里，抹茶、酱菜、冰激凌、豆浆是你不可错过的小吃。

地址：清水寺附近
交通：在 JR 京都站乘 206 系统市营巴士在清水道站下车

·千花

千花是祇园町的一家十分出名的餐厅，餐位很容易预订。餐厅环境舒适、幽静，服务态度非常好，其主打菜肴是天妇罗、海鲈鱼刺身、烤茄子，菜肴一般都由主厨亲自掌勺，味道十分鲜美，价格也比较实惠。

地址：东山区祇园町南侧 584-13-2 号
电话：075-5612741

·菊乃井

菊乃井是京都的高级料理店，也是怀石料理名店。菊乃井藏在一座矮小的和式房间内，里面的布置简洁，一盏灯，一幅画，几张木桌，给人一种清雅、素净的感觉。餐厅内服务十分周到，所有菜肴都用精致的餐具装着，荤、素、温、凉的菜肴都色形精美。

地址：东山区下河原通八坂鸟居前下汉下河原町 459 号
电话：075-5610015

📷 **旅游达人游玩攻略**

菊乃井餐厅需要预定才能就餐，而且很难预定到，建议找到你在京都住处的老板帮你预定餐位。此外，餐厅中只能预订晚餐。

其他餐馆推荐		
名称	**地址**	**电话**
瓢亭本店	左京区南禅寺草川町35号	075-7714116
伊藤久右卫门	宇治市菟道荒槇19-3号	075-4233955
京都吉兆岚山本店	右京区嵯峨天龙寺芒马场町58号	075-8811101
露庵菊乃井	下京区木屋町通四条下齐藤町118号	075-3615580
末在	东山区八坂鸟居前东入円山町620-1号	075-5513310

京都购物

京都的购物十分方便，购物区主要集中在四条河原町和四条通街两旁。这里是时装及美食的中心，仔细寻找，你肯定能找到自己喜爱的商品。喜欢古董的人，新前门、古前门则是你必去的地方。此外，来到京都，锦市场、东寺市集也是不可错过的地方。

人气旺盛的购物大街

·四条通街区

四条通街区是一条融合传统和现代文化的京都市主干道，也是京都最大的商业街。街区中有众多流行服饰店、百货店等店铺，商品种类繁多，街道上还有众多美食店。来到这里，你既可以买到称心如意的商品，又能品尝到十分美味的食物。

地址：下京区四条通
交通：乘市营地铁在四条站下车
电话：075-2212408

·新前门古董街

新前门古董街是挑选日本古董的最佳之地。古董街上布满了各种古董店，店铺中主要经营家具、陶器、卷轴、字画等商品。来到这里，你可以一家接一家地逛小店，仔细浏览下来，肯定能找到你喜欢的商品。不过，这里的古董一般价格都比较贵，你的腰包难免会在这里"减肥"。

地址：东山区祇园町
交通：乘阪急京都线可到

·祇园

祇园是东京的一条老街区，也是游玩东京必去的街区。街道上有销售发簪、日式服装、"椿树油"、艺伎头饰等商品的商店，还经常可以见到行色匆匆的艺伎。另外，这里还有很多中国风味餐馆和意大利风味餐馆。

地址：京都市山科区椥辻封シ川町 2-3-1
交通：075-5916602

🎁 商品众多的**市场**

· 锦市场

　　锦市场（Nishikiichib）的历史悠久，以作为江户时代生鲜食品批发地"锦之店"而闻名。市场上拥有数百家店铺，商品种类众多，以销售生鲜食品、加工食品、京都料理的材料等为主，是深受游客喜爱的市场。

地址：中京区锦小路通寺町 - 高仓之间
交通：乘阪急电车京都线在乌丸站下车，或乘市内公交车在四条河原町站下车
电话：075-2113882

· 东寺市集

　　东寺市集是东寺旁边的一个很大的市集，只在每个月的 21 号才会出现。市集非常热闹，其中包括农产品、手工艺品、衣服、帽子、包包在内的众多商品，商品价位也各不相同。如果你是 21 号来到京都，那么这里定是不可错过的地方。

地址：京都车站西南处东寺附近
交通：乘 19、17 路公交车在东寺东门前站下车

京都娱乐

　　京都的娱乐活动非常多，剧场、表演场、咖啡馆等休闲娱乐场所，你都能轻易找到。来到京都，想要看传统歌舞伎，南座是你不可错过的地方；想看传统艺能表演，则可以去祇园剧场；想品尝香浓的咖啡，可以去星巴克……

· 南座

　　南座是京都的门面，也是歌舞伎的发祥地。这里的歌舞伎表演从发祥开始就一直延续下来，时至今日，依然可以在这里见到精彩的歌舞伎表演。此外，这里还经常会有音乐会和单口相声表演。

地址：东山区四条大街东诘
交通：乘市营公交车在四条京阪前站下车
电话：075-5611155

· 祇园剧场

祇园剧场（祇园 CORNER）是一座风格独特的大型剧场，主要是演出狂言、京都舞蹈、雅乐、琴、花道等京都的传统艺能。剧场分为甲部、弥荣会馆等部分，大约用 1 小时的表演时间来介绍京都的传统艺能。其中，甲部主要是舞伎、艺伎的展现技艺的场所。

地址：京都市东山区花见小路四条下弥荣会馆内

交通：乘京阪本线在四条站下车

营业时间：19:00~20:00

电话：075-5611119

· 星巴克

星巴克（Starbucks）是祇园的一家非常有名的咖啡店。星巴克从外面看是一家十分洋气的咖啡厅，不过也与周边古色古香的环境完美融合，内部环境也极其舒适，摆放着几张木制桌椅，并有浓浓的咖啡香气弥漫其中。服务员也都会讲一口流利的英语，服务十分周到。

地址：东山祇园町南侧 555 号

📷 旅游达人游玩攻略

在这里的星巴克买一个咖啡杯之后，店家会给你送上一张优惠券。不过，这张优惠券只能在日本的星巴克咖啡店内使用。

· 云龙院

云龙院是东山区泉涌寺院内的小寺之一，环境清幽、雅致。来到这里，你既可以观赏庭院景致、品尝抹茶，还可以体验抄写佛经的别样感受。这里从洗净身体到抄写佛经，再到品尝抹茶和点心，大约花费 1 个半小时的时间。同时，你还可以参加寺内念经、说法等活动。

地址：东山区泉涌寺山内町 36 号

门票：参观费 200 日元，抹茶 500 日元，写经带抹茶 1000 日元

营业时间：9:00~16:30

电话：075-5413916

京都住宿

　　京都住宿点非常多，从豪华酒店到本地传统日式民宿，可挑选的余地较大。京都的住宿点有旅馆、酒店、民宿和青年旅馆这四种，价格也各有不同。其中，酒店、旅馆价格较高，民宿和青年旅馆则相对便宜。在春秋两季前往京都旅游时，一定要记得打电话提前预订。

京都酒店推荐		
名称	地址	电话
京都京阪酒店	东山区京都塔附近	075-6018003
京都皇家饭店	东山区河原町	075-6048005
京都蒙特娄饭店	东山区河原町604号	075-6048161
京都威斯汀都饭店	东山区东町三条通	075-6050052
京都哈同酒店	东山区船屋町	075-6040836

2 京都 → 奈良
Jingdu → Nailiang

奈良交通

从京都去奈良

从京都前往奈良，乘坐近铁京都线是最方便的交通方式。近铁京都线从京都府京都市下京区京都站出发，到达奈良县奈良市大和西大寺车站，行车时间一般为 50~60 分钟。到达大和西大寺车站后，转乘近铁奈良线可以到达奈良站。

乘近铁游奈良

近铁奈良线是大多数来奈良游玩的游客都喜欢乘坐的交通工具，其运行于奈良的大多数重要景点旁边，票价也比较便宜。

乘公交车游奈良

奈良公交车主要分布在奈良公园的周边区域，主要有1、2路环形公交车线路。其中，1路公交车为逆时针运行，2路公交车为顺时针运行，票价一般为170日元。另外，想要整天乘公交车游览，可以在公交车站花500日元办理一张不限次数的公交车通行证。

租自行车玩转奈良

租自行车闲逛奈良是一种非常舒适的游玩方式。奈良的自行车出租公司有位于JR奈良线附近的Eki renta car kansai，营业时间为8:00~20:00，电话为0742-26399，费用为每天300日元。

奈良景点

奈良旅游示意图

兴福寺内雕像

兴福寺

兴福寺是"南都六宗"之一的法相宗的大本山，也是南都"七大寺"之一。兴福寺占地面积十分庞大，有中金堂、东金堂、南圆堂、北圆堂、五重塔、国宝馆、大御堂等建筑。寺内珍藏有众多珍宝。其中，东金殿内藏有多件十分珍贵的雕像，宝藏室内收藏有日本最古老的佛教艺术品。

旅游资讯

地址：奈良市登大路町
交通：乘特快电车在近铁奈良站下车
门票：国宝馆 600 日元，东金堂 300 日元
电话：0742-225370
网址：www.kohfukuji.com

奈良国立博物馆

奈良国立博物馆以"佛教美术"为中心，主要以收集、展示、研究佛教艺术品为主，是日本"三大国立博物馆"之一。馆内共有本馆、东新馆、西新馆三大展览馆，本馆主要展示从"飞鸟时代"到"奈良时代"制作的佛教雕刻，东新馆主要用于春季特别展和秋季正仓院宝物展，西新馆主要展示考古、绘画、书法、工艺等领域的作品。

旅游资讯

地址：奈良市内
交通：乘近铁奈良线在奈良站下车
门票：免费
开放时间：9:30~17:00
电话：0742-227771

旅游达人游玩攻略

奈良国立博物馆内提供免费的志愿导游进行解说服务，解说时间为 9:30~16:30，每场解说时间 30~60 分钟。游客在听完解说后，若有不明之处，只要向展览室内的志愿导游询问，便可以再次享受到简单的解说服务。

依水园

依水园历史悠久，是一座漂亮的经典名园，也是奈良市最美丽的花园。该园分为前园、后园、三秀亭等部分，其石灯、茅草、柳杉树皮房顶是园内的重要景点。园内春季有樱花、杜鹃花盛开，秋季有红艳似火的枫叶点缀，景色异常美丽。

旅游资讯

地址：水门町 74 号
交通：奈良市内有公交可到
门票：650 日元
电话：0742-222173
网址：www.isuien.or.jp

旅游达人游玩攻略

依水园的三秀亭中提供众多美味可口的食物，游览完园中的美景后可以前往就餐。餐厅中的营业时间为 11:30~13:30，点餐电话为 0742-250781。

依水园

东大寺

东大寺，又称"大华严寺"，是日本华严宗大本山，也是南都"七大寺"之一。寺内有大佛殿、南大门、本坊经库、开山堂、钟楼、法华堂、二月堂、转害门等建筑。其中大佛殿为世界最大的木造建筑。内部放置着卢舍那佛大佛像。

旅游资讯

地址：雑司町 406-1 号
交通：乘近铁奈良线在大仏殿春日大社前站下车
电话：0742-225511
网址：www.todaiji.or.jp

奈良公园

奈良公园位于奈良市街的东边，是日本现代公园的先驱之一。公园占地面积较大，风景十分优美，园内有若草山、东大寺、春日大社、国立博物馆等名胜古迹，此外还有因与春日大社流传的白鹿传说有关而受到保护的鹿嬉戏于其中。

旅游资讯

地址：奈良市街的东边
交通：乘近铁奈良线在大仏殿春日大社前站下车
门票：400 日元　**电话：**0742-225511
网址：www.nara-park.com

药师寺

药师寺，又称"西京寺"，是日本法相宗大本山之一，也是南都"七大寺"之一。寺内有东塔、佛殿、讲堂、东院堂等建筑。其中，东塔是三重塔，每层均附有裳层，状似六重塔；佛殿供奉有三尊药师佛像；东院堂供奉有观音立像。

药师寺

旅游资讯

地址：西京町 457 号
交通：乘前往六条山的巴士在药师寺下车
门票：500 日元
开放时间：9:00~17:00
电话：0742-223736

法隆寺

法隆寺，又称"斑鸠寺"，是世界上最古老的木建筑之一。法隆寺由圣德太子在飞鸟时代修建，主要分为东西两院，东院建有梦殿等建筑，西院保存有金堂、五重塔等建筑。

旅游资讯

地址：生驹郡斑鸠町
交通：乘近铁奈良线在达法隆寺前站下车

门票：1000 日元
开放时间：8:00~17:00（3 月至 10 月）；8:00~16:30
（11 月至次年 2 月）

奈良美食

奈良美食种类众多，美食店主要集中在奈良公园内。公园内的就餐点，环境十分雅致，价格也不是特别的高，且服务非常周到。来到这里，你随便找一个位子坐，一边品尝美食，一边看风景。

·春日野

春日野位于奈良公园里面，是一家小有名气的餐馆。餐馆为砖木结构建筑，外部有巨大的玻璃窗装饰，内部环境舒适、雅致，给人一种温馨的感觉。餐馆内的主打菜肴是高端奈良地鸡料理、高野豆腐，味道十分地道，价格也较为实惠。

地址：杂司町 494 号　**电话**：0742-224667

🔺 旅游达人游玩攻略
春日野餐厅有个十分独特的地方，就是每个客人的茶杯大小不一，这样可以避免弄混。

·玉芳食堂

玉芳食堂从外表看上去不算起眼，但里面却别有洞天。餐厅内装饰风格古朴，前台上挂着巨大的木制菜单，台子上有绿色植物装扮，厅里放有古色古香的木制桌椅。餐厅有多种美味定食，色香味俱全，服务也十分周到，受到人们青睐。

地址：东大路町　**电话**：0743-232579

·中谷堂

中谷堂是一家位于风景优美的奈良公园内的日式小吃店。店内的招牌小吃是奈良最著名的小吃仙草饼。来到这里，你不仅可以买到美味的小吃，还能看到仙草饼制作时，师傅们揉面的情景。

地址：桥本町 29 号　**电话**：0742-230141

其他餐馆推荐		
名称	地址	电话
鱼万本店	饼饭殿町16号	0742-223709
志津香	大路町59-11号	0742-278030

奈良购物

·选手

选手（**スケーター**）是奈良市的一家以经营水壶为主的店铺。店铺装饰以散发着古色古香韵味的木头，商品主要有水壶、便当盒、茶杯等。其中最具特色的商品是两层的玻璃杯。

地址：杏町 216-1 号
电话：0742-632040

奈良娱乐

·若草山

若草山是一座被青草所覆盖、海拔较低、起伏平缓的山。只有春季和秋季才允许游客进入山中，游客可以从步行道徒步登山，游览山中景色，也可以乘公共汽车通过新若草山兜风车道直接到达山顶附近。山中最受人关注的活动是每年"成人节"（1月的第二个星期一）前夜举行的"烧山"活动。

地址：奈良市街的东
　　　边奈良公园内
交通：乘近铁奈良线
　　　在大仏殿春日
　　　大社前站下车

奈良住宿

奈良住宿推荐		
名称	地址	电话
奈良圣苏菲巴拉教堂W酒店	大和郡山市92-45号	0742-6391132
馎亿招待所	奈良市中心	0742-6308142

3 奈良 → 大阪
nailiang → Daban

大阪交通

从奈良去大阪

　　从奈良到大阪，乘连接奈良（JR 奈良站）和大阪（难波和天皇寺站）的 JR 关西线是比较快捷的。JR 关西线运行时间为 42 分钟，票价为 540 日元。另外，还有连接了大阪和奈良两地的近铁奈良线可以乘坐。

🚌 乘地铁玩大阪

　　大阪古称难波，其地铁交通网络非常发达，很多游客来大阪游玩都喜欢乘坐地铁。大阪地铁有御堂筋线、谷町线、四桥线、中央线等线路，票价一般在 200~300 日元。乘坐地铁时，需在地铁车站窗口处领取大阪市内地铁全线路线图，然后便可按着上面的颜色来识别地铁线路了。

🚌 乘公交车游大阪

　　大阪巴士几乎遍布了整个大阪市，乘坐巴士非常方便。大阪巴士上方标有车号和行车方向，车站站牌上也标注有主要行车路线图和票价，游客在上车前记得确认好行车方向、准备好零钱。大阪的巴士主要有市营巴士、区营巴士（红色）、定期观光巴士和环线巴士四种，票价均为 200 日元。具体信息可以参考大阪市交通局网页 www.kotsu.city.osaka.jp 或打电话 06-68521400 询问（8:30~17:00）。

大阪市区景点

大阪旅游示意图

大阪城天守阁

大阪城

大阪城由丰臣秀吉修建而成，是一座古城，也是大阪的著名地标。大阪城有天守阁、大手门、樱门、橹、焰硝藏、金藏和金明水井户屋形等建筑，气势浑然天成，引人注目。其中，天守阁为其主体建筑，内部存有丰臣秀吉的木像、使用过的武器、绘画作品等。

旅游资讯

地址： 中央区大阪城

交通： 乘 JR 环线在大阪城公园站下车，或乘地铁中央线或谷町线在谷町 4 丁目站下车

门票： 天守阁 600 日元

开放时间： 天守阁 9:00~17:00；12 月 28 日至次年 1 月 1 日闭馆

网址： www.osakacastle.net（天守阁）

旅游达人游玩攻略

1. 天守阁内备有印着英文、韩文、繁体中文和简体中文的介绍资料，前往参观时可以一边阅读一边游览。此外，天守阁内的一部分展品还配有英语解说。

2. 大阪城天守阁官网上有介绍天守阁信息的导游手册，需要的话，可以直接下载下来，然后打印出来，带上之后再出行。

大阪国立美术馆

大阪国立美术馆是日本的国家级美术馆，外部建筑风格华美、大气，馆内以介绍展示当代艺术为主。来到这里，参观者可以从众多收藏、展览中感受到日本当代艺术的魅力，还能了解到日本和世界艺术的发展趋势。

旅游资讯

地址： 北区中之岛 4-2-55 号

交通： 乘地铁御堂筋线在淀屋桥站下车

门票： 420 日元

开放时间： 10:00~17:00

电话： 06-64474680

网址： www.nmao.go.jp

中之岛

中之岛被流经大阪市中部的堂岛川和土佐堀川夹在其中，是大阪市政治、经济、文化的中心。岛上植被茂密，景色优美，有中之岛公园、东洋瓷器美术馆位列其中，同时，还拥有中之岛图书馆、大阪市中央公会堂等西洋建筑。

旅游资讯

地址： 中之岛

交通： 乘公交车在关东淀屋桥站下车，或乘地铁御堂筋线在淀屋桥站下车

旅游达人游玩攻略

中之岛位于大阪市立科学院中，安装有世界上最大的圆顶天幕的天象馆，在这里可以欣赏电影短片。

📍 四天王寺

四天王寺是圣德太子所建的古老佛教寺庙，也是日本最古老的官家寺院。虽多次重建，但仍呈现出了日本飞鸟时代的建筑样式。寺内以中门、五重塔、金堂、讲堂等建筑为主体，外部则以回廊环绕，形成了"四天王寺式"建筑。

💬 旅游资讯

地址：天王寺区四天王寺 1-11-18 号

交通：乘地铁谷町线在四天王寺夕阳追上站下车

开放时间：寺庙及宝库 8:30~16:30（4月至9月）；8:30~16:00（10月至次年3月）

电话：06-67710066

网址：www.shitennoji.or.jp

📍 海游馆

海游馆，又称大阪水族馆，是世界最大的水族馆之一。馆内收集了从环太平洋火山地带海域引进的自然海生环境和海洋生物，共运用 15 个巨大水槽再现了海洋生物环境，展示了世界各地的各种鱼类、两栖类、爬虫类动物等生物。馆内最引人注目的当属金背鲨。

💬 旅游资讯

地址：天保山大阪湾

交通：乘地铁中央线在大阪港站下车

门票：2000 日元

开放时间：10:00~20:00；12 月 25 日至 12 月 31 日

网址：www.kaiyukan.com

📷 旅游达人游玩攻略

参观海游馆时，游客可租用馆内有日语、英语、汉语、韩语四种语音的讲解机，来进行游览。

海游馆

最容易让人忽略的景点

万博公园

万博公园原是日本万国博览会的会场，后被改建为公园。公园标志性雕塑为太阳塔。此外，园内有自然文化园、国立民族学博物馆、大阪日本民艺馆、大阪府立国际儿童文学馆等众多文化设施，还有万博纪念竞技场。公园内还设有一条供游人游览的悬挂式单轨电车。

旅游资讯

地址：中北部千里山丘陵东侧
交通：乘地铁谷町线在天满桥站下车
门票：250 日元
开放时间：9:30~17:00，每周三闭馆
电话：06-68773331　**网址**：www.park.expo70.or.jp

旅游达人游玩攻略

在游玩万博公园时，除了可以享受园内四季不同的自然风光外，还可骑日常在街上不能骑的特殊自行车、乘坐摩天轮，或是前往茶室。

万博公园

通天阁

通天阁

通天阁是浪速区的一座展望铁塔，也是大阪的地标性建筑之一。展望铁塔高 103 米，其顶端安装有天气预测装置。站在展望台上，可以眺望到脚下的新世界、天王寺公园以及大阪市的景色。

旅游资讯

地址：浪速区惠比须东 1-18-6 号
交通：乘地铁界筋线在动物园前站下车
开放时间：9:00~21:00
电话：06-66419555
网址：www.tsutenkaku.co.jp

大阪美食

大阪美食店主要集中于心斋桥和道顿堀地区。大阪的美食种类主要有素食、肉类、海鲜等,怀石料理、牛肉烧烤套餐、烤鱿鱼等都能品尝到。大阪的美食普遍具有比较足的菜肴分量,以及比较实惠的价格。来到这里,不论你食量多大,你都能以比较少的钱填饱肚子。

·梅花日本料理

梅花日本料理位于繁华的梅田街道上,是日本的一家连锁餐厅。餐厅以日式风格装修,内部环境明亮且雅致,并设有日式榻榻米坐席、下凹式日式坐席和座椅坐席。餐厅内的菜肴以豆腐和油皮的怀石料理为主,清淡合口,价格也较为实惠。

地址:大阪市北区梅田 2-6-20 号
交通:乘地铁阪神本线在福岛站下
营业时间:11:00~16:00、17:00~22:00
电话:06-63436320

📷 旅游达人游玩攻略

梅花日本料理内提供有日文、中文、英文三种语言的菜单,这大大方便了前来就餐的外国客人点餐。

·六甲烧肉店

六甲烧肉店位于繁华的心斋桥购物街上,是一家非常著名的烤肉店,店内以提供美味的饱烤肉套餐而闻名,包括有六甲 12 品牛肉烧烤套餐、六甲 16 品牛肉烧烤套餐、六甲 18 品牛肉烧烤套餐三种套餐,味道鲜美,价格较为便宜。

地址:中央区东心斋桥 2-7-29 号
营业时间:17:00~ 次日 1:00
电话:06-62118265

📷 旅游达人游玩攻略

在六甲烧肉店订餐时,必须要两个人以上才能预订吃到饱套餐,并且同一桌的客人必须预订同一种套餐。另外,在六甲烧肉店就餐时,店内要求顾客必须在两小时内吃完套餐。

·和民居酒屋

　　和民居酒屋位于繁华的道顿堀街道中，是一家著名的居酒屋餐厅。餐厅装修风格时尚，内部设有座椅坐席和日式榻榻米坐席。餐厅中的主打菜肴为海鲜，食材为直接送达，这充分保证了食物的鲜美。同时，这里的每道菜肴均分量很足，价格也较为便宜，是值得一去的餐厅。

地址：中央区道頓堀 1-6-15 号
交通：乘地铁御堂筋线、千日前线至难波站下车，从 14 号出口出
营业时间：17:00~ 次日 3:00
电话：06-62148800

其他餐馆推荐		
名称	地址	电话
金龙拉面	中央区道頓堀1-7-26号	06-62113999
单一学群道顿堀	中央区道顿堀1-10-7号	06-62127381
道乐螃蟹	中央区道顿崛1-6-18号	06-62118975

大阪购物

　　大阪是日本的第二大城市，也是日本关西地区重要的商业城市。大阪的购物区主要分布在大阪车站、梅田、心斋桥、难波等地，购物区内的商品种类丰富，购物设施也极为齐全，时尚品牌商品、土特产、工艺品都能在这里见到。

人气旺盛的购物大街

·心斋桥筋商店街

　　心斋桥筋商店街位于繁华的心斋桥地区，是大阪最大的购物区。这里集中了众多店铺，包括时尚品牌店、百货店、百年老铺、特色小店等，其商品种类众多，长长的一条商业街上从早到晚都挤满了前来购物的人。

地址：中央区心斋桥
交通：乘地铁在心斋桥站下车

·威迪梅田

　　威迪（Whity）梅田位于大阪车站附近，是一座以大阪地铁梅田车站为中心的巨大地下街。街道上有众多百货店、时装店、土特产店以及美食店。在享受购物的乐趣的同时品尝特色美食。

地址：大阪市北区
交通：乘地铁御堂筋线在梅田车站下车

• Namba Walk

　　Namba Walk 是位于地铁难波站附近的一条大型地下商业街。商业街占地面积极其庞大，街道南北两面均有通道相连，街道两侧分布着数百家时装店、首饰店，商品种类繁多，价格有高有低，顾客可以轻易地在这里挑选到自己满意的商品。

地址：中央区难波站千日前
交通：乘地铁四桥线在难波站下车

🎁 名牌集中的大本营

• 难波丸井百货店

　　难波丸井百货店是大阪最著名的百货店之一，也是面向年轻人的流行商品最丰富的百货店。店内汇集了包括 Burberry、Paul Smith 等世界一流品牌在内的众多品牌店，此外还有日本高档时装、箱包、首饰、手表、眼镜等精品店铺，价格通常比较高，是"血拼"名牌一族值得一逛的地方。

地址：中央区难波 3-8-9 号
交通：乘地铁御堂筋线在难波站下车
营业时间：11:00~20:30

• 大阪高岛屋百货店

　　大阪高岛屋百货店创立时间较早，是一家大型的百货商场。商场内装饰风格时尚，购物环境舒适，楼上有着众多时尚品牌销售店铺，商品种类繁多，价格也普遍较高。此外，商场地下还有一条食品街，云集了日本各地的美食，日本当地土特产也能在这里买到。

地址：中央区难波 3-8-9 号
交通：乘地铁御堂筋线在难波站下车

大阪娱乐

　　大阪的娱乐场所非常多，里面的演出节目也非常多。大阪的娱乐场所包括赛场、游乐场、温泉大世界、剧场等，收费也不是很高。来到这里，不管你喜欢热闹，还是喜欢清静，都能轻易找到自己想要的娱乐方式。

· 大阪巨蛋

　　大阪巨蛋 (Osaka Dome) 外部建筑有银色圆顶和波浪状边缘，像是一个大型的太空基地，充满了未来感。巨蛋内部主要以举办棒球赛为主，以举办大型音乐会为辅。每到有节目时，这里总会挤满了游客，热闹非凡。

地址：西区千代崎 3-2-1 号
交通：乘地铁鹤见长绿地线在前代崎站下车
电话：06-65860106

· 日本环球影城

　　日本环球影城是一座以电影为主题的游乐场，也是世界 3 个环球影城主题公园之一。影城的设计与美国奥兰多的环球影城极为相似，甚至有部分机动游戏与其完全相同。影城主要景点有《侏罗纪公园》中河流探险、"未来战士 2:3–D"、"蜘蛛侠"、"大白鲨探险"、"E.T 之旅"等。

地址：此花区樱岛 2 街
交通：乘 JR 樱岛线在日本环球影城站下车
门票：6600 日元
开放时间：10:00~19:00（周一至周四），
　　　　　　10:00~20:00(周五)，10:00~22:00
　　　　　　（周六、周日）
电话：06-64653000
网址：www.usj2.cn

日本环球影城

·温泉大世界

温泉大世界位于盛节门游乐世界附近，是全球最大的温泉区。温泉区主要分为亚洲主题、欧洲主题、屋顶水世界及游泳池、水滑道等区域，里面有很多能帮助人舒通经脉、消除疲劳的草药、桑拿温泉洗浴区，还有"亚洲式浴区"、"欧洲式浴区"等世界各地特色的洗浴场。另外，这里还有就餐及娱乐区，均是深受游客喜爱的地方。

地址：大阪市新世界
交通：乘 JR 环线在新金宫站下车，或乘御堂金线在动物园前站下车
开放时间：10:00~ 次日 8:30　**电话**：06-66310001

·国立文乐剧院

国立文乐剧院是大阪普及文乐木偶戏或木偶剧场的场所。剧院以表演传统艺术、木偶净瑠璃戏、瑠璃戏为主，整个剧院采用现代舞台技术，注重强化文乐表演的传统特色，使整座剧院的氛围变得更为吸引人。

📷 旅游达人游玩攻略

温泉大世界中的亚洲主题洗浴区和欧洲主题洗浴区是按游客性别而分开开放的，如本月亚洲主题洗浴为女士开放，欧洲主题洗浴则为男士开放，下月再进行轮换。因此，一对想要享受到温泉洗浴主题服务的游客就只能来两次才行。此外，想要游览水世界的游客，建议携带一件浴袍。

地址：大阪市中央区日本桥 1-12-10
交通：乘地铁近铁线在日本桥站下车，或乘地铁千日前线、界筋本线在日本桥站下车
电话：06-62122531

大阪住宿

来到大阪，寻找住宿点比较容易。大阪的住宿点主要分布在西区、北区、中央区，酒店、民宿、青年旅馆等，依据住宿场所的规格不同，其价位也不尽相同，你可以根据自己的需要来选择。

大阪酒店推荐		
名称	地址	电话
大阪城市酒店	西区靭本町2-3-6号	06-64481000
丽思卡尔顿大酒店	北区梅田2-5-25号	06-63437000
大阪帝国饭店	中央区西心斋桥2-8-17号	06-62118151
大阪罚球弧饭店	中央区岛之内1-19-18号	06-62525111
大阪第一酒店	北区梅田1-9-20号	06-63414411

4 大阪 → 神戸
Daban → Shenhu

神户交通

🚌 从大阪去神户

　　从大阪前往神户，JR 国铁是非常方便的交通工具。大阪前往神户的 JR 国铁主要有 JR 新快速线、JR 阪急线、JR 阪神线三种。其中 JR 新快速线速度最为快捷，全程运行时间只需 21 分钟左右；JR 阪急线、JR 阪神线则稍慢一些，全程时间为 30 分钟左右。

乘地铁玩神户

玩神户，乘地铁非常方便。神户地铁主要有两条运行线路，分别为西神·山手线和海岸线。

神户地铁信息		
线路名称		**起始站**
西神·山手线（S线）	西神延伸线	名谷–西神中央
	西神线	名谷–新长田
	山手线	新长田–新神户
海岸线（K线）		三宫·花时计前–新长田
神户市交通局电话：078–3210484 (8:00~20:00)		神户市交通局网页：www.city.kobe.jp

旅游达人游玩攻略

神户地铁的票价为按区间售票，市内总共分为1~9个区间（每个区间根据距离计算），其中1区3千米以内为200日元，7区23千米以内为390日元。神户地铁的具体行车路线和票价表可以在地铁各站售票处了解。如果买错了票，则可以按标有"系员"的呼叫按钮求助，地铁工作人员会前来解决。

乘公交车游神户

游玩神户，公交车是游客选择最多的交通工具之一。神户的公交车分为神户市营巴士、环城巴士两种，运行时间一般为6:30~23:00。神户的神户市营巴士主要运营北野–新神户、三宫–元町–神户港、六甲山–摩耶山和滩酒藏四个方向，环城巴士主要运营神户–元町间、元町–三宫间两个方向。其中，环城巴士里面还有导游小姐随同行走，环城一周需1小时，具体票价可以在环城巴士车内咨询。

乘JR国铁逛神户

神户境内运行的JR国铁主要有JR新快速线、JR阪急线、JR阪神线三种，主要运行于神户东西两端，连接了神户大多数比较偏远的景点。

神户景点

神户旅游示意图

公共职业安定所　Net z　Kohnan
NTT神户大厦
NTT神户会馆
神户水晶塔
神户住宅产业展示中心（HDC）　产业振兴中心
PROMENA神户　Sofmap 神户店
神户站
中心大厦　神户临海乐园
综合儿童中心
综合教育中心

神户六甲山牧场

六甲山牧场

六甲山牧场位于六甲山上，是一处高原休闲胜地。六甲山以其兜风路线及欣赏夜景之处而受人喜爱，其西侧的牧场里饲养着乳牛、山羊等各种家畜，四季皆有鲜花盛开，在牧场中漫步，还能听到悦耳的牧歌。

🗨 旅游资讯

地址：神户市内滩区六甲山町中一里山 1-1 号
交通：从阪急六甲站乘坐巴士可到
开放时间：9:00~17:00，每周二闭馆
电话：078-8910280

布引香草园

布引香草园是一座芳香弥漫的自然庭院，也是集花园、餐厅和商店于一体的公园。庭院外观为半木半石的房舍建筑，有美丽花卉环绕。园内种有数百种特有的药草，还有用香草做成的美食。此外，园内在暑期和春秋时节的周末，夜晚也会对外开放，可以在这享受神户美丽的夜景。

🗨 旅游资讯

地址：神户市中央区葺合町字山郡
交通：乘 JR 列车在新神户站下车，步行至北野 1 丁目站，再换乘新神户索道在布引香草园站下车

📷 旅游达人游玩攻略

在布引香草园游玩时，可以沿着缆车线路向前步行到达最后一站，全程只需要 30 分钟时间。

神户市立博物馆

神户市立博物馆（Kobe City Museum）原为神户市立南蛮美术馆，后与神户市立考古馆合并而成。博物馆内以国际文化交流为展览主体，收藏有三万余件藏品，其中以 16 世纪到 17 世纪的南蛮绘画最为珍贵。

旅游资讯

地址：神户市京町 24 番地
交通：乘 JR 列车在三宫站下车
门票：200 日元　开放时间：10:00~17:00
电话：078-3910035　网址：www.city.kobe.lg.jp

旅游达人游玩攻略

神户市立博物馆内的部分南蛮绘画真品只在特定时间内展出，其余时间展出的均为复制品，想要欣赏真品的游客建议在 7 月末到 9 月初这一时间段内前往。

六甲厅中厅

六甲厅中厅是六甲一个非常有吸引力的博物馆。博物馆中以陈列各种音乐盒为主题，有着世界上仅此一台的珍贵音乐盒。此外，馆内还有许多珍稀展品，是游客在六甲游玩时非常值得一逛的博物馆。

旅游资讯

地址：神户市内
交通：从六甲空中缆车的山上站转搭山上的巴士，在六甲厅中厅前下车

桥梁科学馆

桥梁科学馆是为了展示建设明石海峡大桥以及本州四国联络桥时，建设者的艰辛历程的博物馆。博物馆通过图文、影片和模型等向观众展现了桥梁建设的过程。馆内还有画廊、图书馆等附属设施。

旅游资讯

地址：神户市明石海峡大桥旁边
交通：乘公交车可到

北野町

北野町（Kitanocho）是神户早期的欧美人集聚地，有着浓郁的欧美气息。在这里有着众多洋房、时装店、美味餐馆，处处都流露着欧美风情。此外，这里还有风见鸡之馆、莱恩馆等景观。

旅游资讯

地址：神户市内三宫车站北侧
交通：乘 JR 列车在三宫站下车

桥梁科学馆-明石海峡大桥

📍 唐人街

　　唐人街，又称"中华街"、"南京町"。这里是数万名中国人的聚集地，街道入口处树立着中国式的红色门楼，穿过门楼，便可见到连接南京东路、西路、南路、北路的中心街。街道上有着各种商店和餐馆，从中能感受到浓郁的中国气息。

💬 旅游资讯

地址：神户市南京路东侧
交通：从元町站步行 5 分钟可到

📍 美利坚公园

　　美利坚公园原为外国轮船的停靠港口，后改为临海公园。公园濒临海，风景优美。来到这里，可以临海凭栏远望神户港口塔、神户海洋博物馆、神户美利坚公园东方宾馆，还可以登上眺望塔饱览神户港的景色。

💬 旅游资讯

地址：神户市神户港旁边
交通：乘港湾单轨电车 Port Liner 可到

🍴 神户美食

　　神户是日本的一个美食聚集地，最为出名的美食是神户牛肉。神户的牛肉以其肉质超柔软和丰富的味道闻名于世，色香味俱佳，主要种类有铁板烤肉、煎牛排、涮牛肉等。此外，神户的料理、寿司也是非常美味的食品。

🍴 神户风味

· 神户牛排

　　神户牛排是一家非常受欢迎的牛排店。这里店面虽然不大，但收拾得极为干净、整洁。店内以制作普通牛排套餐、烧烤牛排为主，菜肴价格较为实惠，口味十分地道，牛排分量也比较大。

地址：中央区北长狭通 1-8-2 号
交通：乘公交车在北长狭通下车可到

·モーリヤ 本店

モーリヤ 本店创立时间较早，是当地一家非常有名的老字号牛排店。店内装饰风格时尚，有巨大的落地玻璃窗，食客可以坐在窗户旁观看街道上的景致。店内的主打菜肴是神户牛肉，蟹肉拌土豆、茄子烧土豆条也十分美味。

地址：中央区 2-1-17 号
交通：乘 JR 列车在三宫站下车
电话：078-3914603
网址：www.mouriya.co.jp

·神户六甲牧场

神户六甲牧场并非是一座牧场，而是一家以销售冰激凌和芝士蛋糕为主的甜品店。店内环境干净整洁，奶香浓郁，蛋糕甜香而不腻。不过，这里的冰激凌和芝士蛋糕价格普遍比较贵。

📷 旅游达人游玩攻略

在神户六甲牧场内品尝芝士蛋糕时，店员一般都会告诉你不要立马吃，要等冰冻的芝士溶化后再品尝，这时味道特别好。

地址：中央区北野町 3-11-4 号
电话：07-82520440

神户其他餐厅推荐		
名称	地址	电话
香草花园餐厅	中央区北野町1-4-3号	078-2711160
摩耶	中央区中山手通3-17-1号	078-2310555
神户馆	中央区北长狭通1-9-17号	078-3322900
风见难本铺	中央区北科町3-5-5号	078-82317656
铁板烧	中央区港岛中町6-10-1号	078-3035203

🍴 中国风味

·聚景园

聚景园是一家位于港岛中心地带的中餐厅。餐厅内装饰风格时尚，环境干净整洁，给人一种温馨、舒适的感觉。餐厅内以制作中国传统料理为主，菜肴精美、别致，服务态度也非常好。

地址：中央区港岛中町 6-10-1 号
交通：乘 JR 列车在南公园站下车
电话：078-3021111
网址：www.portopia.co.jp

·东天阁

东天阁是神户一家非常受欢迎的中餐厅。餐厅内装饰风格古朴，有木质桌椅摆放其中，并挂有名贵字画，营造出一种古色古香的韵味。餐厅内以制作海鲜、面食为主，有啤酒可以配餐。

地址：中央区波止场町 5-6 号
电话：078-2311351
网址：www.totenkaku.com

神户其他中国餐厅推荐		
名称	地址	电话
昌原	中央区元町通1-3-7号	078-3923389
福龙菜馆	中央区元町通2-9-8号	078-3921235
三宫一贯楼本店	中央区三宫3-9-9号	078-3311974
一风堂	中央区北长狭通4-3-24号	078-3350581
桃花春	中央区波止场町5-6号	078-3258110

神户购物

神户的购物场所非常多，商业街、购物市场、大型商场随处可见，商品种类也非常齐全。来到这里，你除了可以购买服饰、化妆品、鞋、帽等品牌商品外，还可以购买神户特有的不倒翁、有马玩具毛笔、神户萨摩瓷器等商品。

人气旺盛的购物大街

·元町商店街

元町商店街是神户中央区一处非常热闹的购物街道，也是来神户购物的必到之地。这里有着数百家商店，其中以老字号店铺居多，服饰、化妆品、鞋、帽、工艺品店等店铺也都能在这里找到。

地址：中央区元町通
交通：乘 Hanshin Main Line 列车在元町车站下车
电话：078-3910831
网址：www.kobe-motomachi.or.jp

·高架桥地下街

高架桥地下街是一处非常时尚的购物地点，主要以贩卖潮流服饰为主，也有平价服饰店、杂货店和日本传统服饰店等店铺，商品种类齐全，价位也比较低。

地址：中央区元町通
交通：乘电车在元町站下车

📷 **旅游达人游玩攻略**

高架桥地下街的大部分店铺都会在每月的第三个星期一休息，其余时间则是在11:00~20:00这一时间段营业，前往购物的人一定要记得在营业时间内前往。

·三宫购物街

三宫购物街由三宫地下街、三宫中心街、San Plaza购物商城、Center Plaza购物商城组合而成，是神户最大的购物区。这里的商品种类齐全，各种价位的商品都能在此找到，可以满足不同年龄段的购物者的需求。

地址：中央区北长狭通三宫站附近
交通：乘JR列车在三宫站下车

🎁 多元化的购物区

·神户港口广场

神户港口广场是神户港口一处非常有名的多元化购物街区。广场内有萨卡斯购物大厦、马赛克街等集购物、休闲、餐饮、娱乐于一体的大型商场，里面设有服饰店、百货店、电脑店、餐厅、游戏厅等。

地址：中央区港岛中町
交通：乘地铁在中央公园站下车

·六甲人工岛

六甲人工岛是一座位于海洋中的人工海岛。岛上有神户fashion plaza、神户fashion mart等购物场所，其中神户fashion plaza是一家集服饰、百货、餐厅等各类店铺于一体的大型商城。

地址：神户市内

神户娱乐

　　几乎你能想到的娱乐方式神户都能找到。神户除了酒吧、电影院以外，最值得一去的地方还有有马温泉和神户起伏咖啡厅这两处地方。

· 神户港岛大饭店空中酒吧

　　PLEIN D'ETOILES，神户港岛大饭店空中酒吧位于神户港大饭店中，是一家非常别致的酒吧。酒吧内有着巨大的落地玻璃窗，坐在窗边可以观看到神户港的海景。酒吧内主要提供鸡尾酒，是一处能让人尽情娱乐的地方。

地址：中央区港岛中町 6-10-1 号 30 层
电话：078-8465400

· 多功能酒吧

　　多功能酒吧是神户一家非常受欢迎的酒吧。酒吧内装饰风格时尚，灯光十分柔和，吧台和座椅均为玻璃制成，给人一种清新的感觉。来到这里，要调酒师调上一杯美酒，心情马上愉悦起来。

地址：中央区下山手通 2-12-21 号
电话：078-3912202
网址：www.grandbar.jp

· 有马温泉

　　有马温泉是关西地区最古老的温泉，也是日本"三大名泉"之一。这里原为 8 世纪当地佛教僧人所建造的疗养设施，后成为休闲、娱乐之地。这里有着舒适的温泉和环境优雅的温泉旅馆，其中最出名的温泉是金泉和银泉。

地址：兵库县神户市北区有马町
电话：078-9040501

· 神户起伏咖啡厅

　　神户起伏咖啡厅（神戸にしむら珈琲）有着六十多年历史，是神户最具代表性的怀旧咖啡厅。店内的咖啡豆均为当天烘焙而成，冲咖啡所用的水为神户著名酿酒区滩酿酒所用的水，所以味道特别香甜。此外，咖啡厅内还有许多美味的食物可以品尝。

地址：中央区中山手通 1-26-3 号
电话：078-82211872

神户夜景

神户住宿

　　神户住宿点非常多，主要的住宿种类有酒店、别墅、青年旅舍、度假村、温泉等。神户的酒店价格一般较高，温泉、青年旅舍则比较低，设施也较为齐全，旅客可以根据自己的喜好选择住宿点。

神户低档酒店推荐		
名称	地址	电话
东方酒店	中央区波止场町5-6号	078-3258111
波多比亚酒店	中央区港岛中町6-10-1号	078-3021111
大仓酒店	中央区波止场町2-1号	078-3330111
神户广场饭店	中央区元町通1-13-12号	078-3321141
APA Hotel Kobe-Sannomiya	中央区御幸通5-2-1号	078-2722111

神户中档酒店推荐		
名称	地址	电话
东方大酒店	中央区京町25号	078-3261500
蒙特利埃美丽酒店	中央区中山手通2-2-28号	078-3341711
三宫终点酒店	中央区云井通8-1-2号	078-2910001
Kobe Tokyu Inn	中央区云井通6-1-5号	078-2910109
Hotel La Suite Kobe Harborland	中央区波止场町7-2号	078-3711111

神户高档酒店推荐		
名称	地址	电话
Hotel Plaza Kobe	东滩区向洋町中2-9-1号	078-8465400
Daiwa Roynet Hotel Kobe Sannomiya	中央区御幸通5-6-1号	078-2914055
Super Hotel Kobe	中央区加町2-1-11号	078-2619000
Hotel Isago Kobe	中央区熊内町4-3-7号	078-2410135

北海道风光

PART 6

北海道

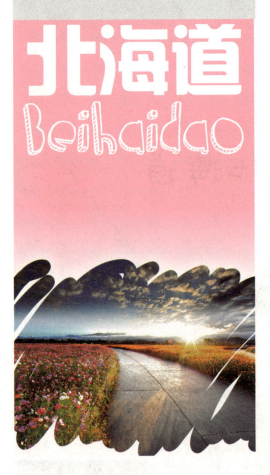

北海道
Beihaidao

北海道交通

🚌 从机场前往市区

北海道机场非常多，主要有新千岁机场、旭川机场、函馆机场、钏路机场、稚内机场等。中国飞往北海道的直达航班一般都停靠在新千岁机场。

新千岁机场

新千岁机场（New Chitose Airport）是札幌市最主要的机场，也是日本面积最大的机场。新千岁机场以运作国际航线和国内航线为主，中国主要有中国东方航空、中国南方航空、中国国际航空等公司的航班在此停靠。

新千岁机场候机楼外观呈半圆形，地下有与JR线的电车车站直接相连的通道，地上1层是国际航线和国内航线抵港的到达大厅，2层是国际航线和国内航线出发大厅，3、4层设有宾馆和酒店。

从新千岁机场进入札幌市内的主要交通工具有 JR 国铁、汽车、机场巴士、出租车等。

交通工具	发车间隔时间	全程运行时间	票价
JR国铁	每隔15分钟一班	约36分钟	1040日元
汽车	每隔15分钟左右一般	约1小时	小型车11800日元+高速公路费850日元（札幌火车站）
机场巴士	每隔10~15分钟一班	约1小时10分钟	820日元
出租车	随叫随走	约1小时	约13 000日元

🚌 乘地铁玩北海道

北海道只有札幌市有地铁运行，地铁是游玩札幌市最方便的交通工具。札幌市地铁主要有南北线、东西线、东丰线这三条线路，三条线路的地铁均在市中心札幌站、大通站交汇。

地铁线路信息		
线路名称	起始站点	线路颜色
南北线	麻生站—真驹内站	绿色
东西线	宫之泽站—新札幌站	黄色
东丰线	荣町站—福住站	蓝色

📷 旅游达人游玩攻略

札幌市地铁票价一般为 200 日元以上，在地铁站口直接购票即可。在札幌待的时间比较长的游客，可以在便利商店内购买"共通 WITH YOU 卡"，这样就可以用来搭乘札幌地铁、市营路面电车以及一部分的巴士。此外，还可以在便利店购买星期六、星期日限定的特惠票及白天专用的特惠票等。

🚌 乘公交车游北海道

公交车是游览北海道最方便的交通工具之一，主要分为北海道都市间巴士、北海道观光巴士、札幌市电三种类型。

北海道都市间巴士

北海道都市间巴士是主要在北海道主要城市及个别重要旅游点运行的巴士，票价一般较为便宜，具体情况可以通过电话咨询。

北海道都市间巴士信息			
巴士名称	运行路线	电话	运营公司
快速白鸟号	札幌-登别-室兰	011-2613601	道南巴士
快速函馆号	札幌-函馆	011-2310600	中央巴士
快速名寄号	札幌-士别、名寄	011-2310500	中央巴士
特快羽幌号	札幌-增毛、羽幌、丰富	011-2323366	沿岸巴士
特快稚内号、特快玫瑰号	札幌-稚内	011-2410241	北都观光巴士
极光 (Aurora)号	札幌-根室	011-2721211	北斗交通
North Liner号	旭川-带广	0166-234161	道北巴士
铃兰号	钏路-带广	0154-251223	钏路巴士

北海道观光巴士

北海道观光巴士游览线路很多，主要采用冬暖夏凉的豪华客车，车上还配有专门的导游人员，部分游览专线上还有中文游览指南说明书。北海道观光巴士的价格一般在 3000~7000 日元，具体情况可在乘车时向司机或售票员询问。

北海道观光巴士信息			
巴士名称	运行区域	电话	网址
北都交通	札幌市内	038-577555	www.hokto.co.jp
中央巴士	札幌市内、小樽、支笏湖、积丹、雄冬	011-2310500	www.chuo-bus.co.jp
中央巴士	富良野、美瑛	011-2310500	www.chuo-bus.co.jp
富良野巴士		0167-231121	www.cbnet.co.jp
道北巴士	旭川—鄂霍次克地区、富良野、美瑛	0166-237655	www.dohokubus.com
十胜巴士	十胜	0155-235171	www.tokachibus.jp
网走巴士	网走、佐吕间、纹别	0152-434101	www13.ocn.ne.jp
阿寒巴士	阿寒、川汤、摩周	0154-372221	www.akanbus.co.jp
斜里巴士	知床	0152-232451	www.sharibus.co.jp
钏路巴士	钏路	0154-368181	www.kushirobus.jp
宗谷巴士	稚内、利尻岛、礼文岛	0162-235510	www.soyabus.co.jp
道南巴士	冬天的滑雪路线	011-8655511	www.donanbus.co.jp
中央巴士		033-2040743	www.chuo-bus.co.jp

札幌市电

札幌市电（路面有轨电车），又称"道电"，是北海道市民和前来旅游观光的游客游览北海道的重要交通工具。札幌市电以西 4 丁目站为起点站，以薄野站为终点站，主要有商务区（西 4 丁目－西线 9 条）、生活区（西线 11 条－电车事业所前）、文教区（中央图书馆前－静修学园前）、商业区（行启通－SUZUKINO）这四条运营线路。

札幌市电乘车费用一般为大人 170 日元，儿童 90 日元，购票方式为，下车时从车子前门自动售票机投入零钱即可。札幌市电西 4 丁目站首班车时间为 6:39，末班车时间为 23:10；薄野站首班车时间为 6:37，末班车时间为 23:18。

🚌 乘 JR 国铁逛北海道

北海道铁路网非常密集，主要铁路有以 JR 开头的函馆本线、室兰本线、根室本线、石北本线、宗谷本线、津轻海峡线等，并分为特快列车和快车两种火车。其中，函馆本线主要在函馆—旭川之间运行，室兰本线在长万部—岩见泽之间运行，根室本线在泷川—根室之间运行，石北本线在旭川—纲青之间运行，宗谷本线在旭川—稚内之间运行，津轻海峡线在本州—北海道之间运行。

北海道铁路周游券

北海道铁路周游券是可以用来乘坐运行于北海道内所有的特快车、快车的车票。北海道铁路周游券有3日券、"4天用灵活可变的周游券"、5日券三种车票，在火车站售票点内就可以购买。不过，购买和使用北海道铁路周游券时，必须备好护照。

🚌 乘出租车转北海道

搭乘出租车游玩北海道，是一种非常方便

📷 旅游达人游玩攻略

在北海道打出租车时，可以在路边招手叫车，也可以打电话叫车（011-2098422）。出租车停下后，后座的门会自动打开，乘客上车。上车后，只需将北海道的地图给司机看，并指明目的地即可。

的交通方式。北海道的出租车起步价一般为520日元（1.4千米），超过1.4千米为每321米80日元；低速行驶时（低于10千米/小时），每2分钟会加收80日元。另外，夜间搭乘出租车（22:00至次日05:00），还会另外加收20%的费用，冬季搭乘出租车（12月10日至次年3月26日），也会另外加收20%的费用。

🚌 自驾车玩转北海道

自驾车游玩北海道，是既方便又浪漫的交通方式。北海道的租车公司大多数都分布在机场、火车站、汽车站附近，种类非常多，车上大多数都配有导航系统。在北海道租车时，需要出示国际驾照和护照。此外，需要注意的是，北海道的汽车都是靠左行驶。

北海道景点

北海道旅游示意图

札幌

🔴 札幌市钟楼

札幌市钟楼是日本北海道札幌市的著名地标性建筑，也是北海道少数保存至今的美式建筑之一。钟楼由两层木质建筑和一座约五层楼高的钟塔组成，其一层为展示室，二楼为展示大厅。钟楼以建筑顶部拥有四面皆有指针的巨大时钟而闻名。

💬 旅游资讯

地址：札幌市中央区北 1-2 号
交通：乘地铁南北线可到
门票：200 日元
开放时间：9:00~17:00
电话：011-2310838
网址：www.ocn.ne.jp

💬 旅游资讯

地址：札幌市中央区 1-3 号
交通：乘坐地铁东西线可到
电话：0138-2411131

📷 旅游达人游玩攻略

札幌电视塔 1 楼的接待处，为游客提供了中文电视翻译设施，人们可以在这里得到免费的游玩指导。

🔴 札幌电视塔

札幌电视塔，又名"札幌铁塔"，是日本北海道札幌市内著名的地标性建筑之一。电视塔地下一层有特殊构造的地下美食街、烤串店、日本食堂、咖啡店、土特产品店等店铺你都能在这里找到。地上 3 楼有札幌观光土特产品店和"空中长廊"餐厅，顶部则有可以观看远处景色的瞭望台。此外，电视塔内每年都会举办冰雪节、白色霓虹灯节、丁香花节、鲜花竞赛会等活动。

PART **6**

北海道立近代美术馆

北海道立近代美术馆位于大通公园的西面，是一座大型的现代化美术馆。美术馆建筑十分美观，馆内收集和展示了北海道本地艺术家的作品、巴黎画派画家的作品以及新艺术派时期到现代的玻璃工艺品等。

旅游资讯

地址：札幌市中央区北 1 条西 17 丁目
交通：乘地铁南北线在大通车站下车
电话：011-6446881
网址：www.aurora-net.or.jp

旅游达人游玩攻略

北海道立近代美术馆内会不定期地举办大型展览会，想要观看展览会的人可以通过电话咨询。此外，馆内每天还会有志愿者解说员用日语为前来参观的客人讲解馆内作品。

函馆市北方民族资料馆

函馆市北方民族资料馆是一座由原日本银行函馆支行建筑物所改建的资料馆。馆内以展示以阿伊努族为主的北方民族生活和历史等资料为主，以展示马场修氏、儿玉作左卫门氏等人所收集的资料为辅助。其中，最值得观看的展品有"山丹服"、皮舟等。

旅游资讯

地址：函馆市末広町 21-7 号
交通：乘坐市营电车函馆 Dotsuku 在末广町电车站下车
门票：300 日元
开放时间：10:00~17:00（周一至周五），10:00~16:00(周六)，13:00~16:00(周日)
电话：0138-224128

函馆山

函馆山

函馆山外观如牛卧般的姿态，因此也叫"卧牛山"。函馆山是药师山、杜鹃山、溪见山、八幡山等 13 座山峰的总称。来到这里，白天站在山顶可以俯视函馆市和下北半岛，晚上则可以看美丽的夜景。

旅游资讯

地址：函馆市西侧沙颈岬
交通：乘西部环状线电车在谷地头站下车

📍 五棱郭

　　五棱郭建立时间较早，是日本江户时代修建的一个城郭，也是日本第一个以西洋建筑格局为参考建造的城堡。城郭内环境优美，有五角星形的五棱郭塔坐落其中，还有河流、湖泊环绕。此外，城郭内还有着上千棵樱花树，樱花盛开时，景色壮观。

💬 **旅游资讯**

地址：函馆市五棱郭町 43-9 号

交通：乘 2、5 路有轨电车到五棱郭公园前下车

门票：630 日元

开放时间：9:00~18:00

电话：0138-514785

📍 小樽运河

　　小樽运河是北海道最古老的运河，也是北海道唯一的一条运河。小樽河开凿历史悠久，曾是解决北海道粮食、蔬菜、衣物等必需品运输的渠道，现已成为北海道的重要旅游景点，可以沿运河观看小樽市的风光。

💬 **旅游资讯**

地址：小樽市色内 1 丁目2 号

交通：乘坐函馆本线电车在小樽站下车

电话：0134-324111

📍 支笏洞爷国立公园

　　支笏洞爷国立公园（Shikotsu and Toya National Park）有着"火山博物馆"之称。公园内以火山地形、湖、温泉为主，主要有羊蹄山、洞爷湖、登别、支笏湖、定山溪这五个游览区，其中以支笏湖和洞爷湖最为出名。

支笏洞爷国立公园

💬 **旅游资讯**

地址：北海道西南部渡岛半岛

📷 **旅游达人游玩攻略**

支笏洞爷国立公园内的山谷有无数的喷气孔，会不时地喷出高温气体，游览时一定要记住，不要离开人行道，以免发生危险。

小樽市博物馆

　　小樽市博物馆是一座由1893年修建的仓库改建而成的博物馆。博物馆馆陈以历史为主题，主要展示了北海道的北前船模型、有关鲱鱼捕捞的资料以及100多年前店铺里的商品。此外，馆内还放映关于小樽20世纪上半叶的珍贵纪录片。

旅游资讯

地址：小樽市手宫1-3-6号
开放时间：9:30~17:00
电话：0134-332523
网址：www.city.otaru.lg.jp

旅游达人游玩攻略

小樽市博物馆内提供有英文向导手册，需要该手册的人，可以在游客中心领取。

北海道周边景点

大沼国定公园

　　大沼国定公园以"驹岳山"为中心，是由大沼、小沼、莼莱沼等湖沼，以及湖中的小岛屿构成的大型山水公园。公园内有着日本不可错过的"新三景"之一的秋景，还有剑峰、日暮山、大沼湖泊、山峰森林、牧场高原和美术馆等景点。

旅游资讯

地址：龟田郡七板町大沼町568-3号
交通：乘坐JR特急列车在中央站下车，或乘坐公交车在大沼公园站下可到
电话：0138-672170
网址：www.onuma-guide.com

旅游达人游玩攻略

1. 在大沼国定公园内游玩时，除了可以徒步赏景外，还可以进行划独木舟、打网球或高尔夫球、钓鱼等娱乐活动。

2. 在大沼国定公园住宿时，建议最好带上杀虫剂，这样可以避免受到蚊虫叮咬。

3. 大沼国定公园内有着很多很私密的温泉，但都比较难找，建议向当地人询问，注意安全。

大沼国立公園

大雪山国立公园

大雪山国立公园

　　大雪山国立公园是全日本最大的国立公园。大雪山是以旭岳为主峰的 20 多座山峰的总称，以有着雄伟的火山地形、大片的高山植物、瀑布而闻名。此外，这里还是北海道适合进行划艇、野营、步行等户外活动的热点地区之一。

旅游资讯

地址：北海道中部
交通：乘坐飞机与巴士都可以到达
网址：www.hokkaido.env.go.jp

阿寒国立公园

　　阿寒国立公园是由雌阿寒岳、雄阿寒岳和阿寒富士等火山群组成的山岳公园，也是北海道历史最久的国立公园。公园内有着风光旖旎的阿寒湖和清澈的摩周湖，还有阿寒湖温泉、川汤温泉、和琴温泉等众多著名温泉。此外，公园内还可以欣赏到阿伊努族的精彩舞蹈。

旅游资讯

地址：北海道北见市 附近
交通：乘川纲本线火车可到
电话：0154-673200
网址：www.tohokan.net

钏路湿原国立公园

　　钏路湿原国家公园面积辽阔，是日本最大的沼泽地。公园内有钏路穿贯穿其间，动植物种类众多，其中最为出名的是日本"国宝"丹顶鹤。公园内一年四季都鲜花盛开，特别是在夏季，能观赏到美丽的画眉菅花与水菖蒲花。

旅游资讯

地址：北海道钏路市钏路湿原
交通：乘坐开往川汤、鹤居的阿寒巴士在温根内旅客中心下车可到
网址：www.shitsugen.com

旅游达人游玩攻略

1. 游玩钏路湿原国家公园时，可以选择乘坐有专门向游客介绍湿地风光的工作人员的观光列车。

2. 想要亲眼观看野生动物的人，建议乘坐晚上运行的列车，这样，在车厢的前部，沿铁轨向前看，便能看到鹿、狐狸等动物。

3. 在入住钏路湿原国家公园周边的青年旅舍时，能够免费使用望远镜观看景致。

风莲湖

风莲湖是日本几大湖泊之一，风景优美，周围有湿地、森林、沙丘等自然景观，还有数百种鸟类栖息。每年 10 月份，这里都会有一大群天鹅在湖上飞舞，场面非常壮观。

旅游资讯
地址：根室半岛内
交通：乘坐飞机到达钏路，然后由钏路前往

知床国家公园

知床国家公园是日本一个自然风景最美丽，而且未被破坏的国家公园，也是世界遗产之一。公园内保持着原始风貌，栖息繁衍着许多日本稀有珍贵的动植物，如棕熊、鹿、狐狸等。冬天来临时，这里还能看到浮冰。

旅游资讯
地址：知床半岛内
电话：0152-242114

旅游达人游玩攻略
游览知床国家公园时，一定要按照公园游客中心提示的路线和时间进行游玩，不然会收到很重的罚单。

知床国家公园的麋鹿

北海道美食

北海道美食以海鲜最受人们喜爱。北海道的海鲜中，螃蟹是人们的最爱。在每年捕捞螃蟹的季节来临时，北海道的餐馆内便挤满了品尝螃蟹的顾客。此外，北海道的寿司、中餐也非常受欢迎。

札幌美食

·灸店芒草总店

灸店芒草总店是札幌市一家非常有名的日式餐厅。餐厅环境优雅、舒适，主要以制作海鲜为主，最受欢迎的海鲜有龙虾、蟹、蚝等，味道十分可口，价格也较为实惠。

地址：札幌市中央区南4条西4丁目
交通：乘地铁南北线在薄野站下车
开放时间：17:00~23:00
电话：011-2421131
网址：www.aburiya.com

·坐和民

坐和民是札幌市一家连锁型日式餐厅。餐厅内以制作"和民"食物为经营理念，讲究每道菜肴都符合客人的口味。餐厅内以提供美味的日式料理为主，还有很多可口的饮料可以品尝。

地址：札幌市中央区札幌北2条西3-1-18号
交通：乘地铁南北线可到
开放时间：16:00~次日2:00
电话：011-2714166
网址：www.watamifoodservice.jp

札幌市其他餐馆推荐

名称	地址	电话	类别
中华厨房	札幌市西区西町北11丁目4号	011-6649001	中餐厅
中国梨花餐厅	札幌市手稻区曙4条3丁目15-35号	011-6850616	中餐厅
中国鲁山创食酒家	札幌市丰平区月寒中央通10丁目1-15号 2楼	011-8554462	中餐厅
螃蟹本家	札幌市中央区北3条西2丁目1-18号	011-2220018	日式料理
Royce' choloclate	札幌市北区里4条9-1-1号	011-7782222	日式料理
炭火烧肉酒家	札幌市北区北24条西5-1-21号	011-7371129	日式料理

🍴 其他地区美食

· Fish market dining hall Uroko-tei

Fish market dining hall Uroko-tei 是小樽市一家非常受欢迎的餐馆。餐馆内环境舒适、雅致，有幽幽的音乐飘荡其中，给人一种温馨的感受。餐馆内以经营海鲜为主，采用鱼商直接提供的海鲜制作菜肴，保证了海鲜的新鲜度，味道十分可口。

地址：小樽市色内 1-5-16 号
交通：乘 JR 函馆干线火车在小樽站下车
开放时间：10:30-18:00
电话：0134-217570

· 中国料理龙青

中国料理龙青是函馆市一家非常受食客喜爱的中餐厅。餐厅内装饰完全采用正宗的中式风格，有古色古香的木制桌椅摆放其中，给人一种家的温馨感受。餐厅内以制作正宗的中国菜肴为主，价格较为实惠，服务也极为周到。

地址：函馆市桔梗 4-15-6 号
交通：乘函馆本线电车在桔梗站下车
电话：0138-465350

其他餐馆推荐

名称	地址	电话	类别
中国房上海	函馆市桔梗4-35-20号	0138-478373	中餐厅
燕京中国料理店	函馆市龟田町19-22号	0138-412080	中餐厅
本中华餐厅	富良野市本町8-33号	0167-567570	中餐厅
雪印勒	小樽市堺町4-11号	0134-278662	日式料理
初代	小樽市住吉町14-8号	0134-332626	日式料理
政寿司	小樽市花园1-1-1号	0134-230011	日式料理

北海道购物

札幌市购物区

· APIA

APIA 是一条位于札幌站南口地下的全天候购物街。街道与地铁札幌站、札幌汽车终点站相连，交通十分便利。街道两侧有着数万平方米的购物区，店铺种类繁多，时装店、便利店、小酒馆、札幌名牌糕点店、北海道的土物产店等店铺，你都能在这里找到。

地址：札幌市中央区北 5 条西 3、4 丁目
交通：与 JR 列车札幌站、札幌市营地铁札幌站相连
开放时间：10:00~21:00
电话：011-2093500

· 二条市场

二条市场是北海道最好的市场之一。市场内有数十家店铺，店铺以提供海胆、螃蟹、扇贝、鱼、贝类等海鲜和新鲜蔬菜、零食为主，是品尝海鲜和购买海产品的好去处。

地址：札幌市中央区二条市场
交通：乘地铁东西线在 Bus Center Mae Station 站下车可到
开放时间：7:00~18:00，各商店关门时间各有不同
电话：011-2225308

札幌市其他购物点推荐		
名称	地址	电话
丸井　今井札幌本店	札幌市中央区南 1 条西2-11号	011-2051151
4号广场	札幌市中央区南 1 条西 4 丁目	011-2610221
唐吉坷德	札幌市中央区南 2 条西3-6号	011-2194811
Norbesa	中央区南 3 条西5-1-1号	011-2713630
Ikeuchi zone	札幌市中央区南 1 条西2号	011-2181180

🎁 其他地区购物区

· Mycal小樽

　　Mycal 小樽是小樽市一处集购物、餐饮、娱乐于一体的大型商业场所。这里有着众多生活百货店、舶来品及户外活动专门店、化妆品店等商店，商品种类齐全，是在小樽市购物不可错过的地方。

地址：小樽市筑港 11-5 号
交通：乘 JR 函馆本线在小樽站下车
电话：0134-215555

· 北一水晶馆

　　北一水晶馆是一间水晶玻璃商店。商店内共有两层，一层主要可以购买玻璃商品及食器类等商品，二层是展示现代作家所制作的艺术品的地方。此外，在北一水晶馆旁边还可以参观制作玻璃的过程。

地址：小樽岬町 6-7 号
交通：乘 JR 函馆本线在南小樽站下车
电话：0134-332995

· 小樽品牌特价商品城WALL

　　小樽品牌特价商品城 WALL 有仓库街、运河街、港街等购物区。商品城内有数十家店铺，以销售时装、化妆品、鞋、包、日用百货等商品为主，价格较为实惠，且商品质量都非常好。

地址：小樽市筑港 11 Wingbay 小樽 2-3-5 号
交通：乘 JR 国铁在小樽筑港站下车
开放时间：10:00~21:00

· 千岁名品批发城

　　千岁名品批发城是千岁市非常有名的品牌批发商城。商城占地面积庞大，商品种类繁多，从时装到室外商品，再到化妆品以及鞋类，你都能轻易在这里找到，并能以比市场价优惠很多的价格买下喜欢的商品。

地址：千岁市柏台南 1-2-1 号
交通：乘 JR 千岁线在南千岁站下车
电话：0123-423000

千岁名品批发城

北海道娱乐

富良野滑雪场

北海道温泉和滑雪场众多，泡温泉和滑雪自然也成了人们首选的娱乐方式。同时，北海道还有着不少酒吧、电影院可供娱乐。

· 留寿都滑雪场

留寿都滑雪场是北海道第一大滑雪场，也是滑雪爱好者熟悉的滑雪胜地。滑雪场内有着三十余条世界级规格的滑雪道，适合各种级别的滑雪爱好者游玩。此外，滑雪场内冬天还可以玩雪上香蕉船和雪橇等游乐项目，夏天可以打高尔夫球。

地址：虻田郡留寿都村泉川 133 号
营业时间：10:00~16:30
电话：0136-462111
网址：www.rusutsu.co.jp

旅游达人游玩攻略

在留寿都滑雪场内，13 岁以下儿童需要在有成人的陪伴情况下进入滑雪场，收费价格为每天 1500 日元，并会免费提供儿童滑雪安全帽；13 岁以上的游客进入滑雪场的费用为每次 600 日元。

· NISEKO滑雪场

NISEKO 滑雪场位于 NISEKO 群峰中，是北海道的一级滑雪胜地。滑雪场共分为 NISEKO annupuri、NISEKO 东山、NISEKO Grand hirafu 三个滑雪区，滑雪设备较为齐全。此外，滑雪场附近还有很多露天温泉可以"泡汤"。

地址：虻田郡 Niseko 町字 Niseko485 号
交通：从新千岁机场乘坐直达 NISEKO 的巴士可到
开放时间：11 月下旬至 5 月上旬
电话：0138-582080
网址：www.niseko.ne.jp

· 富良野滑雪场

富良野滑雪场是富良野市一个规模很大的滑雪场。滑雪场内有着二十余条滑雪道，且大部分是适用于初学者的滑雪道，其中富有自然起伏度的林间滑道最大道宽可达八十余米，给初学者提供了很大的方便。此外，滑雪场内也有许多适合滑雪高手滑雪的滑雪道。

地址：富良野市中御料
交通：乘根室本线电车在富良野站下车
开放时间：11 月下旬至次年 5 月上旬
电话：0167-221111
网址：www.ski.princehotels.co.jp

· Bankei滑雪场

Bankei 滑雪场距离札幌市中心非常近，是一个可以夜间滑雪的滑雪场。滑雪场内坡度平缓不一，设备较为齐全，有滑雪杖、滑雪板、滑雪服等设施可以租借。来到这里，不仅可以体验滑雪的乐趣，还可以泡温泉，可以观看札幌市的景致。

地址：札幌市附近
交通：从圆山公园站乘路线巴士前往，或从 JR 札幌站乘出租车前往
开放时间：12 月上旬至次年 3 月下旬

· 新千岁机场电影院

新千岁机场电影院是日本国内首个机场电影院。电影院内有三个影厅，总计 380 个座位，可以观看最新的 3D 电影。看完电影后，游客还可以去温泉中心"泡汤"，去土特产店购买土特产。

地址：北海道新千岁机场中心大楼内
开放时间：9:00~24:00(根据上映作品不同会有所调整)
票价：1700 日元
网址：www.shinchitose-entame.jp

📷 旅游达人游玩攻略

在新千岁机场电影院看电影时，如果想看 3D 电影，则需要在原有票价的基础上另外加收费用，具体费用可以在进入影院时询问。

· 奇诺剧团

奇诺剧团是札幌市一家非常受欢迎的电影院。电影院内部装潢十分华丽，有着良好的放映环境，以放映日本国产影片为主，放映国际影片为辅助，电影放映设备也非常先进，深受游客喜爱。

地址：札幌市中央区狸小路 6 丁目南 3 条
交通：乘札幌市电在西 8 丁目站下车
电话：011-2319355
网址：www.theaterkino.net

· 登别温泉

登别温泉是爱泡温泉的人在北海道旅行时必泡的"名汤"之一。登别温泉按其水质可分为硫黄泉、食盐泉、明矾泉、芒硝泉、石膏泉、苦味泉、绿矾泉、铁泉、酸性泉、重曹泉、放射能泉等泉眼，其温度一般在 42℃ 以上，非常适合人们"泡汤"。

地址：北海道登别市
交通：从 JR 新千岁机场车站搭乘特快列车在登别车站下车
网址：www.noboribetsu.tv

📷 **旅游达人游玩攻略**

1. 在登别温泉"泡汤"时，可以沿着登别温泉街前往登别温泉的泉源——地狱谷游玩。

2. 登别温泉有着很好的药效作用，对减肥和美容有着一定的功效，并能达到消除疲劳和保养身体的效果。

· 洞爷湖温泉

洞爷湖温泉因其位于洞爷湖畔而得名，水量十分丰富，是日本最大的温泉之一。温泉周围建有许多位置很好的露天温泉，按其水质可以分为硫黄泉、食盐泉、重曹泉、石膏泉等泉眼。温泉水温一般为 47.6~60℃，游客可以在这里一边"泡汤"，一边欣赏洞爷湖附近美妙的风景。

地址：北海道西南部渡岛半岛洞爷湖附近
交通：搭乘 JR 室兰本线在洞爷站下车
电话：0142-752446　**网址**：www.laketoya.com

📷 **旅游达人游玩攻略**

1. 洞爷湖温泉有着十分好的药效作用，对于皮肤病、高血压、神经痛、妇科病等疾病都有着疗养的作用。

2. 洞爷湖温泉是根据游客所选择的温泉以及享受的服务进行收费，具体标准可在进入温泉池时询问。

· 旭岳温泉

旭岳温泉位于大雪山国家公园内的旭岳山脚下，是一处小温泉度假地。这里有着热气腾腾的温泉池，还有众多特色美食可以品尝。在爬完旭岳山后，来这里舒舒服服地泡温泉、品尝美食，是不错的选择。

地址：上川支厅上川郡上川町
交通：从旭川乘坐公交车在旭岳站下车

北海道住宿

　　北海道的住宿点不少，其种类主要有酒店、大饭店、民宿、度假村、日式旅馆等。在北海道入驻酒店前，一定要记得提前通过打电话的方式预订。

札幌市酒店推荐

名称	地址	电话
札幌蒙特利艾萝芙酒店	中央区北2-1-1号	011-2427111
札幌东急客栈酒店	中央区南4-5-1号	011-5310109
阿帕酒店	中央区南2条西7-10-1号	011-2818111
札幌诺富特酒店	中央区南10条西6-1-21号	011-5611000
札幌王子大饭店	中央区南2条西11号	011-2411111
华盛顿酒店	中央区北4条西4-1号	011-2513211
东京圆顶饭店	中央区大通西8-1号	011-2610111
格兰酒店	中央区北4条东1-3号	011-2327111
京王广场饭店	中央区北5条西7-2-1号	011-2710111
札幌白杨酒店	北区北8条4-5号	011-7002111

函馆市酒店推荐

名称	地址	电话
函馆罗伊萨酒店	若松町14-10号	0138-220111
五菱郭公寓旅馆	本町29-26号	0138-355489
日航城市饭店	宝来町22-15号	0138-243311
函馆国际大饭店	若松町19-11号	0138-220121
函馆微笑饭店	若松町20-11号	0138-272700

小樽市酒店推荐

名称	地址	电话
小樽君乐酒店	筑港11-3号	0134-213111
小樽欧森酒店	稻穗2-15-1号	0134-278100
索尼娅酒店	色内1-4-20号	0134-232600
小樽诺德饭店	色内1-4-16号	0134-240500
Dormy Inn Premium Otaru	稻穗3-9-1号	0134-215489

穿着传统服装的韩国人

下篇：去韩国

A

吃：韩国就餐门道多

1.享特色美食，品韩国味

看韩剧时，经常可以看到这样的镜头：主人公捧着盆大口吃拌饭，路边摊上热乎乎、香喷喷的炒年糕，碟子里娇艳欲滴的韩国泡菜，铁盘上嗞嗞冒油的烤肉……如果有机会到韩国的农贸市场走一回，你会发现韩国人几乎把所有能吃的菜都开发了出来。

韩国美食中高端的要属韩定食，这是一种沿袭了韩国宫廷传统的餐式。其主菜用蒸、烤、烫、拌等各种方式来烹调，花样百出，菜色丰富。韩定食的价格按人算，一份主食，几十份盘盘碗碗，每种很少量，形式与日餐定食很像。通过品尝韩定食，能够体验到韩国菜的精髓。

多样化的韩国美食，会吃也很重要。如果吃韩国拌饭或拌冷面，一定要拌匀，食物与酱料、菜拌得越匀，口味就越好；如果吃烤肉，可以用生菜、芝麻叶包着吃，再抹点辣酱、加几片大蒜，肉香加倍、不油腻，相当可口；如果去餐厅喝参鸡汤，建议将餐馆附送的一小杯人参酒倒入汤内，掺和了人参酒的参鸡汤将给你带来别样的味觉感受。

韩国美食荟萃	
名称	**特色**
泡菜	韩国最具代表性的美食之一，韩国人一日三餐必备，种类繁多，做法多样，味道可口
参鸡汤	由童子鸡跟高丽人参、黄芪、当归、枸杞、板栗、糯米等多种药材和食物精炖而成，具有良好的养颜、安神、抗癌、延寿之功效
拌饭	以全州拌饭为主要代表，白饭上铺上黄豆芽、泡菜、笋干等配料，与生鸡蛋黄、辣椒酱搅拌在一起烧制
冷面	面条十分筋道，用白面、荞麦面、淀粉制成，味道甜、酸、辣，夏天还提供加了冰块的冷面
火锅面	火锅面在冬季是"抢手货"，它算是火锅里的一道配菜。泡菜汤底、牛肉汤底、海鲜汤底等不同的锅底是韩式火锅面的美味秘诀
打糕	韩国人常吃的零食，以糯米为主要原料，还可放入杂谷、栗子、大枣或水果、南瓜等各种材料
辣炒年糕	辣中带甜，滑滑软软。首尔市东大门附近的新堂洞有辣炒年糕一条街
烤肉	多以牛肉或猪肉为主。将牛肉、猪肉直接切片烤熟，或放入由大酱、蜂蜜、大葱、蒜、盐、芝麻等做成的调味料里腌制后烤熟，十分鲜美
包肉	用腌过的大白菜包着煮的牛肉或猪肉就是包肉，适合口味比较清淡的游客
紫菜包饭	和日本的寿司异曲同工。紫菜包的米饭里有肉、菠菜、蛋丝、泡菜等
蚕蛹	韩国人从小吃到大的"零食"，有养颜美容的功效。用水煮，再用杯子盛，用牙签吃。口感沙沙的，嚼到最后有种绿豆的味道

2.用餐礼仪也需"入乡随俗"

和日本一样，韩国也是一个讲究礼节的国家。在韩国用餐有很多禁忌和规矩，最好提前了解并谨记，以免被人认为不礼貌。

如果去韩国人家里做客，吃饭前需要念开动语，吃完饭后要说"谢谢招待"，如果在外就餐的话，这一流程可免。吃饭时，一般都是先喝汤，然后用筷子夹菜放在碗里，用勺子舀着吃，筷子一般只用来夹菜，勺子则主要用来扒饭、舀汤；吃饭时可将碗拿起来，但不能靠着嘴吃；夹菜时，不要用筷子翻动菜肴，更不可将自己不喜欢吃的菜肴挑出来；吃饭的仪态也要注意，席地而坐时一般都是收拢双腿，等长辈动筷子后，晚辈才会动筷子。

3.路边摊的美食诱惑

在韩剧里，我们经常可以看到剧中男女主人公一起在路边小摊上吃东西的浪漫镜头。没错，路边摊已经成为韩国的一大特色。只要是人群集中的区域，就一定有小吃摊。在首尔的东大门、南大门、江南一带，几乎随处可见路边摊的身影。来到韩国，吃吃路边摊，也算是体验韩国人生活的一种方式。

韩国的路边摊大致可以分为两种：一种是站立式的摊子，另一种是"帐篷摊子"。第一种路边摊是从白天开始营业至晚上，消费者可以选择外带，或是站在路边点选、食用。这种摊子所卖的食物种类很多，有煎饺、炒年糕、各类肉串、虾卷等。在这里吃东西，不用担心语

言的问题，看到想吃的点了就是，花上不到4000韩元，就能吃得很饱。第二种路边摊就像我们的大排档，是一个用大篷子搭起来的场所。傍晚之后，帐篷摊子会陆续出现在路边，一直营业到凌晨。这里售卖的食物有烫鱿鱼、炒鸡丁等下酒小菜，也有面食、烧烤等。

4.不可不知的用餐诀窍

　　韩国的超市里多会售卖微波食品，像熟的米饭，泡菜、腌制小菜等，只要用微波炉加热一下就可以吃。另外，超市里还有一张台子，提供热水，游客可以买面泡着吃。对于想要省钱的游客来说，超市里的食物是一个不错的选择。

　　如果前往韩国比较高级的餐厅用餐，最好先提前预订，普通的餐厅可以不用预订。在餐厅用完餐后，想要结账的时候，如果不会用韩语表述，可做一个右手在左手掌心写东西的动作，服务员就会明白你要结账，会拿账单来。

韩国就餐常用韩语

韩语	中文
예약하려고 해요.	➡ 我想预订餐位。
빈 자리가 있나요?	➡ 还有座位吗?
4명이 앉을 식탁을 찾아주세요.	➡ 请找一张四人用的桌子。
메뉴판 좀 주시겠어요?	➡ 能把菜单给我看看吗?
잠시 후에 주문할게요.	➡ 我待会儿再点。
저는 매운 것을 좋아하지 않아요.	➡ 我不喜欢吃辣味。
계산서를 주시겠어요?	➡ 请把账单给我好吗?

B

住：各样住宿任你选

1.背包客青睐的青年旅舍

　　青年旅舍一直很受背包客的青睐，价格实惠，设备齐全。目前，韩国共有50多家青年旅舍，多坐落于著名的城市和地区，只不过距市中心较远，交通不是很方便，所以在决定入住之前，最好向旅舍咨询一下交通问题。韩国大多数青年旅舍的规模很大，有的甚至能与高级酒店媲美，像首尔市奥林匹克公园附近的青年旅舍就很高级，设备齐全。青年旅舍价格从15 000韩元到20 000韩元（1张床或者单人房），再到160 000韩元（4人房）不等，持有国际青年旅舍会员卡者可享受20%~30%的优惠。想要了解青年旅舍的具体事宜，可向韩国青年旅舍联盟咨询，网页：www.kyha.or.kr。

2.韩屋住宿能体验当地风情

　　若想体验一番韩国传统的生活方式和文化的话，不妨到韩屋住一晚。提供住宿的传统韩屋都有着少则几十年，多则几百年的历史，内部保存了传统的式样和风格，里面摆放的年代久远的老家具、糊着韩纸的窗户、酱缸台等，使得传统的氛围更加浓郁。此外，你还能有机会参与茶道体验、韩国传统民俗游戏等各种韩国文化活动。

　　提供住宿的韩屋大小各异，有些有宽敞的厢房和正房，但是有些只有窄小的客厅和卧室。客房的价格也各不相同。在选择韩屋时，要综合考虑客房费用、周边景区等多种因素。

雪岳山国立公园神兴寺

韩屋住宿推荐		
名称	地址	费用
月印堂	全罗南道灵岩郡郡西面茅亭里	12万~14万韩元(以4人为标准)
船桥庄	江原道江陵市云亭洞431号	10万~15万韩元(以4人为标准)
学忍堂	全罗北道全州市完山区校洞	17万~20万韩元(以4人为标准)
玉渊精舍	庆尚北道安东市丰川面广德里	17万~20万韩元(以2人为标准)

3. 寺庙寄宿别具一格

喜欢清静的游客可以选择寄宿在寺庙里。目前，韩国共有120多个寺庙可以寄宿。游客在寺庙住宿，可以跟随僧侣一起做早晚课、坐禅、礼拜等，还能品尝特有的斋饭。在寺庙住宿的费用每晚约3万韩元（与其他游客一同住宿），包含3餐。

游客可以在寺庙寄宿综合信息中心获取到有关寺庙寄宿的一切信息，还可以获取到有关寺庙运营的相关说明，以及全国100多处寄宿寺庙的信息。针对外国游客，信息中心还提供英文服务。

寺庙寄宿综合信息中心

地址：首尔市钟路区坚志洞

工作时间：8:00~19:00(年中无休/春节及中秋当日休息)

网址：www.templestay.com(韩、英)

交通：乘地铁1号线在钟阁站下，由2号口出，向曹溪寺方向步行约5分钟，或乘地铁3号线在安国站下车，由6号口出，再向曹溪寺方向步行约5分钟可到

咨询电话：02-20312000(韩、英)

4. 汽车旅馆很实惠

汽车旅馆是韩国为旅行者提供的较为合算的住处，价格通常在4万韩元左右。汽车旅馆有很普通的房间，也有档次很高的房间。房间内设施齐全，大屏幕电视、影碟机、冰箱、饮水机、吹风机，以及卫星或有线电视接口等一应俱全。汽车旅馆多位于汽车站或火车站附近，有些看上去像迪斯尼城堡，而有些则裹着金属壳或屋顶闪耀着巨大的霓虹灯招牌。

韩国住宿常用日语

韩文	中文
방을 예약하고 싶습니다.	➡ 我想预订房间。
빈 방 있습니까?	➡ 有空房间吗?
룸 서비스를 부탁합니다.	➡ 要房间服务。
체크아웃 하겠습니다.	➡ 我想退房。
신용카드를 받습니까?	➡ 你们接收信用卡吗?
여행자 수표를 받습니까?	➡ 你们接收旅行支票吗?
하루 숙박료가 얼마입니까?	➡ 住一天房费多少钱?

C

行：达人教你玩转交通

1.坐火车旅行很舒适

　　在韩国各个城市间穿梭，火车是最好的交通工具之一。搭火车旅行既舒适又便捷，在韩国最远车程的行车时间也不过四五个小时。韩国的火车根据列车运行速度及车厢内设施的不同分为韩国高速列车、新村号列车、无穷花号列车和通勤列车。速度最慢的是通勤列车，最远的行程为5小时；高速列车是连接首尔、釜山及木浦（Mokpo）的高速铁路系统，将行程缩短了一半的时间；新村号列车在首尔与港口城市间运行，从首尔到釜山约需4小时。

　　在韩国，游客可以购买专门提供给外来游客的"韩国铁路通票（Korea Rail Pass）"。有了韩国铁路通票，游客可以在规定时间内无限次重复搭乘高速列车、新村号列车、无穷花号列车，但不可以搭乘地铁及观光专用列车。游客在KR-PASS指定的海外旅行社以及韩国铁路公社的英文网站上，可以购买到"韩国铁路通票"的交换券，持有交换券的人在韩国所有的相关车站都可以交换车票。韩国铁路通票分为5种类型，分别为1天、3天、5天、7天、10天。另外，这5种类型里还包括普通票、通行票和学生票，1天用的普通韩国铁路通票价格一般为58 200韩元。关于"韩国铁路通票"具体价格，可在韩国旅游局官方网站上查询，网址：www.chinese.visitkorea.or.kr。

2.搭乘飞机费用高

　　韩国城市与城市之间的距离并不是很远，首尔与济州之间的飞行时间大约为1小时，飞往其他城市一般需40分钟至1小时。如果时间不十分紧急，没有必要选择飞机，毕竟飞机票贵些。不过，如果前往济州岛，搭飞机是最方便的。游客可以选择低费用航空公司，比如

东星航空公司，这里有往返于济州岛与首尔的航班。另外，周一至周四的机票会便宜15%，游客可以在这个时间段乘飞机。

3.乘巴士要留心

巴士成为游客在韩国旅游比较依赖的交通工具，价格便宜且车次频繁。不过，需要注意的是，韩国每个城市的巴士运营系统都不一样，游客乘坐时一定要特别留意，不然很容易坐错地方。韩国的巴士分为市内巴士和市外巴士两种，市外巴士通常来往于不同城市，每个城市几乎都会设置一个以上的总站。因此，游客就要先确定搭车的总站在哪个地方，并在上车时向司机询问清楚，这样才能避免因跑错地方搭不上车。

4.乘地铁就用M-PASS交通卡

目前，韩国有5个城市有地铁系统：首尔、仁川、大邱、釜山、光州，其中以首尔地铁最为便捷。首尔共有10条路线，包括邻近仁川市的一条地铁线。首尔的地铁路线涵盖了主要旅游景

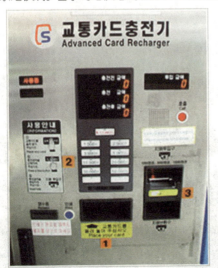

点，停靠站密集，每4~6分钟一班。首尔地铁基本费用约1150韩元（10千米以内），超过10千米不到40千米，每5千米加100韩元，40千米以上的，每10千米增加100韩元。首尔以外地区超过30千米时，每5千米加收100韩元。

如果你打算以地铁为主要交通工具的话，建议购买外国人专用的M-PASS交通卡。M-PASS交通卡使用于地铁1~9号线、仁川地下铁、机场铁路一般列车（直通列车除外）等首都圈地铁。该卡发行种类有1日卡（10 000韩元）、2日卡（18 000韩元）、3日卡（25 500韩元）、5日卡（42 500韩元）、7日卡（59 500韩元）共5种类型，一天最多可以搭乘20次。

在仁川国际机场1层5号、10号出口前的首尔市旅游信息咨询中心内，可以买到M-PASS交通卡。购买时需要另付5000韩元（保证金4500韩元+手续费500韩元，保证金可以退还），且购买M-PASS卡时会同时提供N首尔塔、贞洞剧场、乐天世界等旅游景区10%~20%的优惠券。

5.廉价出租车没有理由不选

韩国的出租车数不胜数，几乎在任何地方都能打到出租车。而且出租车都干净安全，且价格便宜，是游客出行极为便捷的交通工具。韩国不同地区的出租车车费几乎没有什么差异，其费用根据路程和时间计算，2千米以内起步价为2400韩元，（某些大城市的豪华出租车起步价为3千米以内4500韩元），超过2千米以后每144米加收100韩元。此外，以低于15千米每小时的速度行驶时，每35秒加收100韩元。在00:00~04:00乘车时需多支付20%的深夜附加费。

韩国交通：常用韩语

韩语	中文
어떻게 가요?	➡ 怎么去?
어디서 내려요?	➡ 在哪儿下车?
거 기까지 지하철로 얼마나 걸려요?	➡ 坐地铁到那儿要多久?
지하철 역이 어디 있어요?	➡ 地铁站在哪儿?
티켓 어떻게 사요?	➡ 怎么买票?
어디서 환승할 거예요?	➡ 在哪儿换车?
아저씨, 내려 주세요.	➡ 司机，请让我下车。
기차를 놓쳤어요. 다음 기차는 언제 있어요?	➡ 错过火车了，下一班车什么时候?

D

：独家探访看这里

1. 韩剧里的浪漫地

《冬季恋歌》里惟珍和俊尚浪漫牵手的白桦林，《蓝色生死恋》里俊熙和恩熙蜜月旅行的大关岭三养牧场，《夏日香气》里惠媛与民宇初次偶遇的德裕山国立公园……这些迷人的浪漫地想必早已拨动了韩剧迷们的心，来到韩国，邂逅这些屏幕上的美景地，也许是他们认为最浪漫的事，现在就让我们去看看有哪些风光秀丽的韩剧外景地吧。

2. 国立公园风光无限

潺潺的流水、一泻而下的瀑布、漫山遍野的山茶花、茂密的绿色森林……这些所有的关键词都可以在韩国众多的国立公园里得以体现。韩国共有 20 个国立公

韩剧外景地推荐			
电视剧名称	外景地	剧中场景	旅游特色
《冬季恋歌》	南怡岛	惟珍和俊尚牵手走过的水杉林荫道、惟珍和俊尚捏雪人接吻、惟珍和俊尚骑车经过的小道等场景	可以骑车在南怡岛游览风光，也可以漫步在洒满落叶的林荫大道，夏天还可乘坐摩托艇。南怡岛最美的季节是秋季
《蓝色生死恋》	花津浦海水浴场	俊熙背负死去的恩熙茫然地走在海边的场景	以碧蓝的海水和柔软的沙滩而闻名。除海水浴场外，还有花津浦湖、名人别墅、芦苇地、松林、奇山峻岭等众多景观
	大关岭三养牧场	俊熙和恩熙去蜜月旅行的地方	一望无际的原始森林和草原，还能看到牛群。登上顶峰的观景台，能看到五台山的众山峰以及美丽的日出
《夏日香气》	宝城茶园	两人初次偶遇、再次重逢、在绿茶地间散步的场景	掩映在葱翠的杉树林间的小路，层层茶田高至天边，一幅让人震撼的美丽画面
	德裕山国立公园	男女主角初次偶遇之地，男主角卧于公园内岩石之上的场景	一年四季景色各不同，动植物数量众多，独特珍贵的红木林景观，还分布有许多寺庙、文物和滑雪场等

园，每一个国立公园都有无限迷人的风光。春天，这些公园内开满了樱花、杜鹃花，整个园内会成为一片花的海洋；夏天，高峻的山坡、幽深的河谷为公园遮挡出一片片清幽幽的避暑地；秋天，火红的枫叶、蔚蓝的天空，这些色彩的装扮让公园更加美不胜收；冬天，皑皑的白雪又让公园化身为纯洁的白娘子，妩媚动人。来到韩国，随便找一个国立公园，你都能感受到震慑人心的美。

雪岳山国立公园

韩国国立公园TOP榜

名称	地址	旅游达人印象
北汉山国立公园	首尔江北区牛耳洞道峰区一带	北汉山一年四季各有千秋。春天,有竞相开放的花;夏天,有葱翠的森林和清澈的溪谷,景致如画;秋天,北汉山城的古迹颇有气势;冬天,北汉山的雪景格外迷人
汉拿山国立公园	济州道济州市海安洞	汉拿山风光秀丽,春天有杜鹃花,夏天有高山植物,秋天有红叶,冬天有雪景。汉拿山的登山路线十分多,是登山爱好者的绝佳去处
德裕山国立公园	全罗北道茂朱郡雪川面三千米白莲寺路310号	这里是动植物的天堂,可以看到其他地方不能看到的动植物,让人大开眼界
鸡龙山国立公园	忠清南道公州市反浦面鹤峰里777号	鸡龙山多峡谷和山峰,是登山的好去处。此外,还可以看到不少濒危的野生动物
雪岳山国立公园	江原道束草市雪岳路731号	雪岳山冬天很美,皑皑的白雪笼罩着整座山,给人梦幻般的感觉
内藏山国立公园	全罗北道井邑市内藏洞59-10号	秋天,这里很美,枫树叶虽小,但颜色赤烈,走在枫叶满地的小道,让人感到十分陶醉

雪岳山国立公园

3.寻找浪漫岛屿

蓝色的海水、葱翠的山脉、充足的阳光、细软的沙滩……相信这是很多人心中的旅游胜地标准，那么韩国一定不会让你失望。除了人们熟知的济州岛外，韩国还有很多鲜为人知的风光秀丽的岛屿。在岛屿上，感受静谧，倾听自然的声音，势必会给你的心灵带来意想不到的收获。

韩国浪漫岛屿推荐	
名称	特色
济州岛	济州岛风光秀丽，春天的油菜花、夏天的岛屿和海岸、秋天的紫芒、冬天的雪景，让人难以忘怀。在济州岛，可以登山、骑自行车、玩飞伞、潜泳、坐风帆，还可以打高尔夫、打猎、钓鱼、骑马、赛马、游海泳、乘游览船等
牛岛	牛岛的海水色彩斑斓，白色、天蓝色、深蓝色、墨绿色，层层由海岸向外延伸。这里的海边没有沙滩，只有折射出美丽光彩的珊瑚和贝壳碎片
巨济岛	四周分布着众多无人小岛及10个人迹可达的岛屿。这里碧海蓝天，一年四季气候宜人，棕榈树等植物随处可见
郁陵岛	一座火山岛，岛上分布着众多山脊和岩石，是攀岩爱好者不错的选择。此外，岛屿上还有提供美味的海鲜的旅游度假村
青山岛	一条条蜿蜒的小路、一座座低矮的土墙、一道道阶梯般排列的绿田，深受游客喜爱

韩国旅游常用韩语

韩语	中文
안내책자를 한 권 주세요.	➡ 给我一本指南。
언제 출발해요?	➡ 什么时候出发？
시내 전경을 볼 수 있는 곳이 있나요?	➡ 有可以看到市内全景的地方吗？
시내 관광코스가 있어요?	➡ 有没有市内观光路线？
매표소가 어디에 있어요?	➡ 售票处在哪儿？
그 곳까지 얼마나 멀어요?	➡ 到那儿多远？
이 곳으로 가려면 어떻게 가야 해요?	➡ 想去这个地方要怎么走？

E

购：特色商品上哪儿挑

1.到哪儿买最具韩国味的纪念品

到韩国，当然要买些纪念品留作纪念或赠送朋友！在韩国，有很多卖纪念品或小礼物的街区，最佳的选择要属仁寺洞。仁寺洞大街两旁有画廊、韩纸店、陶瓷器店、假面具店、笔墨店等店铺，卖的都是韩国传统的工艺品。最重要的是，游客来到这里不仅能买到称心的纪念品，还能有机会看到传统韩国衙门古装戏的街头表演。

其他购买纪念品地推荐	
名称	**地址**
梨泰院	首尔市龙山区南山东麓
仁寺洞大街	首尔市安国洞环岛附近
佛国寺集市	庆州市九政洞

2.流行服饰便宜买

韩版服饰一直受到国内年轻人的喜爱，这次来到韩国，当然要去买地道的韩版流行服饰。韩国有很多卖韩国流行服饰的地方，像明洞、梨泰院、东大门等。

服饰购物地推荐		
名称	**交通**	**特色**
明洞	搭地铁2号线在乙支路口站下车可到，搭地铁4号线在明洞站下车	有很多明星代言的服饰品店，晚上还会有很多摊贩聚集
梨泰院	搭地铁6号线在梨泰院站下车	很多外国人在这里购物，可以买到很好的皮革、皮毛制品。可量身定做，但价格昂贵
东大门	搭地铁1号线、4号线在东大门站下车	这里就像北京动物园批发市场，东西比其他地方便宜约20%，而且还可以砍价。不过，有些服饰不可以试穿
文井洞	搭地铁8号线在文井站下	集合了世界各大运动用品品牌，大都是过季商品，可以以2~5折的折扣买
新村、梨大一带	搭地铁2号线在新村站下或在梨大下车步行可到	在大学区，东西较便宜。在梨大附近还有专卖女性物品的女人街

3.到免税店购物

韩国有600多家免税商店，主要分布在高级饭店和百货公司内。在韩国的仁川机场，有

2300多平方米的免税店。在免税店购物，只要一天内在同一家免税商店消费超过3万韩元，就可以办理退税。不过，前往免税店购物时，一定要记得带上护照。

退税可以选择信用卡退税和现金退税（在退税单上有退税方式选择），如果选择信用卡退税，一定要核对信用卡号码。另外，退税单上的护照号码、联络地址也要写清楚。

免税店推荐	
名称	地址
乐天釜山免税店	釜山镇区伽倻大路772乐天百货商店釜山总店8层
乐天免税店	釜山江西区金海机场进入路108号大渚2洞
新罗免税店	仁川广域市中区机场路424街47号
韩国观光公社仁川1港免税店	仁川广域市中区港洞7街85—72号
天堂免税店	大邱东区枝底洞400-1号

4.名牌折扣哪里买

韩国有很多名牌折扣购物中心，在那里可以买到原价3~7折的名牌商品。这对喜欢名牌而平时对昂贵名牌望而却步的游客来说，真是一件值得兴奋的事。韩国首家国际名牌折扣购物中心——骊州名牌折扣购物中心，每年都售卖原价3~7折的名牌产品，如Armani、Bally、Burberry、CELINE、Dior、Gucci等品牌应有尽有。另外，还有其他名牌折扣购物中心，见下表。

名牌折扣购物中心推荐			
名称	地址	营业时间	交通
骊州名牌折扣购物中心	京畿道坡州市文发洞回洞路390号	10:30~21:00	在地铁2号线合井站2号出口乘坐开往乐天名牌折扣购物中心方向的200、2200路巴士
金浦机场名牌折扣购物中心	首尔市江西区傍花洞Haneulgil 1(712-1) 金浦机场国际线候机大厅	周一至周四10:30~21:00, 周五至周日10:30~21:30	5号线、9号线金浦机场站(通过电动滚梯相连)，AREX机场铁路(仁川机场—金浦机场)
文井名牌折扣购物街	首尔市松坡区文井洞	10:00~21:30	8号线文井站1号出口，直走约10分钟后，在有"文井Rodeo Street"标志的十字路口右转进入胡同内
马里奥折扣商场	首尔市衿川区Digital路9路23号(加山洞60-52号)	周一至周四10:30~21:00, 周五至周日10:30~21:30	地铁1号线加山Digital团地站1号出口,7号线加山Digital团地站4号出口
乐天名牌折扣购物中心	首尔市龙山区乐天名牌折扣购物中心首尔站店	周一至周四11:00~21:00, 周五至周日11:00~22:00	地铁1号线首尔站下车，与乐天名牌折扣购物中心相连

韩国购物常用韩语

韩语	中文
공예품은 어디에서 팝니까?	➡ 工艺品在哪儿买？
저것이 좋군요，보여주시겠어요?	➡ 那个好，请给我看看好吗？
다른 걸 보여주세요?	➡ 请拿其他的看一看。
이런 종류로 흑색이 있나요?	➡ 有这种黑色的吗？
다른 스타일을 보여주세요?	➡ 给我看看别的样子，好吗？
더 큰 것이 있나요?	➡ 有大一点儿的吗？
견본을 보여주십시오.	➡ 请给我看一下样品。

F

娱：达人教你这样玩

1.汗蒸房内感受"酣畅淋漓"的滋味

汗蒸房是韩国独有的观光美容特色资源，内部是一间用石头砌成的房间，靠着红外线让室内达到高温。汗蒸房通过高温让人流汗，以将体内的废物排出、加速新陈代谢。人们在汗蒸房内通过流汗会达到美白皮肤、改善肤质、舒缓紧张情绪、减轻关节炎症状等多种效果。不过，有心脏病、高血压、低血压，以及喝酒的人不宜进入。

如今，汗蒸房内提供的设施愈来愈多，人们可以在那里上网、看电影、健身等。而在汗蒸房内吃一个烤熟的鸡蛋也成了一件流行的事。另外，汗蒸房内还有拔罐、按摩、搓背、足疗等其他项目，一般一整套下来，需要8万~10万韩元。

弘大乱打秀剧场

2.看一场滑稽的乱打秀

在韩国，乱打秀成为男女老少都喜爱的表演。乱打秀以韩国传统文化"四物游戏"为题材，用幽默诙谐的表演方式演绎厨房里发生的故事。乱打秀将各种厨房道具升华为乐器，既融合了传统韩国乐器的节奏，又有现代音乐的节拍。来到韩国，不看一场乱打秀不免有些遗憾。目前，乱打秀的专用剧场在首尔有3处：弘大剧场、贞洞剧场、明洞剧场。

首尔乱打秀剧场				
名称	地址	票价	交通	时间
弘大乱打秀剧场	首尔麻浦区西桥洞357-4 北合文化空间（Yellow Stone）地下2、3层	VIP席6万韩元，S席5万韩元，A席4万韩元	地铁2号线弘大入口站下车，9号口出往合井方向直走约350米	17:00~20:00
明洞乱打秀剧场	首尔市中区明洞2街50-14号 UNESCO建筑物3层	PREMIUM席7万韩元，VIP席6万韩元，S席5万韩元，A席4万韩元	地铁2号线乙支路入口站下5号或6号口出，往明洞大街方向走约200米；地铁4号线明洞站下6号口出，直走约200米	周一至周五、周日17:00、20:00，周六14:00、17:00、20:00
贞洞乱打秀剧场	首尔市中区贞洞22号京乡报社1层	VIP席6万韩元，S席5万韩元	地铁5号线西大门站下5号口出，往江北三星医院方向走约150米	17:00~20:00

3.感受滑雪的乐趣

如果冬天来韩国，一定要感受一下滑雪的乐趣。韩国有多个滑雪场，主要集中在冬季降雪量丰富的江原道地区和可利用周末时间游玩的首尔近郊一带。韩国的滑雪场拥有各种滑雪道和现代化便利设施，适合不同滑雪水准的游客。另外，韩国的滑雪场还设置了温泉和散步路等设施，让游客在滑雪后还可以尽情享受多种多样的娱乐活动。

韩国滑雪场一般以度假村的形式出现，住宿设施齐全，而且周围自然环境优美。在冬天的旺季（12月中旬至次年2月末），滑雪场度假村的住宿费会有所提高，房间预约也相对困难，所以游客最好提前预订。

韩国滑雪场度假村推荐			
名称	地址	电话	网址
龙平度假村滑雪场	江原道平昌郡大关岭面奥林匹克路 715 号（大关岭面）	033-3355757	www.yongpyong.co.kr
O2 度假村滑雪场	江原道太白市 Seohak 路 861 号	033-5807000	www.o2resort.com
Elysian 江村滑雪场	江原道春川市南山面北汉江边路 688 号（南山面）	033-2602000	www.elysian.co.kr
凤凰城滑雪场	江原道平昌郡蓬坪面绵温里 1095 号	15882828	www.pp.co.kr
木洞室内滑雪场	首尔市阳川区新亭 4 洞 995-2 号 城大厦地下 1 层	02-26999606	www.skigogo.com
思潮滑雪场	忠清北道忠州市水安堡面周井山路 197 号（水安堡面）	043-8460750	www.sajoresort.co.kr
熊城滑雪场	京畿道抱川郡内村面锦江路 2536 号街 27 号	031-5405000	www.bearstown.com

韩国娱乐常用日语

日语	中文
공연이 언제 시작할 거예요?	➡ 演出什么时候开始？
다음 경기는 언제 있습니까?	➡ 下一场大概在什么时候？
저에게 와인 한 잔 주세요.	➡ 请给我来一杯酒。
여기에 앉아도 되겠어요?	➡ 这个位子可以坐吗？
커피에 설탕 덜 넣어 주시겠어요?	➡ 咖啡里少放点糖可以吗？
스키판 빌리는 곳이 있습니까?	➡ 请问有滑雪板租吗？

知：韩国旅行必知的5大生活细节

1.酒店均不提供饮用开水

在韩国，酒店通常不会提供热开水供客人饮用。你只要一开水龙头，就可以直接生饮符合卫生饮用标准的自来水。不过，酒店内水龙头的热水是不能直接饮用的，若要用热开水，可以自己用热水壶烧。

2."化妆室"在哪里

韩国的厕所大部分都是免费的，男厕为"Sinsa Yong"，女厕为"Buin Yong"。在韩国旅行，如果找不到厕所需向韩国人询问时，一定要注意礼貌用词。直接用厕所二字询问是非常不礼貌的，正确的方法是问"化妆室"在哪里，这时，韩国人会很热情地给你指明。

3.宴请时准时赴约

韩国人宴请你前去家里吃饭时，都会跟你约定好相应的时间，一定要记得按约定时间准时前去。韩国人的时间观念比较强，他们希望你能准时赴约，但不是提前赴约。如果去早了，他们可能会因为还未准备好迎接你，而感到很尴尬；去迟了他们则会为你担心。所以，去韩国友人家做客不可迟到，也不可太早。

4.大多数服务可以不给小费

在韩国旅行，一般不需要支付小费，其服务费通常已经包括了小费，所以不用再另外支付小费。在得到别人帮助或服务后，你可以说声谢谢来表示你的感谢。不过，如果酒店的迎宾员或出租车司机为你搬运大件行李时，礼貌上应该给些小费。

5.进门前要脱鞋

韩国人讲究卫生，自己的住宅和餐馆内通常都会收拾得干干净净，不会留下任何污迹。因而，前往韩国人家里做客，或是前往餐馆就餐时，都需要在进门前脱鞋，并穿着袜子入内。需要注意，袜子应干净，不要有洞。

庆州雁鸭池

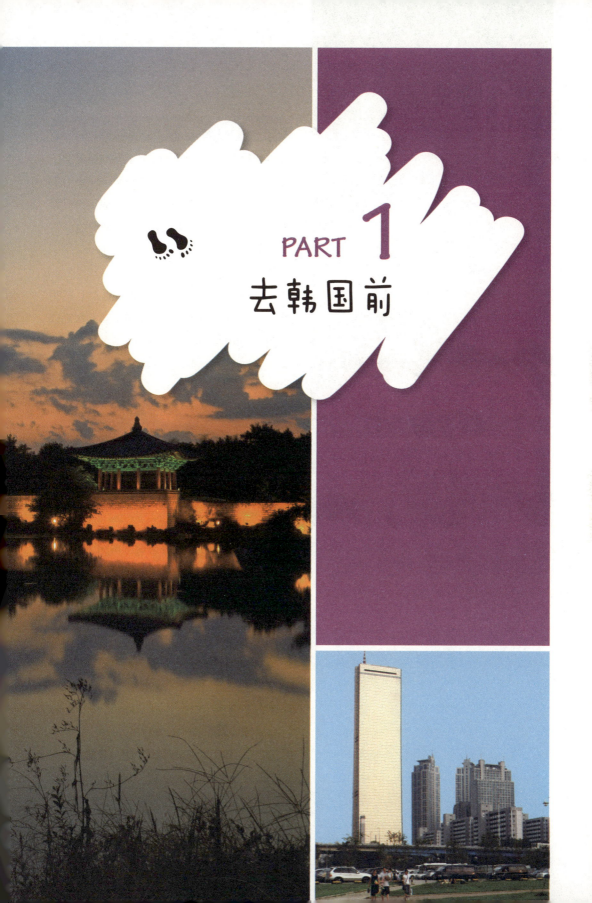

PART 1

去韩国前

1

韩国
零距离

📖 历史

　　韩国位于朝鲜半岛南半部。朝鲜半岛历史久远，其原始人类居住时间可追溯到几十万年前，走过人类共同成长的道路，历经石器时代、青铜器时代，公元前4世纪进入铁器时代。

·卫满朝鲜

　　公元前194年，燕人卫满建立"卫满朝鲜"，公元前109年，汉武帝在卫满朝鲜领域内设置了四郡。

·朝鲜三国时代

　　公元4世纪以后，北部高句丽、南部的新罗、百济鼎立，史称"朝鲜三国时代"，384年，佛教从高句丽传入百济，此后，由百济将汉字、佛教等文化传入日本。

·统一新罗时代

　　公元7世纪，新罗在唐朝的帮助下统一朝鲜半岛大同江以南，史称"统一新罗时代"。

·朝鲜后三国时期

　　9世纪末，各地农民起义，至10世纪初，后高句丽、后百济和原新罗并存，史称"朝鲜后三国时期"。

·高丽时代

　　公元918年，后高句丽大将王建推翻后高句丽统治，建立高丽，进入"高丽时代"，高丽政权维持了近500年的统治。"Korea"就是源自"高丽"的译音。

· 朝鲜王朝

1392年，高丽大将李成桂建立"朝鲜王朝"。这期间，朝鲜的经济、文化、军事、科技等方面得到发展。16世纪末和17世纪初，朝鲜王朝采取闭关锁国政策，19世纪后开始日益衰落。1895年《马关条约》之后，李氏朝鲜不再是清朝的藩属国。1895年，朝鲜明成皇后被日本人暗杀，史称"乙未事变"。

· 大韩帝国

1897年，高宗登基称帝，成立"大韩帝国"，并开展了光武改革。

· 日治时期

从1910年8月到1945年，日本统治朝鲜半岛。

· 成立大韩民国

1945年9月，第二次世界大战结束后，以"三八线（北纬38度线）"为界，三八线以南由美国军政厅统治。1948年8月15日成立大韩民国。

韩国成立后，经历了独裁统治的第一共和国、民主的第二共和国、军政府统治的第三共和国、总统任期终身制的第四共和国、规定总统单一任期的第五共和国、通过了第六共和国宪法的第六共和国，并于1997年实现首次政党轮替，改善了韩国与朝鲜的关系，2007年第二次政党轮替，到现在，是2012年上任的首位女性总统执政。

📖 文化

韩国文化在一定程度上受中国文化的影响，又具有鲜明的本民族特色，形成了自己独特的文化。

· 韩服

韩服是韩国的传统民族服装，韩服讲究曲线与直线的线条之美，女式韩服的短上衣和长裙都是上薄下厚，端庄娴雅。男式韩服则是裤子搭配短上衣、背心或马甲，与女装呼应。如今，大部分韩国人习惯穿着洋装西服，但在春节等节庆日或举行婚礼及重要仪式时，他们依然喜欢穿传统的韩服。

· 韩剧

韩剧的流行，让很多外国人对韩国有了更深的了解。很多人是通过韩剧去了解韩国人的生活理念、习惯甚至是文化，是我们了解韩国的一种途径。韩剧主要包括两种类型，古装剧和现代剧。其中，古装剧中的代表作

龙仁韩国民俗村的传统婚礼

品有《明成皇后》、《大长今》，通过这些历史题材，我们能从中看出韩国人性格中的坚韧；现代剧《我叫金三顺》、《黄手帕》、《人鱼小姐》、《巴黎恋人》则体现了韩国人的娱乐精神。韩剧可以说是韩国人生活理念、文化的一种传达。

· 宗教

　　韩国主要宗教为：基督教、天主教、佛教等。另外，萨满教是起源于中国东北民族的，韩国最古老最原始的宗教，如今在韩国已经没有多少教徒了，但受到萨满教影响的人还是会举行仪式来治病、祈祷等，像新房门前撒盐、新汽车轮胎前泼烧酒等都源于萨满教的仪式；韩国的佛教历史悠久，对韩国文化影响重大，韩国国内保存

有众多建筑物、雕塑、绘画等价值很高的佛教遗产，至今，韩国还有很多人常去参拜寺庙。韩国国内约 25% 的韩国人信仰基督教。

经济

　　韩国是"亚洲四小龙"之一，是全球"20国集团"成员之一，拥有着完善的市场经济制度。韩国的支柱产业是钢铁、汽车、造船、电子、纺织等。其中，船和汽车制造等行业更是享誉世界。

　　韩国的资讯科技产业多年来一直在业界有着很强的影响力。韩国除高速互联网服务闻名世界以外，内存、液晶显示器及等离子显示屏等平面显示装置、移动电话也都在世界市场占据着重要地位。另外，韩国还有着

巨大的家族式经营企业集团，例如三星、现代和 LG 等，这些企业影响着韩国经济。

地理

韩国位于朝鲜半岛南部，是北接朝鲜，东、西、南三面临海的一个岛国。韩国的领海与太平洋最西部的海域相交，东部是韩国东海，与日本隔海相望。

韩国有许多风景优美的山川，其国土的三分之二是山岳地带，但山都不高，济州岛的汉拿山是韩国的最高峰。韩国还拥有许多河流，其中最出名的当属汉江。

韩国拥有三千多座岛屿，其中大部分是无人岛。济州岛是韩国最大岛屿，位于朝鲜半岛南方约 85 千米的外海。韩国的其他主要岛屿包括巨济岛、珍岛、江华岛与南海岛等。

习俗

韩国有"礼仪之邦"的美誉，韩国人讲究礼貌，待客热情。在与人的交往中，十分注重礼仪修养。韩国更是一个尊重长者的国家，与长者见面时需鞠躬，与长者同坐时，需要坐姿端庄，与长者一同用餐，不可先动筷……除了这些长辈礼仪外，韩国还有很多礼仪习俗。在前往韩国前，了解韩国的习俗，对于我们在韩国旅游有很大的帮助。

·社交礼仪

在社交礼仪上，韩国一般不采用握手作为见面的礼节。握手时讲究使用双手，或是单独使用右手。在晚辈、下属与长辈、上级握手时，后者伸出手来之后，前者须先以右手握手，随手再将自己的左手轻置于后者的右手之上。在韩国，妇女不和男子握手，会以点头或是鞠躬作为常见礼仪。在称呼上，韩国人多使用敬语和尊称，很少会直接称呼对方的名字。

·民俗节日

韩国有四大传统节日，即春节（农历 1 月 1 日）、元宵节（农历 1 月 15 日）、端午节（农历 5 月 5 日）、中秋节（农历 8 月 15 日）。节日期间，韩国全国多数地方都开展民俗活动，代表性的活动有拔河、车战游戏、踩铜桥、跳园舞等。另外，这也是家人团聚，穿韩服，举行祭祖仪式的日子。

·习俗禁忌

韩国人忌讳的数字是"4"，因为其发音与"死"相同，韩国人认为不吉利。

逢年过节相互见面时，不能说不吉利的话，更不能生气、吵架。农历正月头三天不能倒垃圾、扫地，更不能杀鸡宰猪。寒食节忌生火。婚期忌单日。

忌到别人家里剪指甲。吃饭时忌戴帽子。接受物品均用双手，接受礼品不当面打开，不用国外烟作礼品。

与韩国人交流，应回避韩国国内政治与韩鲜关系、日本关系、男主人妻子等话题。

时差

韩国的时区是东九区，目前没有实行夏令时。中国使用的时区是东八区，因此韩国与中国的时差为 1 个小时。比如说北京时间是 8:00，韩国时间就已经是 9:00 了。

2

出发前的准备

🛄 护照

去韩国旅行，首先需要准备的证件就是护照。如果你没有护照或者所持护照有效期不满6个月，就必须去办理或者更换护照。根据最新的规定，全国现在共有43个城市的外地人可以携带本人有效身份证或户口簿在当地办理，其他城市的人则需要携带有效身份证或户口簿在本人户口所在地办理。可以就近办理护照的城市有：北京、天津、石家庄、太原、呼和浩特、沈阳、大连、长春、哈尔滨、上海、南京、杭州、宁波、合肥、福州、厦门、南昌、济南、青岛、郑州、武汉、长沙、广州、深圳、南宁、海口、重庆、成都、贵阳、昆明、西安、无锡、常州、苏州、温州、嘉兴、舟山、泉州、株洲、湘潭、珠海、东莞、佛山。

护照办理步骤：

1. 携带本人身份证或户口簿到户口所在地（可就近办理护照的43个城市除外）的县级或县级以上的派出所、公安分局出入境管理部门、北京市公安局出入境管理处或者参团旅行社领取护照办理申请表。

2. 填写申请表。

3. 提交申请表。携带本人身份证或者户口簿相应证件，填写完整的申请表原件，彩色照片一张（需在出入境管理处或者是他们指定的照相馆照相）。

4. 领取护照。公安局出入境管理处受理申请后，审批、制作和签发护照的时间是10～15个工作日。领取护照时，须携带本人身份证或者户口簿、领取护照回执和200元工本费。凡在回执上标明的取证日期3个月后没有领取证件的，公安局出入境管理处将予以销毁。

签证

办好护照后，接着便是办理签证了。非持有台湾地区、澳门特别行政区、香港特别行政区护照的中国游客，都必须持有韩国签证才能进入韩国。不过，持有中国大陆护照的游客可以申请免签证进入韩国济州岛游玩 30 天。

📷 旅游达人游玩攻略

办理韩国签证时，可以自己前往韩国驻中国领使馆办理，也可以由旅行社代办。中国公民个人旅游签证签发领事馆所在城市有北京、上海、青岛、沈阳、成都、广州、西安。由旅行社代办的游客，需将办签证的材料交给旅行社，签证签发日期及签证接收号码可以向旅行社确认，到签证签发日向代理旅行社确认签证结果即可。详细情况可以发送邮件至 *chinaconsul@mofat.go.kr* 或 *chinavisa@mofat.go.kr* 咨询。

需准备的材料

● **个人资料：** 适用于中国公民的签证申请表，本人有效护照及旧护照（原件），本人护照首页的复印件两份（含有本人信息，如名字、出生年月等），本人身份证复印证，最近6个月内的彩色护照照片(3.5cm X 4.5cm)；本人户口本整本复印件，个人所得税纳税证明或3个月以上社会保险缴纳证明。

● **签证费用：** 韩国旅游签证申请费用为210元。假如你是通过旅行社代办签证，还需缴纳300元以下（北京地区为200元）旅行社代理签证正常手续费。

● **资金证明：** 你可以提供你的在职证明（包括营业执照副本复印件）、最近6个月内信用卡或储蓄卡的交易记录和信用额度证明、能确认最近6个月内存取款情况的存折复印件。也可以提供社会保险加入证明（提交父母名下的财产证明时,需同时提交能够证明亲属关系的户口本或公安局出具的亲戚关系确认书等）。

● **工作或在读证明：** 需要提供本人所在工作单位的准假信，信上应写明你的职位和月薪，你的在职时间及公司提供的准假证明，还应写上公司签发准假信人员的姓名和联系电话。在校学生，则只需要提供在读证明就行。

游客申请前往韩国旅游的签证类别是 C–3，这属于纯观光签证，适用于计划前往韩国观光旅游的游客。这种签证通常允许在韩国停留 90 天。在韩国滞留时间超过 90 天的游客，必须在向领事馆申请签证之前，办理韩国法务部出入境管理事务所的签证颁发的许可证，或者在进入韩国 90 天之内，在各地出入境管理处完成外国人注册手续。

韩国驻中国使领馆信息			
名称	地址	电话	领事区域
驻中国大使馆	北京市朝阳区东方东路20号	010-85310700	北京市、天津市、河北省、山西省、内蒙古自治区、新疆维吾尔自治区、西藏自治区、青海省
驻青岛总领事馆	山东省青岛市崂山区香港东路101号	0532-88976001	山东省
驻上海总领事馆	上海市长宁区万山路60号	021-62955000	上海市、安徽省、江苏省、浙江省
驻广州总领事馆	广东省广州市海珠区赤岗领事馆区友邻三路18号	020-29192999	广东省、广西壮族自治区、海南省、福建省
驻沈阳总领事馆	辽宁省沈阳市和平区南13纬路37号	024-23853388	辽宁省、黑龙江省、吉林省
驻成都总领事馆	四川省成都市下南大街6号天府绿洲19楼	028-86165800	重庆市、四川省、云南省、贵州省
驻西安总领事馆	陕西省西安市高新技术产业开发区科技路33号高新国际商务中心19层	029-88351001	陕西省、甘肃省、宁夏回族自治区

💼 费用

在韩国旅游，所需费用相对于其他发达国家来说较为便宜。在出发前做好大致的规划，对你的出行会有很大的帮助。韩国的首尔、釜山、济州岛等大城市及著名旅游景点消费相对会高一些，如果你的资金并不是很充足，那么在出行之前就必须做好各种花销的预算。外出旅行的主要花费有交通费、餐饮费、住宿费、观光费等。

交通费用

在韩国旅行，交通花费通常是比较少的。韩国的交通非常发达，大部分城市或重要景点周围都有地铁相连，有的城市和重要景点还可以直接租用自行车游玩。另外，在韩国打出租车也是很便宜的。通常一天下来，交通费用在3万韩元左右，节省点用的话需要花费1万到2万韩元。

餐饮费用

在韩国就餐，花销一般不是特别高，小吃非常多，也比较便宜，所以一天下来你根本花不了多少钱。如果你吃较为简单的食物，一天消费在10 000～15 000韩元，中等水平的在15 000～30 000韩元，高等水平的在50 000～100 000韩元。

住宿费用

在韩国旅行，住宿费用算是比较高的。韩国三星级左右的宾馆一晚需要50 000～100 000韩元，四星级、五星级、超五星级的一般都在150 000韩元以上。通常情况下，在韩国旅行建议选择青年旅舍、经济型酒店、汽车旅馆等住宿点，这样一天下来也就花费30 000～50 000韩元。

观光费

韩国的观光费用相对是比较少的花费，景点收费一般在1000～3000韩元。如果，一天下来你游玩1～4个景点的话，花费大概在8000韩元以下。

其他费用

在韩国旅行，娱乐费用与购物消费是不可不算的。韩国一张电影票一般在9000韩元，更多的花费一般在购买纪念品、土特产、奢侈品等方面，这些都是消费比较高的，所以一定要规划好自己购物所用的钱。

🧳 机票

去韩国旅行前，提前预订好机票是非常必要的，一般以提前一个月预订机票为好。前往韩国旅游时，建议尽量选择淡季前往，这样机票价格会优惠很多。从中国飞往韩国的飞机飞行时间一般在2小时左右，而且大部分都是直达航班。预订机票时，建议从全球低价航空公司官网 www.attitudetravel.com 中，搜索到韩国的低价航空公司的航线和特惠信息；或者在 e龙网（www.elong.com）或携程网（www.ctrip.com）查询机票的打折信息并预订。

航空公司网站推荐

名称	网址
中国南方航空	www.csair.com
亚洲航空	www.yahang.org
大韩航空	www.koreanair.com
中国国际航空	www.airchina.com.cn

廉价航空公司推荐

名称	搭乘点
济州航空公司	济州国际机场、金浦国际机场
釜山航空公司	金海国际机场
Jin air航空公司	济州国际机场
Eastarjet航空公司	清州国际机场
TWay航空公司	金浦国际机场、仁川国际机场、济州国际机场

🧳 行李

在做好行程规划后，就该着手准备行李了。建议提早一周的时间准备行李，这样可以在出发前不断地补充遗忘行李。

证件

护照、身份证、签证、证件复印件，以及2寸证件照数张。

衣物类

韩国四季分明。在4月至6月春季期间，需带一些保暖并防雨的衣物。在6月下旬至8月底夏季期间，需要带一些比较单薄的衣物。在9月至11月秋季期间，带上长袖和薄外套即可。在12月至次年3月冬季期间，需带好防寒、保暖的衣物。此外，打算在韩国泡温泉、游泳的话，需要携带泳衣、泳帽、泳镜、游泳圈、浴袍等。另外，在韩国旅行特别需要注意的是，一定要记得带上完好无损的袜子。

日常生活用品

韩国的酒店一般不提供一次性的毛巾、牙刷、牙膏、洗发液等日常生活用品，需要自备。

药物类

去国外旅游，因饮食的原因，最可能生的病就是肠胃病，所以一定要准备些肠胃药、腹泻药、止痛药。另外，也可带些感冒药、晕车药、消炎药等。如果有慢性病的，就要在国内带足药，并记得携带英文的诊断书，万一有事，当地的医生就可以尽快做出判断。不过，最好携带盒装或袋装药品，机场内不允许携带瓶装药品。

其他物品

韩国不流通人民币，因此在出国前应先在国内银行兑换一小部分韩元带在身上，然后在进入韩国后，再在韩国机场、银行或"两替所"兑换；韩国的大部分购物点都可以用银联卡直接刷卡消费。另外，相机、摄像机、电池、充电器等物品也需携带。

📞 电话

韩国的公用电话一般设在酒店、繁华街道、巴士客运站附近、地铁站或其他交通机关等地方。这些公用电话不仅能拨打市内和市外的电话，还可以打国际电话。韩国的公用电话机有投币式电话机和电话卡专用机两种。其中，投币式电话机是与兼备通话功能的信用卡通用的复合型电话机。电话卡专用机需要购买电话卡才能拨打，可以在设有公用电话附近的便利店、

商店购买，分别有3000、5000、10 000韩元3种。

在韩国国内使用公用电话市内通话时，费用为3分钟70韩元。使用公用电话市外通话时，收费分时段计价：8:00 ～ 21:00为43秒70韩元，00:00 ～ 8:00、21:00 ～ 24:00为61秒70韩元。

国际电话

从韩国打到中国

拨打固定电话：先按国际接入号008+ 中国国家代码86+ 除0的区号 + 电话号。如拨打北京（区号010）座机号：12345678，方法为：008861012345678。

拨打手机：先按国际接入号00365+ 中国国家代码86+ 手机号。如拨打北京长途电话，方法为003658612341234123。

从中国打到韩国

拨打固定电话：国际字冠00+ 韩国国家代

首尔02
仁川032
江原道033
京畿道031
忠清北道043
忠清南道041
庆尚北道054
大田042
大邱053
全罗北道063
蔚山052
庆尚南道055
光州062
釜山051
金罗南道061
济州道064

韩国电话区号图

码 82+ 除 0 的区号 + 电话号，如拨打首尔长途电话，方法为 0082212345678。

拨打手机：国际字冠 00+ 国家代码 82+ 除 0 的手机号，如拨打手机号 01912345678，方法为 00821912345678。

🧳 保险

前往韩国旅游，建议事先在中国国内投保一份保险。是否决定购买旅游保险，在很大程度上决定着你出行旅游的成败与否。旅行中，无论是自身财物被盗，还是遭遇交通事故，都会给你的旅行带来严重的影响。所以，购买一份包括意外和紧急救援医疗双重保障的境外旅行险还是十分有必要的。

购买保险时，应查看保单的覆盖范围是否包含意外事故、遗失和被盗物品、身心健康等各种问题。如果你打算在旅游时游泳，或是到偏远地区时，就一定要事先仔细检查保单中是否包含这些活动，没有的话就要慎重考虑自己是否要参加这些活动。同时，你在购买保险时，还应根据自己的旅游行程，充分考虑好购买保险的保障期限，再来确定相应的保额和天数进行投保。还有就是一定要看清楚保单上的责任免除条款，了解清楚保险公司将不承担哪些赔偿责任。

办好保险后，建议游客在旅途中随身携带旅游保险单的详细资料和保险公司的紧急联系电话。

韩国春川市南怡岛

3

入境
那些事

🎫 入境检查

　　旅客抵达韩国机场后，入境审查人员会让旅客提交入国申告书、护照，并让年满17周岁的人在全国机场入境审查台处提供指纹和面部信息，之后才可进入韩国。

　　在进入海关检查点后，需向海关人员提交旅客携带物品申报单，并进行行李检查。海关人员在查看旅客携带物品申报单时，会对酒类1瓶（1000毫升以下，境外购入价格400美元以下）、香烟200支（雪茄50支，其他250克）、香水约56克实行免税制度。需要注意的是，未满19周岁的人禁止携带酒类和香烟进入韩国。另外，每名旅客的个人携带物品在400美元以内可以免税，400美元以外则需另行交税。

🧳 行李提取

　　旅客在入境审查台处接受完入境审查人员的检查后，可到行李提取处提取行李。在提取行李时，一定要认真核对自己行李上所做的标记，以免拿错。如果在提取行李时，因特殊情况无法找到自己的行李，不用着急，可以直接前往行李遗失柜台申告。此外，一定要注意的是，在过海关时，不要给任何人拿东西，以免在接受检查时，发现你所携带的行李有违禁物品，那就麻烦了。

　　领取完行李后，应将行李送到行李检测区

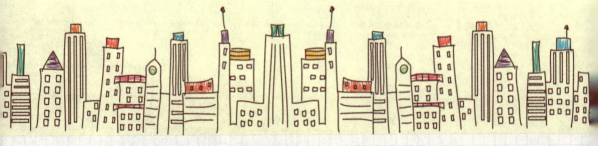

进行检测。韩国的行李检查十分严格，海关人员会检查你是否携带有韩国海关法中禁止携带的武器、毒品、伤风败俗的书籍、面临绝种危机的野生动植物进入。同时，植物、水果、蔬菜类、农林产物动物（包括肉、皮、毛）等都是限制携带的。此外，携带有 10 000 美元以上的钱款，须向海关人员申报。

🛍 下榻酒店

韩国的主要城市和大型旅游景点，都会有各种酒店。如果，你在到达韩国后，打算直接入住酒店，可以先到当地旅游局了解相关信息，也可让相关人员帮你寻找适合的酒店。

韩国的酒店有二星级至五星级等多种选择，价格也有差异。韩国的三星级双人间价格一般在每晚 50 000 ～ 100 000 韩元，设施比较齐全。想要住得更为舒适的话，可以选择三星级或三星级以上的酒店。

在选择下榻酒店时，最好能根据自己的预算来搭配酒店，以免超过预算范围。同时，选择酒店时，还应考虑酒店的位置是否交通方便。交通方便的酒店，既可以为你节省很多交通费用，又能节减往返时间。

韩国的酒店入住时间一般为 14:00，退房时间为中午 12:00 前，超时需加收费用。注意，有的酒店入住和退房时间可能会不一样。酒店中一般都会提供免费和收费电视、免费上网、收费电话等设施，观看收费电视和打收费电话前，最好先跟酒店服务人员了解收费情况。

酒店预订网站推荐

网址	特色
www.agoda.com	➡ 可以了解韩国各城市的酒店和具体收费标准
www.lonelyplanet.com	➡ 可预定在首尔的住宿，还可以阅读荆棘树网站上的最新韩国旅游攻略
www.hotelscombined.com	➡ 可以按人数预订酒店房间的网站

广安里大桥

仁川国际机场

PART **2**

到达韩国后

1 在韩国的游玩计划

景福宫 → 水原华城博物馆

景福宫

1 景福宫-昌德宫

一家人来到位于首尔市的景福宫中，漫步于韩国的王家庭院内，近距离观赏一下那些韩国古装电视剧中出现过的王室建筑，感受一下韩国景福宫与中国故宫的不同，美好的时光悄然滑走。接下来可以前往景福宫东门的昌德宫参观。

2 水原华城博物馆

一家人可以前往京畿道水原市的水原华城博物馆游玩。通过参观馆内的陈列物品，可了解水原华城的发展进程，可让孩子在参加馆内常设体验室中的教育活动的同时增长知识。晚上，一家人可以参观水原华城行宫，体会行宫夜色下的别样景致。

昌德宫

→ 爱宝乐园　→ 庆州泰迪熊博物馆　→ 城山日出峰

爱宝乐园

3 爱宝乐园

爱宝乐园位于京畿道龙仁市，是鲜花的海洋，也是欢乐的天堂。园内有动物园、游乐山、雪橇场、植物园等游玩景点，娱乐项目丰富多彩，不仅是孩子，就连大人也能在这里收获最大的欢乐。

4 庆州泰迪熊博物馆

庆州泰迪熊博物馆位于庆州普门旅游区内，是一个能使孩子增长知识，得到欢乐的地方。在这里，孩子们可以看到众多造型独特的泰迪熊，还有专门给孩子们准备的恐龙世界探险、海底探险、新罗时代时光之旅等娱乐项目。

泰迪熊博物馆

5 城山日出峰

一家人可以来到济州道西归浦市的城山日出峰中，早早起来，静静地坐在青翠的山顶上，一边享受徐徐海风带来的凉爽，一边等待那红色的朝阳从海岸水平线上缓缓升起，直至染红整片海洋。看完日出，一家人还可以在山间闲逛，或在草坪上散步、骑马。

情侣族的游玩线路

南山公园 → 南怡岛

南山公园

1 南山公园

恋人来到首尔，风景优美的南山公园自然是你们的首选游玩地。白天，两人可以乘坐缆车欣赏公园内的景致，可以在八角亭欣赏首尔美景，也可以在海洋水族馆中与海洋动物近距离接触。晚上则可以前往 N 首尔塔中看电影、品美食。

2 南怡岛

南怡岛位于京畿道加平郡，是《冬季恋歌》等多部电视剧的拍摄地。南怡岛上有动物园、植物园、游船、旅馆等设施，是年轻恋人们的休假胜地。来到这里，可以和恋人乘水上摩托艇嬉水，还可以在丛林中牵手漫步。

南怡岛

大关岭三养牧场 → 大明度假村维瓦尔第公园 → 花津浦海水浴场

3 大关岭三养牧场

大关岭三养牧场位于江原道平昌郡境内，牧场内有碧绿的草原，群群白羊悠闲地吃着青草，在这样的美景之中，每个人的内心会不自觉地轻松起来。牵上另一半的手，登上牧场顶峰的观景台，五台山国立公园的众山峰都能尽收眼底。此时此刻，苍茫的绿海中，这份幸福只属于你们。

大关岭三养牧场

4 大明度假村维瓦尔第公园

大明度假村维瓦尔第公园位于江原道洪川郡境内，是一个充满欢乐的公园。惊险刺激的维瓦尔第公园水世界、温暖舒适的沙滩阳光浴、热气腾腾的温泉，这些都能使恋人们收获甜蜜和欢乐。

大明度假村维瓦尔第公园 温泉

5 花津浦海水浴场

两人可以前往江原道高城郡县内的花津浦海水浴场尽情玩水。这里曾是著名的韩剧《蓝色生死恋》的最后一个外景拍摄地，你们可以在纯净透明的天空、清净的海水、柔软的细沙中尽情游乐。随后，你们可以携手到浴场周围的名人别墅、松林中游玩。

花津浦海水浴场

背包族的游玩线路

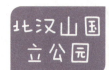 →

1 北汉山国立公园

来到韩国，四季皆秀美的北汉山国立公园是背包客的理想旅游之地。来到这里，可以在青山掩映、溪水潺潺、怪石嶙峋的山峦中漫步，还可以在遍布于山峦的名胜古迹中游览，让自己全身心投入到大自然之中，体会山、水、石、古迹中的独特韵味。

庆州国立公园雁鸭池

2 庆州国立公园

庆州国立公园位于庆尚北道庆州市内，是一处史迹型国立公园。背包客来到这里，可以攀登风景优美的南山，可以在山顶欣赏庆州市美景，还可以游览石窟庵、佛国寺、瞻星台等古迹。

3 智异山国立公园

背包客可以来到庆尚南道山清郡的智异山国立公园游玩。公园中秀美的山势、茂密的原始森林、神秘的山中名刹，都令人感到欣喜。到了晚上，一个可以欣赏美丽夜景的露营地定会让你欢喜不已。

4 汉拿山国立公园

　　背包客可以前往位于济州（又叫济州道，以济州岛为主）中央的汉拿山国立公园游玩，据说站在山顶便能触摸到遥远的银河。汉拿山上有众多小火山，当你攀登山峰时，能感觉到温、热、凉、冷四种不同的温度，山上迷人的景致更能让你产生置身"世外桃源"般的独特感受。

5 牛岛

　　韩国济州东端有一座被碧蓝的海水环绕着的小岛——牛岛，这里是背包客喜爱之地。牛岛环境优美，十分适合休闲、旅游。来到这里，白天骑上自行车、携一根鱼竿、拿一瓶矿泉水，边骑边玩，边钓边喝。晚上可以在民宿里面借宿一夜。

汉拿山

2

韩国名片上的10大风景

景福宫

景福宫是韩国封建社会后期的政治中心，六百余年来，景福宫历经多次毁坏、重建，时至今日依然保持着王朝时代高贵典雅的格调，依然不改其"王者风范"。

昌庆宫

昌庆宫是韩国五大古宫之一，是李氏王朝的别宫，由世宗主持修建。昌庆宫以明正殿为主，有包括明正殿长廊、风旗台、观天台等建筑在内的众多国家级保护文物。其中，弘化门与正殿明正殿至今依然显示出当时建筑艺术崇尚华美的风格。

德寿宫

德寿宫原是月山大君的私邸，后改为成宗的正宫。德寿宫是"朝日合邦"的历史舞台，以宫内保存有代表韩国最早西洋式建筑的石造殿和自击漏（水钟）而闻名于世。来到这里，不仅可以观赏德寿宫内部壮观的景致，还能体验传统的民族娱乐活动，观看宫廷舞蹈。

洛山寺

洛山寺是一座建于滨海地区的古刹，由新罗高僧义湘大师创建。寺内古松苍郁，是"关东八景"之一。此外，寺内还保存有七层石塔、拱形石门——虹霞门等古建筑，虽满是岁月痕迹，但壮观未减。

景福宫

定林寺遗址

定林寺遗址位于扶馀市郊，遗址内有韩国第八号国宝——定林寺五层石塔。塔高 8.33 米，由花岗岩雕琢而成，是韩国石塔的始祖之一。附近还有一座高丽时代的石佛坐像，每当黄昏日落时分，夕阳余晖投射到石像上，异常美丽，有着"百济塔夕照"的美称。

五台山国立公园

五台山国立公园是韩国著名的国家公园，主要以毗卢峰为中心，周围四峰合成如一朵盛开的荷花。公园入口处有一座新罗时代的古刹月精寺，其内部有九层石塔、劝善门、石造菩萨坐像。此外，深山中还藏着寂灭宝宫。

五台山国立公园

瞻星台

瞻星台

瞻星台是庆州市最古老的天文建筑物，其台子由数百块石块堆砌而成，底部有一扇正方形的门，门的下方还遗留着放置梯子的痕迹。曾经人们通过在此观测星空，来测定春分、秋分、冬至、夏至等24节气。

石窟庵

石窟庵佛国寺

石窟庵修建历史悠久，是韩国的著名古迹。石窟庵里有一座动人心魂的释迦牟尼像，堪称"佛教美术史上伟大杰作"。周围还有神仙、菩萨、信徒的肖像，雕刻精美，十分吸引力人。

通度寺

通度寺

通度寺珍藏着韩国"三宝"之首的佛宝，是韩国真正的"佛之宗刹，国之大刹"。寺内没有佛像，只有大雄殿后边的金刚戒坛里供奉着的佛祖舍利。此外，寺内还有着极其精美的石造浮雕。

汉拿山

汉拿山是韩国最著名的山峰之一，巍然耸立于济州岛中央。山上的美景会随着季节的变化而变化，只是那洁白的积雪、流传着神秘传说的白鹿潭、种类繁多的动、植物，却是汉拿山一成不变的天然美景。

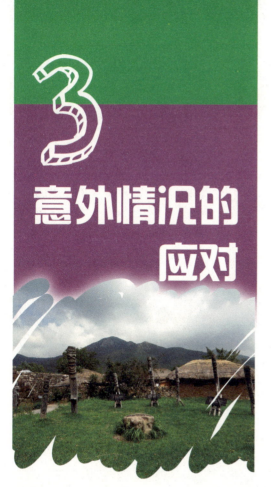

3 意外情况的应对

🛅 证件丢失了怎么办

如果护照丢失了，就要立即向当地警察局报案。警察会将丢失的证件号码进行记录，然后给你一个报案号码的小卡片，来表示你的护照遗失。在领取卡片后，可以前往当地的中国驻韩国大使馆补办证件。

🛅 生病了如何求诊

在韩国生病后，如果只是轻微的感冒、腹泻等小问题，可以按说明吃点自己随身携带的药物。如果感觉身体特别不舒服，首先应该求助于住宿点的工作人员，要他们帮忙联系医生或者带你去就近的医院就医。如果是在旅途中感觉不舒服的话，应该让身边的人叫救护车或者前往就近的医院。

中国驻韩国使领馆

名称	地址	电话	网址	办公时间
中国驻韩国大使馆	首尔特别市中区南山洞2路27号	02-7567300	www.chinaemb.or.kr	周一至周五9:00~12:00，13:30~17:30
中国驻釜山总领事馆	釜山广域市海云台区海边路47号（釜山广域市海云台区佑2洞1418番地）	051-7437990	busan.china-consulate.org	周一至周五9:30~11:30
中国驻光州总领事馆	光州广域市南区月山洞919-6番地503-230号	062-3688688	gwangju.china-consulate.org	周一至周五9:30~11:30，13:30~17:30

去日本 去韩国
终极实用版

韩国医院与紧急联络处信息

名称	地址	外语服务	联络电话
仁川国际机场医疗中心	仁川机场地下1楼	汉语、英语、日语	032–7432600
Severance医院	首尔新村	英语	02–22288888
峨山中央医院（Asan Medical Center）	首尔松坡区风纳洞388–1号	英语	02–30103114
三星医院（Samsung Medical Center）	首尔江南区逸院洞50号	英语	02–34102114
仁荷国际医疗中心	仁川市中区云西洞 2850–13号	英语	032–2061888
富民医院	釜山市北区德川1洞380–4号	英语	051–3303078
岭南大学医院	大邱市南区显忠路170	英语	053–6204412

要记住的紧急电话

名称	电话号码
报警	112
火警	119
急救电话/医院情报管理	1339
紧急处理电话	129
免费翻译服务	15885644
国际电话号码查询	00794
当地电话号码查询	114
交通信息	1333
观光介绍电话服务	1330
出入境管理处	1345
天气预报	131
法律咨询热线	132
受害消费者咨询	1399
旅游投诉中心	02–7350101

乐天世界

北村韩屋村

PART **3**

首尔→仁川→
京畿道

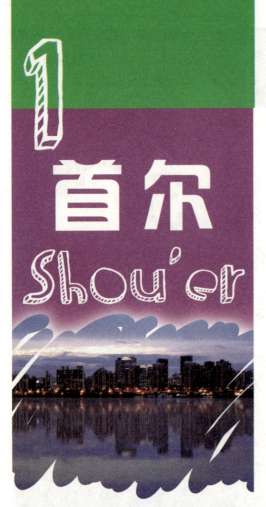

1

首尔

Shou'er

首尔交通

从机场前往市区

首尔附近有两座机场，一座为仁川国际机场，一座为金浦机场。其中，仁川国际机场主要用来停靠国际航班，而金浦机场则主要是停靠韩国国内航班。

仁川国际机场

仁川国际机场是韩国最大的民用机场，中国深圳、北京、上海等城市飞往韩国的班机，大多数是降落在这里。目前，该机场的国内航班主要飞往大邱、釜山和济州三个城市。

从仁川国际机场进入市区的主要交通工具有机场巴士、出租车、机场轻轨三种。

仁川国际机场信息			
名称	地址	电话	网址
仁川国际机场	首尔市中区仁川机场路272号	02-15772600	www.airport.kr

仁川国际机场咨询服务中心信息				
名称	地址	服务类型	营业时间	电话
机场咨询中心	1层 –A与F柜台之间各一处 3层 – 机场中央以及C与K柜台旁	提供英语、日语、汉语等外语咨询服务	24小时（深夜乘客需在C柜台旁咨询）	02-15772600
旅游咨询	旅客客运站（1层）B与C柜台之间，D与E柜台之间	提供印有英语、日语、汉语、德语等旅游宣传手册	7:00~22:00	032-7433270

机场巴士

　　机场巴士有机场大巴、深夜大巴两种。机场
巴士在航站楼内外均设有售票点，同时给旅客提
供买票咨询服务。其中，内部售票点设在航站楼
一层（到达层）9号出口旁，外部售票点设在4
号、6号、7号、8号、11号、13号出口旁。另
外，在乘坐机场巴士时，乘客除在客流高峰期想

漂浮岛

有座位或需索取收据的情况下，需要前往售票处购票外，其余情况可以直接上车购票。

机场大巴（首班车时间5:30左右，末班车时间23:00左右）					
路线号码	候车站牌	终点站	主要停靠站点	票价（韩元）	发车间隔（分钟）
6103	4A、10B	COEX	直达	15 000	20~25
6001	6A、12B	明洞	金浦机场、龙山、首尔站、南大门市场、东大门塔酒店	14 000	20~30
6003	6A、12B	首尔大学	金浦机场、木洞站、九老站、大林站、新林站、首尔大学入口	9000	12~20
6015	3B、10A	金浦机场	直达	7000	10~20
6014	6A、12B	光明市	金浦机场、开峰站、铁山站、光明高铁	9000	30~40
6016	6B、13A	南部客运站	总神大入口、舍堂站、方备站、瑞草十字路口、首尔教大	10 000	30
6009	5A、11B	逸院站	新沙站、新论岘站、江南站、良才站、鹤滩站、开浦洞	15 000	15~20
6705	4B、11A	华克山庄酒店	乐天世界、东首尔客运站	15 000	30
6010	5A、11B	清潭站	狎鸥亭站、江南区厅站、Prima酒店、Riviera酒店	15 000	10~15
6100	3B、10A	忘忧站	金浦机场、贞陵、同德女人、泰陵入口、中和站、上凤站	14 000	10~20
龙山/首尔站	6B、13A	首尔站	龙山站	15 000	10~15
6102	3B、10A	下溪站	水落山站、马德路站、芦原站、中溪站AAA	15 000	15~25
6002	5B、12A	新设洞站	合井站、西桥酒店、新村站、梨大站、仲正路站、光化门站、东大门站、新设洞站、清凉里站、首尔市立大学站	10 000	12~15

深夜大巴（机场巴士公司）				
终点站	到达时间	乘车地点	发车时间	票价（韩元）
首尔火车站	1:10	一层5A	0:00	10 000
首尔火车站	5:00	一层5A	3:50	10 000
江南高速长途车站	次日2:30	一层5A	1:20	10 000
永登浦站	3:50	一层5A	2:40	10 000

出租车

出租车主要有普通、模范、大型出租车（9人乘）三种类型，乘客可在航站楼一层（到达层），4D~8C号乘车站等候出租车。其中，普通出租车前往首尔和京畿道的起步价为3000韩元，前往仁川为2400韩元；模范出租车的起步价为5000韩元；大型出租车的起步价为5000韩元。另外，普通出租车在24:00~4:00会加收20%的费用，大型和模范出租车则没有。

📷 旅游达人游玩攻略

1. 首尔现在大部分出租车都能用T-money首尔公交卡和信用卡付费，这种车的车顶会有标识，该车的刷卡器具放在前排座椅中间，乘客主动刷卡即可，需要乘车小票的乘客需主动向司机索要。

2. 首尔仁川国际机场航站楼一楼4D号乘车站还有一种为方便外国游客设置的出租车，车上的司机会讲英语、汉语等外语。这种车车身和车顶都标有"International TAXI"字样，起步价比普通出租车略高，2880韩元/2千米。不过，这种车子最好提前上网或电话预订。预约网址为：www.intltaxi.co.kr；预约电话为：82-16442255。

机场轻轨

机场轻轨有1、4号线，可以进入首尔中心的首尔地铁站搭乘这种轻轨。该车次的快轨直通车到达首尔站只需43分钟，普通车则需53分钟。乘坐该车可使用T-money首尔公交卡，也可以在地铁站购买一次性车票（内含500韩元押金）或直通车车票。乘车地点为仁川国际机场交通中心地下一层（航站楼地下一层有与交通中心地下一层的衔接通道）。

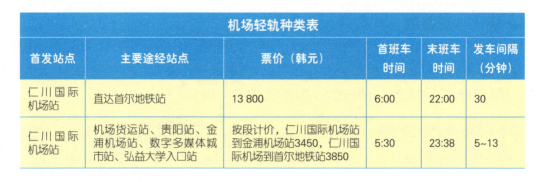

机场轻轨种类表					
首发站点	主要途经站点	票价（韩元）	首班车时间	末班车时间	发车间隔（分钟）
仁川国际机场站	直达首尔地铁站	13 800	6:00	22:00	30
仁川国际机场站	机场货运站、贵阳站、金浦机场站、数字多媒体城市站、弘益大学入口站	按段计价，仁川国际机场站到金浦机场站3450，仁川国际机场到首尔地铁站3850	5:30	23:38	5~13

金浦机场

金浦机场是以停靠国内各大城市的航班为主、停靠部分国际航班（东京、大阪、北京、上海等城市的航班）为辅的机场。

金浦机场信息			
名称	地址	电话	网址
金浦机场	首尔江西区空港洞天路100号	02-26602114	www.airport.co.kr

金浦机场咨询服务中心信息				
名称	地址	服务类型	营业时间	电话
机场咨询中心	1、2层（中央）	提供英语、日语、汉语等外语咨询服务	1层6:00~23:00，2层6:00~20:30	02-26602114
首尔市旅游咨询中心	1层5号门旁	提供印有英语、日语、汉语的旅游宣传册	09:00~21:00	02-37079465

达到金浦机场的中国航班	
城市名称	航空公司名称
北京	韩亚、大韩、国际、南方
上海（虹桥）	韩亚、大韩、东方、上海

从金浦机场进入市区的主要交通工具有机场大巴、普通公交车、地铁及机场轻轨三种。

机场大巴：乘坐 6000、6001、6014、6003、6007、6008 路可到市区

普通公交车：乘 601、605、642、651、6629、6712、6641、6632 路普通公交车可到市区

地铁：在金浦机场站乘地铁 5、9 号线及机场轻轨可到达市区

🚌 乘地铁玩首尔

首尔地铁四通八达，是首尔市内游玩最为方便的交通工具。首尔地铁共设有9条线路，分别为1、2、3、4、5、6、7、8、9号线。这9条线与盆唐线、新盆唐线、国铁中央线、机场线、仁川地铁1号线、京义线、京春线相连，构成了首尔地铁交通网。

首尔地铁运行线路信息		
名称	**首末车站点**	**主要站点及周边景点**
1号线	逍遥山—仁川/光明、新昌	首尔站、市厅站（首尔广场、德寿宫、光华门广场）、中路站、钟路3街站（昌德宫）
2号线	喜鹊山—新道林/新设洞	弘大入口站、新村站、梨大站、市厅站（德寿宫、首尔广场、光华门广场）、乙支路入口站、蚕室站（乐天世界）、三成站、江南站
3号线	大化—梧琴	新沙站（林荫大道）、狎鸥亭站（狎鸥亭洞）、高速巴士客运站、安国站（仁寺洞、云岘宫、北村、昌德宫）、景福宫站（景福宫、青瓦台）
4号线	堂岭—乌尔岛	惠化站（昌庆宫、成均馆大学）、忠武路站（南山谷韩屋村、韩国之家）、东大门站、明洞站、会贤站（南大门市场、南山公园）、首尔站达大公园站（首尔动物园）、赛马公园站（赛马公园）
5号线	傍花—马川/上一洞	金浦机场站、女矣渡口站（63大厦）、光化门站（光化门广场）、钟路3街站（昌德宫）
6号线	烽火山—应岩	世界杯足球场站、梨泰院站、高丽大学站
7号线	长岩—掘浦川	儿童大公园站、清潭站（清潭洞名品街）
8号线	牡丹—岩寺	文井站（服装Outlets）、可乐市场站
9号线	开花—新论岘	仙游岛站（仙游岛公园）、国会议事堂、高速巴士客运站
盆唐线	宝亭站—水原/首尔森林	十里站、网浦站
新盆唐线	亭子站—江南	江南站、良才站、亭子站
国铁中央线	德沼站—龙山	龙山站、德沼站
机场线	仁川国际机场—首尔站	仁川国际机场、首尔站
仁川都市地铁1号线	贵阳—国际业务园区	仁川市厅站、仁川巴士客运站、仁川大学站
京义线	首尔站—汶山	开城站、平壤站、新安州站、新义州站
京春线	上凤站—春川	上凤站、春川站

运营时间及票务信息		
运营时间	**票价**	**购票**
周一至周五5:30~次日0:30；周六、日和公休日5:30~23:30	10千米内为1150韩元，使用交通卡可减少100韩元；超过10千米，不到40千米，每5千米追加100韩元；超过40千米，每10千米追加100韩元	可使用T-money首尔公交卡、Seoul City Pass卡或购买一次性乘客卡

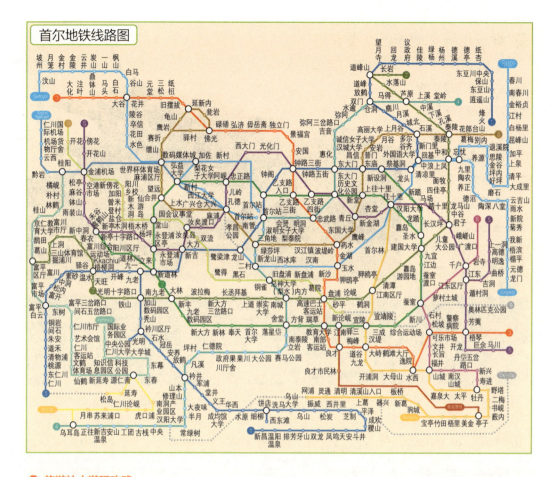

首尔地铁线路图

📷 旅游达人游玩攻略

1. 乘客在乘坐地铁时，如不慎丢失行李，可以立刻前往地铁遗失物品中心办公室进行登记，也可以在首尔地铁网页的遗失物品中心查看（走出车站后才发现遗失物品的情况下）。地铁遗失物品中心车站办公室接待时间：周一至周五 7:00~22:00；周六、日或公休日及接待时间以外，请向遗失物品中心所在车站的办公室咨询。首尔地铁网网址：www.seoulmetro.co.kr。

2. 首尔地铁站的站名为韩文、英文、中文三种语言并行的标识，乘客可以轻松识别，并且首尔地铁的每个站都设有"专属码"。"专属码"的第一个数字代表第几号线，后两个数字代表第几个站。例如：235，表示 2 号线中的第 35 个地铁站。

3. 乘客在乘坐地铁时，一定要注意分辨上下行方向。如走错了方向，需要出站后，再从反方向进站。从反方向进站时，在闸口的求助门上按"HELP"键，并向工作人员用英文或手语示意走错了方向，工作人员一般都会放行。

4. 乘客在首都圈内乘坐地铁时，可以在站内设置的 1 次性交通卡销售、交通卡充值机上购买 1 次性交通卡。这种卡的基本费用是 1150 韩元，另外还需加收 500 韩元的保证金。在乘完地铁后，可以在保证金返还机上取回保证金。

去日本 去韩国
终极实用版

乘首尔城市观光巴士游首尔

首尔城市观光巴士是游客游览首尔景点最方便的交通工具。该车主要循环行驶于首尔的主要热门景点中，乘客只要购买一张车票便能在一天之内游遍各大景点。该巴士分为传统市场路线、市区路线两种。

首尔城市观光巴士

首尔城市观光巴士信息

类别 \ 线路	传统市场路线	市区路线			
		市中心循环路线	清溪川·古宫路线	夜间路线（单层巴士）	夜间路线（双层巴士）
出发地点	东大门斗山大厦前	光华门东和（Dongwha）免税店前（地铁5号线光化门站6号出口）			
运行时间	9:30~18:30	9:30~21:00（末班车19:00）	10:00~17:00	20:00	20:00
发车间隔	35分钟	30分钟	1小时	每日1班	每日1班
休息停运	全年无休	每周一，若遇到周一为韩国法定假日则正常运行			

首尔城市观光巴士收费

类别 \ 线路		传统市场路线	市区路线			
			市中心循环路线	清溪川·古宫路线	夜间路线（单层巴士）	夜间路线（双层巴士）
搭乘费用	成人	12 000韩元	10 000韩元	12 000韩元	5000韩元	10 000韩元
	高中生以下	8000韩元	8000韩元	8000韩元	3000韩元	6000韩元
车票购买		东大门斗山大厦前售票处	光化门Koreana酒店旁售票处			
热线电话		02-15444239	02-7776090			
官方网站		www.seoulcitybus.com				

旅游达人游玩攻略

1. 夜间在首尔乘车时，要注意首尔城市观光巴士不在中间停车（不可在各站点上下车）。

2. 清溪川·古宫路线旅游旺季时（1、2、4、5、7、8、10、12月），首尔城市观光巴士发车时间将提前至每天早上9:00。另外，清溪川·古宫路线在每周六（14:00后）、法定假日及大型活动时，首尔城市观光巴士会因清溪广场限行而不经过德寿宫与清溪广场。

3. 乘客在乘坐传统市场路线巴士时，每站均可在乘务员处使用现金、信用卡购票；市区路线巴士在有空位时，乘客可直接在车内导游处购票；市区路线巴士则只可在光化门售票处使用信用卡购票。

🚌 乘出租车逛首尔

首尔的出租车内部干净安全，乘客在出租车站台或路边都可以轻松打到出租车。首尔的出租车分为普通出租车、模范出租车、大型出租车、Call TAXI 四种。也有可以打电话叫车的 Call TAXI，但价格比普通出租车稍贵。

普通出租车

普通出租车费是根据乘客乘车路程和时间计算的。车程在2千米以内，收取基本费用2400韩元；超过2千米以后，每144米加收100韩元。当出租车在低于15千米/小时的速度行驶时，每35秒加收100韩元。此外，00:00~4:00乘车时需多支付20%的费用。

模范出租车

模范出租车是黑色高级出租车，车门上贴有"模范出租车"的标志。该车在2千米以内，收取基本费用4500韩元；超过2千米以后，每164米加收200韩元。当出租车在以低于15千米/小时的速度行驶时，每39秒加收200韩元，但不收深夜附加费。

大型出租车

大型出租车可以乘坐9人（包括司机）。该车提供外语翻译服务，有发票机，还可以用银行卡付费，收费标准与模范出租车相同。该车能便捷地运送许多行李，可以在路边等待大型出租车，也可以打电话叫车。叫车电话：02-8882000。

Call TAXI

乘客选择在路上搭乘路过的 Call Taxi，其收费与普通出租车相同。假如你通过呼叫中心叫出租车，那么呼叫中心会立刻对距离乘客所在地最近的出租车发出指示，乘客在片刻后便能搭乘到车，不过需要多付1000韩元的叫车费。假如，Call Taxi 计费器显示的费用不足10 000韩元时，则包括1000韩元叫车费在内，乘客最多只需付10 000韩元即可；计费器显示超过10000韩元时，乘客不需支付叫车费。该车的呼叫中心只提供韩语服务，乘客向1330TT呼叫中心，下宿酒店、Guesthouse 等住宿场所咨询也可以得到 Call Taxi 服务。1330TT 呼叫中心电话：02-1330（韩、英、日、中）。

🚌 自驾车玩转首尔

首尔的交通四通八达，在首尔旅行，你可以轻松地搭乘交通工具闲逛。不过，如果你想要在首尔玩得更开心自在一点，可选择属于自

己的专有交通工具，这无疑是最便捷的，那么自驾车也就成了前往首尔游玩的游客较为喜爱的交通工具了。

在首尔自驾车，前提条件是游客必须在21岁以上，持有国际驾照、有效护照，且拥有1年以上的驾车经验。在首尔租车时，费用一般为59 000~460 000韩元。首尔的主要租车公司有：锦湖（Hertz），电话：02-34438000，www.kumhorent.com；KRX（Avis），电话：02-15441600，www.avis.com。

首尔钟路塔

🎦 旅游达人游玩攻略

1. 首尔市大部分地区的出租车都可以用信用卡或交通卡付费，但也有一些地方小城市的出租车只能用现金付费，因此乘客在地方小城市乘坐出租车时，建议提前备好现金。另外，首尔各地区出租车的基本费用也会有一些细微的差异，乘客可在乘坐出租车时，进行具体询问。

2. 乘客在搭乘大型出租车时，一定要注意将其与"货物车（Call Van）"区分开来。这两种车的外观很像，但货物车不是根据路程收费，而是根据乘客行李的大小和数量收费的，乘客一定要先跟司机商定好价格。

在首尔办理交通卡

在首尔旅行，办一张交通卡，可以使你的乘车、购物、旅游等活动变得更为便捷，还能省下不少钱。首尔的公交卡分为三种：T-money卡、Seoul Citypass卡、M-Pass卡。

T-money卡

1. 功能：持卡乘车时，乘客可以享受比现金购票便宜100韩元的优惠（现金购票价格：1150韩元），还能享受"换乘优惠"。同时，还可以持卡在便利店购物。

2. 购卡点：首尔汽车站附近的街头报刊亭、有T-money标志的GS25、Family、MINI-STOP等便利店、地铁站内售票处。

3. 购卡价格：2500韩元（不退还）。

4. 充值方法：可在购卡点充值，也可在地铁站内部自动充值机上充值。在充值界面选择相应的语言（韩、英、日、中），然后点击窗口右侧的T-money交通卡标志，再将交通卡放到充值处，再选择充值金额，再投入 1000、5000、10 000 这三种面值的任何一种韩币。充值完成后，在充值界面最底端会显示充值后的余额。

5. 使用范围：韩国大部分城市（首尔、仁川等）的地铁、公交车、出租车和有 T-money 标志的便利店、公用电话亭、地铁站内的自动售货机。

6. 使用方法：乘车时将 T-money 卡放在车内感应区上，系统便会根据你所乘坐的路途远近扣除相应的费用。拨打公用电话时，将卡插在卡口中，系统会根据通话长短扣除相应的费用。自动售货机则是将卡插在卡口中，系统会根据你买东西的价格扣除费用。在便利店购物时，将卡交给售货员即可刷卡。

7. 余额退回：将卡拿到标有 T-money 标志的便利店中，找售货员退。不过，会被扣除 500 韩元的手续费。

Seoul Citypass卡

1. 功能：比 T-money 卡多了在部分旅游景点、商店享受折扣优惠的功能。

2. 购卡价格：3000 韩元。

3. 购卡点、充值方法、余额退回、使用范围和使用方法：跟 T-money 卡基本相同。

4. 优惠景点、优惠商店的具体优惠方案：可阅读随卡附赠的说明书。

M-Pass卡

1. M-Pass 卡种类：1 日卡、2 日卡、3 日卡、5 日卡、7 日卡共 5 种。

2. 功能：专为访韩的外国游客推出的大众交通定期交通卡，充值后，一天可以乘车 20 次，还可以用来购物。

3. 购卡点：在仁川国际机场 1 层 5 号、10 号出口前的首尔市旅游信息咨询中心购买，咨询电话：032-7433270。

4. 购卡价格：5000 韩元。

5. 充值方法：在购卡点充值即可，具体情况可与首尔市旅游信息咨询中心联系。

6. 使用范围：地铁 1~9 号线、仁川地铁、机场铁路一般列车（直通列车除外）等首都圈地铁，T-Money 卡加盟连锁的便利店及出租车。

7. 使用方法：从最初使用该卡的第一天起，到使用期限最后一天的 24:00 为止，每天可以使用 20 次。例：2 日卡，如果在 5 月 1 日起开始使用的话，至 5 月 2 日 24:00 前可自由使用。

8. 余额退回：将卡拿到仁川国际机场内的办卡点退卡。不过，只退回扣除 500 韩元手续费以外的 4500 韩元保证金金额。

1. 持有T-money卡、Seoul Citypass的乘客，在首尔的地铁与巴士间，或巴士与巴士间换乘时，其基本里程内不会另外收取车费。不过，乘客必须在下车30分钟之内换乘才不收费。另外，乘客在进站和出站时，必须要刷卡，才能享受优惠。

2. 中国游客在携程等网站预订首尔自由行时，可免费得到预存有3000韩元的交通卡和自由行手册。另外，北京的游客办好签证后，可持护照和身份证去韩国旅游局北京代表处，免费领取有3000韩元的交通卡和自由行手册。

3. 乘客在首尔市旅游信息咨询中心购买M-Pass卡时，还可以领取N首尔塔、贞洞剧场、乐天世界等旅游景区10%~20%的优惠券。

首尔景福宫的表演

首尔市区景点

景福宫

景福宫原是李氏王朝的王宫，因位于东阙、西阙的北侧，而又被称为"北阙"。该宫拥有庄严华丽的大门、雕梁画栋的内宫和古色古香的陈设。宫内还完好地保存有精美的庆会楼、香远亭、勤政殿等建筑，其中勤政殿内的月台和雕像展示出了当时精湛的雕刻技艺。每逢春天，景福宫内便开满了迎春花、杜鹃花，使这座古老的王宫处处都飘散着浓郁的花香，令人心旷神怡。

旅游资讯

地址：钟路区世宗路 1 号

交通：乘地铁 3 号线在景福宫站下车，从 5 号出口出，步行 5 分钟可到；或乘地铁 5 号线在光化门站下车，从 2 号出口出，步行 10 分钟可到

门票：成人（19 岁以上）3000 韩元，青少年（18 岁以下）1500 韩元

开放时间：9:00~18:00（3 月至 5 月、9 月至 10 月），9:00~18:30（6 月至 8 月），9:00~17:00（11 月至次年 2 月），每周二闭馆

电话：02-7321931

网址：www.royalpalace.go.kr

旅游达人游玩攻略

游览景福宫时，需要汉语翻译免费解说服务的游客，可到兴礼门里面的景福宫咨询室前面等候。解说具体时间为：10:30，13:00，15:00，解说时长为 1 小时至 1 小时 30 分钟。

昌庆宫

昌庆宫原名寿康宫，是供先王王妃们居住的宫殿，后改为昌庆宫。该宫为独立的宫殿，环境优美，建筑风格雅致，主要建筑由明政殿、通明殿、文政殿、弘化门等组成，是在韩国旅游不可不去的景点之一。

💬 旅游资讯

地址：钟路区卧龙洞 2-1 号

交通：乘地铁 4 号线在惠化站下车，从 4 号出口出

门票：成人（19 岁以上）1000 韩元，青少年（7~18 岁）500 韩元

开放时间：9:00~18:30（4 月至 10 月），9:00~17:30（11 月、3 月），9:00~17:00（12 月至次年 2 月），每周一闭馆

电话：02-7628261

网址：www.jikimi.cha.go.kr

📷 旅游达人游玩攻略

1. 游览昌庆宫时，需要汉语翻译免费解说服务的游客，可在玉川桥前面等候。解说具体时间为：13:00、15:00，解说时长约为 1 小时。值得注意的是，每周六及法定公休日没有解说服务，届时游客可在正门右侧听介绍所的介绍。

2. 游客在昌庆宫参观时，可以拍照，但不要用 DV 摄像。

📍 德寿宫

德寿宫位于首尔最繁华的街道上，以富有韵味的石墙路而闻名，还有韩国最早的西洋式建筑——石造殿。该宫殿内建有西洋式庭院和喷泉，体现了中世风格和近代风格的和谐共存。德寿宫的主要建筑由大汉门、中和殿、昔御堂、石造殿等构成，还保留有守门将士交接仪式，是在首尔的一大看点。

💬 旅游资讯

地址：中区贞洞美术馆路 5-1 号

交通：乘地铁 1、2 号线在市厅站下车，从 2、12 号出口出

门票：成人（19 岁以上）1000 韩元，青少年（7~18 岁）500 韩元

开放时间：9:00~21:00，每周一闭馆

电话：02-7719951

网址：www.deoksugung.go.kr

📷 旅游达人游玩攻略

1. 德寿宫正门——大汉门前，每天都会举行再现当时负责开关宫门、守卫及巡逻任务的守门将士的守卫仪式和交接班仪式——"王宫守门将交代仪式"。该仪式交接班时间为 20 分钟左右，仪式结束后，游客可以和守门将士合影，并有机会免费试穿守门将士服装和传统服饰。

2. 游览德寿宫时，需要中文导览服务的游客，可在 13:40（周二至周五、单月的周六、双月的周日）在德寿宫大汉门前等候。具体信息可致电询问：02-7719951。

德寿宫

📍青瓦台

青瓦台是韩国总统的官邸，也可以说是韩国的"心脏"。该府邸背靠北岳山，雅致的青瓦与青翠的山峦相映成趣，景色异常美丽。青瓦台由中央的主楼、迎宾馆、绿地园、无穷花花园、七宫等建筑组成，每座建筑的外观各不相同，不过均以韩国的传统建筑模式建造，处处流露着浓郁的韩国风韵。

青瓦台

💬 旅游资讯

地址：钟路区青瓦台路 1 号

交通：乘地铁 3 号线在景福宫站下车，从 4 号出口出，步行 10 分钟可到

门票：免费

开放时间：10:00、11:00、14:00、15:00（夏季和冬季时间会有变动），每周一闭馆

电话：02-7305800

网址：www.english.president.go.kr

📷 旅游达人游玩攻略

游玩青瓦台前，游客须在希望参观的日期前 10 天，进入青瓦台的网页上进行申请，填写好到访日期、姓名、电子邮箱、护照号码、护照发给日期、护照结束日期等信息。提交申请后，游客应注意确认接收记录有参观负责人及申请编号、参观时注意事项等内容的邮件。

📍63大厦

63 大厦是汝矣岛的一座地标性建筑，也是集观光、餐饮、娱乐于一体的综合摩天大楼。该大厦共有 63 层，外表全部为玻璃装饰而成，玻璃上涂有黄金，在阳光的照射下金光闪闪，因此又常被称为"金塔"。大厦内有 63 海洋世界、天空酒廊——"漫步云端"、IMAX 电影院、观景台等景致，是观光游玩、恋人约会的好去处。

💬 旅游资讯

地址：永登浦区汝矣岛洞 60 号

交通：乘地铁 5 号线在汝矣渡口站下车，从 1 号出口出，向前步行 80 米左右，在公寓前乘坐免费的班车

门票：海洋世界：17 000 韩元，IMAX 电影院：12 000 韩元，蜡像馆：14 000 韩元

开放时间：63 天空艺术、海洋世界、蜡像馆 10:00~22:00，IMAX 电影院 10:00~18:25，63 艺术厅 20:00~21:00，每周一，每月第一、第三个星期的周二没有演出

电话：02-7895663

网址：www.63.co.kr

📷 旅游达人游玩攻略

1. 63 大厦内提供外国游客团体游览的讲解服务，主要讲解语言为英语、日语。想要享受该讲解服务，可以提前在网上申请。

2. 63 大厦很大，好玩的地方也非常多，时间充足的话可以慢慢地玩，将所有景致一一游览完毕。时间比较紧的游客，则可以选择 63 海洋世界、63 天空艺术、观景台三处景致游玩。

📍N首尔塔

　　N首尔塔是为了向首都圈地区发射电视和广播信号而修建的韩国第一座综合发射塔，也是首尔市的地标性建筑。该塔主要亮点有华丽的灯光秀、数字化观景台、"屋顶露台"、韩酷餐厅、空中卫生间等。同时，塔内还设有播放电影预告片和音乐录影带的多媒体区、儿童体验学习馆及举办展览和演出的区域。

N首尔塔

💬 旅游资讯

地址：龙山区龙山洞2街1-3号

交通：乘地铁1号线在首尔站下车，从4号口出，再搭乘0014、402路巴士在南山图书馆站下车，步行15分钟左右可到

门票：9000韩元，泰迪熊博物馆8000韩元

开放时间：观景台10:00~23:00（周一至周四、周日），10:00~24:00（周五至周六），餐厅11:00~23:00，世贸天阶晚餐时间在周五、周六延长一小时，泰迪熊博物馆10:00~22:00

电话：02-34559277

网址：www.nseoultower.co.kr

📷 旅游达人游玩攻略

1. 游览N首尔塔前，游客可提前3~7天在网上预约汉语翻译服务。这种服务只接受20人以上的团队预约。不足20人的游客，可以在进入N首尔塔后，直接在服务台申请租赁英语、日语、汉语等音频向导，租费为3000韩元。

2. 游览N首尔塔时，建议游客在晚上前去，这时候，集全世界美丽灯光于一身的"N首尔塔"，将变得异常华美，活力四射。特别是安置在塔上的"芦苇灯"，在放入100元韩币后，灯下类似淋浴喷头般的小孔中就会有光喷薄而出，这是无需购买门票就可以欣赏到的景观。

3. N首尔塔上经常举办亚历山大·考林卡的电子烟火、首尔之花、白色情人节特别节目和春之驿动等庆祝活动，这些活动均允许国外游客参加。想要参加该活动的游客可以在N首尔塔官网上具体了解。

4. N首尔塔中有婴儿车可供带小孩前去游玩的游客租借，需要提前预约。另外，需要注意的是，塔内不允许带宠物进去。

5. 位于N首尔塔内的泰迪熊博物馆，是大人、小孩都适合参观的景点，趣味性十足。建议游客在游玩N首尔塔时，不要错过这里。

📍 韩国之家

　　韩国之家的建筑选用上流社会居住的房屋建筑形态为主旨建成，是介绍韩国传统文化、生活风俗的韩国式建筑展馆。该展馆由海邻馆、民俗剧场、闻香楼、绿吟亭、听雨厅等展厅组成。来到这里，游客除了能欣赏别有风韵的韩屋，还能通过制作泡菜、学习传统舞蹈等方式来深入体验韩国的传统文化。

💬 旅游资讯

地址：中区笔洞 2 街 80 方 -2 号

交通：乘地铁 3、4 号线在忠武站下车，从 3 号出口出，沿着笔洞医院左边的路走可到

门票：免费，参加制作项目需另外收费（泡菜制作项目 45 000 韩元，传统舞蹈学习、跟学跤拳、四物游戏等项目各需交纳 30 000 韩元）

开放时间：9:00~21:30，逢元旦、中秋节休息

电话：02-22701121

网址：www.kangkoku.or.kr

📷 旅游达人游玩攻略

1. 游玩韩国之家前，想要体验这里的传统工艺、传统饮食、传统武术等活动的话，必须凑满十余人，并需提前 3 天在网上预约才行。

2. 韩屋之家的民俗剧场内，每天下午都会有人间文化团、国立国乐团、国立舞蹈团的演员表演韩国传统的音乐和舞蹈，游客可以在下午前往观看。其中，四物农乐、扇子舞、跳大神、清唱等节目，会有韩、英、日、中文四国文字进行解释说明。

3. 韩屋之家每天晚上会有两场公演，时间分别为 18:30~19:30、20:30~21:30，费用为 50 000 韩元。想要看公演的游客，可以拨打电话（02-22669101）咨询详细情况。

韩国长鼓舞

南山公园

南山公园位于首尔市中心的南山上，自古以来就是首尔历史意义深远的地方。该公园风景优美，有缆车承载游客上山。南山顶上有八角亭、首尔塔、海洋水族馆、喷水池等建筑，半山腰上有南山图书馆。其中，八角亭是俯瞰首尔的好地方，也是深受游客喜爱的南山缆车游览区域。

南山公园

旅游资讯

地址： 龙山区厚岩洞 30-66 号

交通： 乘地铁 4 号线在会贤站下车，从 4 号出口出，步行 20 分钟可到

门票： 免费

开放时间： 全天开放

电话： 02-37835900

旅游达人游玩攻略

1. 游览南山公园时，可选择从风景优美的步行路步行上山，然后再乘坐缆车下山，这样就能将南山公园的景色以及首尔全城的美景尽收眼底。同时，也可以往返全部乘坐缆车。缆车往返费用为 4000~6300 韩元，缆车开放时间为 10:00~23:00。

2. 南山公园中有一种名为"南山奥尔美"的户外倾斜电梯，电梯外表由玻璃装饰而成，是免费乘坐的，一次可以乘坐 10 余人。游客可以在欣赏周围美景的时候，轻松到达南山半山腰。

乐天世界

乐天世界是韩国最新奇、刺激的代表性主题公园，也是一座世界级的大型游乐场。该游乐场由室内探险世界和露天魔幻岛两部分构成，主要看点有魔幻冰岛、民俗博物馆、室内探险王国等。此外，该游乐园中每个季节都会举办的风格各异的狂欢和游园活动，也是主要的看点。

旅游资讯

地址： 松坡区蚕室洞 40-1 号

交通： 乘地铁 2 号线在蚕室站下车

门票： 24 000 韩元

开放时间： 9:30~23:00（周一至周四），
　　　　　　9:30~23:00（周五至周日，
　　　　　　公休日）

电话： 02-4112000

网址： www.lotteworld.com

旅游达人游玩攻略

1. 女孩子前去乐天世界游玩时，最好不要穿裙子。男女游客都别穿松垮的鞋，不要将硬币揣在兜里。

2. 游览乐天世界时，在经过售票处时，记得取一份导游图，这样，游乐场内的表演项目、活动时间便能一目了然。

3. 在周五、周六晚上游览乐天世界时，与其在热门娱乐设施下面排队一两个小时等着玩，还不如看看表演、打打游戏，或是光顾下那些人气不太旺的游戏项目。

昌德宫

昌德宫

　　昌德宫位于正宫景福宫的东面，所以又被称为"东阙"。该宫建筑华美，保存较为完整，主要由仁政殿、大造殿、宣政殿、乐善斋等建筑构成。此外，内部还有韩国唯一的宫殿后苑，建于北岳山山脊，代表了韩国庭院的最高水平，内部有芙蓉亭、宙合楼、映花堂等亭子，这些亭子尽可能地抹去了人工痕迹，达到了与自然完美结合的效果。

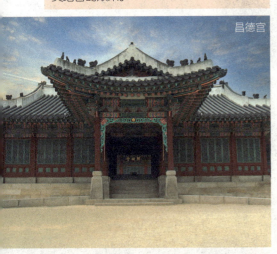

昌德宫

旅游资讯

地址：钟路区栗谷路 99 号

交通：乘地铁 1、5 号线在钟路 3 街站下车，从 6 号出口出可到

门票：成人票 3000 韩元，儿童票 1500 韩元。后苑：成人票 5000 韩元，儿童票 2500 韩元

开放时间：9:00~18:00（2 月至 5 月、9 月至 10 月），9:00~18:30（6 月至 8 月），9:00~17:30（11 月至次年 1 月），每周一闭馆

电话：02-7628261　　**网址：**www.eng.cdg.go.kr

旅游达人游玩攻略

1. 昌德宫的参观方式分为自由观览制和受限观览制两种。其中，游客选择自由观览制参观的区域主要是宫阙区域，后苑参观会受到限制；选择受限观览制时，需同时购买一般观览票和后苑观览票，这样便能将昌德宫内的全部景点游遍。关于参观的详细信息，你可在昌德宫官网上查询。

2. 游客参观后苑时，必须跟随导览解说员一同入内参观。参观时间为：10:00~18:00（3 月至 5 月、9 月至 10 月），10:00~18:30（6 月至 8 月），10:00~17:30（11 月至次年 2 月）。

3. 前往昌德宫游玩时，想要汉语解说服务的游客，可以打电话（02-7628261）提前预约。预约讲解时间为：16:00（自由观览制），12:30（自由观览制）。

庆熙宫

　　庆熙宫，也被称为"新门大阙"或"西阙"。该宫阙规模庞大，风景优美，建筑风格古朴、雅致，主要建筑有会祥殿、兴政堂、缉敬堂、崇政殿、兴化门等，以及首尔历史博物馆、首尔市立美术馆等。

旅游资讯

地址：钟路区新问安路 2 街 1-126 号

交通：乘地铁 5 号线在西大门站下车，从 4 号出口出，步行 10 分钟可到

门票：免费

开放时间：3 月至 10 月 9:00~18:00（平日），9:00~17:00（周六、公休日）；11 月至次年 2 月 9:00~17:00（平日），9:00~17:00（周六、公休日）；每周一、元旦闭馆

电话：02-7240121　　**网址：**www.museum.seoul.kr

旅游达人游玩攻略

游玩庆熙宫虽然不需要买门票，但里面的首尔历史博物馆需要购买门票。门票价格为：19~64 岁 700 韩元，13~18 岁 300 韩元，12 岁以下及 65 岁以上者免费。

📍 云岘宫

云岘宫

　　云岘宫原为拥有四座大门的宫殿，后在战争时期被毁，现仅存一小部分宫殿。该宫殿内部装饰古朴、典雅，主要由守直舍、老安堂、老乐堂等建筑组成，陈列了众多当年居住在云岘宫中的人所留下的物品。

💬 旅游资讯

地址：钟路区云泥洞 114-10 号

交通：乘地铁 3 号线在安国站下车，从 4 号出口出，步行 10 分钟可到

门票：成人（24 岁以上）700 韩元；青少年（13~24 岁）300 韩元

开放时间：9:00~18:00（11 月 至 次 年 3 月），9:00~19:00（4 月至 10 月），每周一闭馆（如周一为韩国规定的公休日，当天开放，周二休息）

电话：02-7669090

网址：www.unhyeongung.or.kr

📷 旅游达人游玩攻略

云岘宫中每年 5 月 30 日 14:00 和 9 月 25 日 14:00，都会举办重现高宗和明成皇后结婚大典仪式的活动。另外，宫内时常还会举办宫廷茶道（品茶礼仪）表演、宫廷服饰体验等活动。活动具体举办时间可在云岘宫官网上查询。

📍 仙游桥

　　仙游桥位于仙游岛公园内，是仙游岛公园内的第一座步行桥。该桥是为了纪念韩法建交100 周年，用"超强度混凝土"建造的桥梁。每到夜晚，整座桥上都会被红、黄、蓝、绿四色灯光装扮起来，所以又被称为"彩虹桥"。站在仙游桥上，可以眺望"国会议事堂"等汉江风景区，是夜晚散步、休闲的好去处。

💬 旅游资讯

地址：永登浦区堂山洞 1 号

交通：乘地铁 6 号线在合井站下车，从 9 号口出来，再换乘 5714、7612 路公交车在仙游岛公园正门站下车

门票：免费

开放时间：6:00~24:00

电话：02-26347250

网址：www.hangang.seoul.go.kr

📍 国立中央博物馆

国立中央博物馆历史极为悠久，是目前世界上"六大博物馆"之一。该博物馆主建筑共有 7 层，内部设计新颖，用现代视角诠释了韩国传统的建筑风格。博物馆由常设展览馆和特别展览馆构成，藏品极其丰富。博物馆外部建有瀑布和绿地。其中，尤以"石制作品庭院"景色最为优美。

国立中央博物馆

💬 旅游资讯

地址：龙山区西冰库路 137 号

交通：乘地铁 1、4 号线在二村站下车，从 2 号出口出，往龙山家庭公园方向步行 150 米可到

门票：免费

开放时间：9:00~18:00（周二至周五），9:00~21:00（周三、周六），9:00~19:00（周日），元旦闭馆，每周一闭馆（如周一、周日为韩国规定的公休日，当天开放，周二休息）

电话：02-20779000

网址：www.museum.go.kr

📷 旅游达人游玩攻略

1. 国立中央博物馆很难一次游览完，建议游客按路线分次游玩。推荐游览线路：考古馆线、历史馆线、美术馆线、捐赠馆线、儿童博物馆线等。

2. 国立中央博物馆内有一个专业剧场——"龙剧场"，剧场内有国内外著名艺术家演出，以及新发掘的年轻艺术家演出。建议游客来博物馆参观时，可以到这里来观赏下舞蹈、古典、话剧等多种形式的演出。

3. 游玩国立中央博物馆时，游客可以亲手参与制作朴实无华、大胆奔放的韩式陶瓷器（可制作瓷器有圆筒形陶瓷器、杯子、花瓶、碗等）。该活动在每周二、三的 13:30~17:30 举行。

4. 国立中央博物馆——儿童博物馆中，每月最后一周的周三夜间会对外开放，开放时间为 18:00~19:30（限参观人数为 300 人），19:30~21:00（限参观人数为 300 人）。游客在前往参观时，需在网上提前预约（网址：www.museum.go.kr），可在观览 30 天前的 0:00 开始预约。预约成功后，游客持打印的预约确认证即可进入馆内游览。

5. 游览国立中央博物馆——儿童博物馆时，中国游客可以拨打汉语咨询服务电话，提前预约解说。咨询电话：02-20779686。

💬 **旅游资讯**

地址：中区太平路 1 街 31 番地

交通：乘地铁 2 号线在市政府站下车，从 5 号出口出可到

门票：免费

开放时间：除每周一为草坪休息日外，其余时间全天开放

电话：02-7316611

网址：www.plaza.seoul.go.kr

📷 **旅游达人游玩攻略**

1. 冬季来到首尔广场游玩时，游客只需交纳 1000 韩元，即可进入滑冰场滑冰。滑冰场的具体开放时间为每年 12 月至次年 2 月。

2. 首尔广场经常会举办开放式音乐会、青少年文艺作品展、雕塑作品展等各种文化活动，每月会定期举办"光之庆典"、"首尔文化节"活动，来首尔市游玩的游客可以在这时前往首尔广场参观。

📍 **首尔广场**

　　首尔广场位于首尔市中心，整座广场充满了文化和艺术气息。该广场上有舞台、喷泉、草坪等设施。在这里，夏季可以欣赏风姿绰约的喷泉；冬季，可以尽情享受滑冰的乐趣。

📍 **清溪广场**

　　清溪广场是清溪川复原工程的始点，形似海螺或是笋尖的雕塑是广场上的标志性建筑。该广场由"喷泉"、"瀑布"、"缩微版小清溪川"、"散步小道"等组成。此外，清溪广场上还会经常举办一些画展、演出、电影放映等文化活动。

💬 **旅游资讯**

地址：钟路区世宗路北侧

交通：乘地铁 5 号线在光化门站下车，从 5 号出口出可到

门票：免费

开放时间：全天开放

网址：www.cheonggyecheon.or.kr

📷 **旅游达人游玩攻略**

1. 游玩清溪广场时，可以留意下地面上用韩国传统手工包袱的模样制成的地板砖。另外，广场上的缩微版的小清溪川，以及描述横跨在清溪川上的 22 座桥的"讲解板"，也是清溪广场上的一大亮点。

2. 清溪川广场的公休日为无车日，禁止车辆出入。游客可以从广场上的左边小道直接进入下面的清溪川，也可以通过右边的数米长的地下通道进入清溪川。该时段是游客游玩清溪广场的最佳时段。

3. 清溪广场每周六的 12:00~16:00 会举办"我有话要说"的舞台演讲活动，这时，游客可以上台自由畅谈在首尔游玩的感受和身边发生的小故事。

清溪广场

📍 首尔历史博物馆

　　首尔历史博物馆是韩国唯一一座城市历史博物馆，也是一座既能看又能触摸藏品的博物馆。该博物馆以集中展示首尔的历史发展进程为主线，详细介绍了首尔的变迁和首尔人们的生活、文化状况。博物馆建筑共三层，分常设展览馆、企划展览馆、捐赠寄托室等不同展区，其展品大多为首尔市民自发捐赠。

首尔历史博物馆

💬 旅游资讯

地址：钟路区新门路 2 街 2-1 号

交通：乘地铁 5 号线在光化门站下车，从 7 号出口出可到

门票：700 韩元

开放时间：3 月至 10 月 9:00~22:00（平日），10:00~19:00（周末及公休日）；11 月至次年 2 月 9:00~21:00（平日），10:00~18:00（周末及公休日）元旦闭馆，每周一闭馆

电话：02-7240274

网址：www.museum.seoul.kr

📷 旅游达人游玩攻略

1. 前往首尔历史博物馆游玩时，需要外语（英语、日语、汉语）解说的游客，可以在博物馆内租用 U—导游机。该导游机不需要租金，不过，租用前需提前登录网站预约，然后持身份证在馆内领取。没有预约的观众，在当天现场租用时，只能租提前预约后剩余的 U—导游机。

2. 首尔历史博物馆每天都会举办丰富多彩的文化活动，主要有每周二的"和爸爸一起参加展示体验"、周三的"周三影像鉴赏会"和每个月第二与第四周的星期四举办的有学艺研究师共同参与的"画廊脱口秀"活动等。另外，每个月最后一个星期五，博物馆中还会举办一场节目丰富的音乐会——"音乐流动的博物馆之夜"。

3. 首尔历史博物馆一楼有一家自助咖啡厅，这里的菜肴主要是以大豆为原料做成的韩餐和西餐，其组合精妙，菜式丰富多样。推荐菜肴：豆腐虾仁炒饭、蘑菇豆奶意大利面、牛扒到豆腐牛排等。咨询及预约电话：02-7227002。

📍 战争纪念馆

　　战争纪念馆是建立在大韩民国陆军本部的遗址上的纪念馆，也是世界上以战争为主题的大型纪念馆之一。该纪念馆设有护国追悼室、战争历史室、大型装备室、露天展览场等8个展览室。其中，护国追悼室是追忆牺牲烈士与领悟烈士精神的地方，战争历史室、海外派兵室、国军发展室等则是方便游客了解韩国的战争史及韩国军队的发展史的展览室。

💬 旅游资讯

地址： 龙山区黎泰院路29号

交通： 乘地铁1号线在南营站下车，步行10分钟可到；或乘地铁4号线在三角地站下车，从12号出口出，步行10分钟可到

门票： 成人（19~64岁）3000韩元，青少年（7~18岁）2000韩元，儿童（5~6岁）1000韩元

开放时间： 9:00~18:00，每周一闭馆

电话： 02-7093139

网址： www.warmemo.or.kr

📷 旅游达人游玩攻略

1. 在战争纪念馆游玩后，想购买与战争相关的书籍时，可前往纪念馆里的书店中选购。另外，书店中除了有军事书籍和宣传手册外，还有各种军事纪念品可以选购。

2. 每年4月至6月和10月第3周至11月的每周五，战争纪念馆前的和平广场上，有由传统剑术示范、女兵仪仗队示范和三军统合示范三部分组成的国军仪仗队表演，你可以在这时前往广场观看。

💬 旅游资讯

地址： 钟路区世宗路

交通： 乘地铁5号线在光化门站下车，从1号、2号、8号出口出可到

门票： 免费

开放时间： 全天

电话： 02-7311182

网址： www.english.seoul.go.kr

光化门

📍 光化门广场

　　光化门广场以李舜臣将军和世宗大王两大铜像为中心，分割为许多区，是首尔市民重要的休闲娱乐场所。该广场上安放着首尔市的吉祥物——獬豸像，还展示着世宗大王领导发明的"韩文"、"日晷"、"测雨器"等。广场两旁有一条流经路面的水道——"历史长河"。李舜臣将军铜像下面的"12·23光化门喷泉"是首尔市民夏季戏水的好去处。

首尔周边景点

南山谷韩屋村

南山谷韩屋村坐落于首尔的高楼大厦之间，格外引人注目。村内复原了 5 幢传统的韩式房屋，并配以亭台、莲花池等建筑。在这里，你会看到一个小山坡，山坡左侧的莲花池里有举行传统演出的泉雨阁。在泉雨阁旁边有五幢传统韩式房屋，屋内摆着反映当时房子主人身份的家具和各种生活用品，还有工艺品展览馆和茶铺。院子里还有跳跳板等各种传统游戏设施，游客可以亲自体验一番。

旅游资讯

地址：中区退溪路 34 路 28 号（笔洞 2 街）一带

交通：乘地铁 3、4 号线在忠武路站下车，从 3 号或 4 号出口出，步行约 5 分钟可到

门票：免费

开放时间：9:00~21:00（4 月至 10 月），9:00~20:00（11 月至次年 3 月），每周二（传统庭院开放，周二是公休日时，第二天改为休息日）

电话：02-22666923

网址：www.hanokmaeul.seoul.go.kr

南山谷韩屋村

旅游达人游玩攻略

游玩南山谷韩屋村时，可以去朴泳孝家看一看，这里每周六、日都举行传统婚礼，传统结婚仪式的最大特点就是参加人众多。该婚礼并不是总在固定时间里进行，11 月至次年 2 月份举办婚礼的相对较少，春天则较多。婚礼一般在 12:00~13:00 举行，游客在经过新郎、新娘允许后，可以和他们合影留念。

北村韩屋村

北村韩屋村是首尔有着数百年历史的韩国传统居住区。该村由苑西洞、齐洞、桂洞及嘉会洞、仁寺洞等构成，内部建筑全为青瓦房，还有着数不尽的小巷。现在的北村韩屋村内，虽然大都作为传统文化体验馆或韩屋饮食店使用，不过在街头巷尾也能感受到古色古香的韵味。走在这里，你能从随处可见的房屋中体验那绵延不断的传统美感，也能在巷道内感受那份淳朴感情。

旅游资讯

地址：钟路区嘉会洞

交通：乘地铁 3 号线在安国站下车，或乘 9710 路红色巴士在安国站下车

门票：免费

开放时间：全天

电话：02-37078388

网址：www.bukchon.seoul.go.kr

旅游达人游玩攻略

1. 游玩北村韩屋村时，建议游客尽量在清晨或傍晚日落前前往。这时候，整个村落内气氛安静祥和，非常适合游客体验村落中独特的韵味。另外，该村的胡同是居民区，游客在游览时尽量不要大声喧哗。

2. 在北村韩屋村游玩时，带有相机的游客可留意地上标有 **PHOTO SPOT** 标志的拍摄点，站在这个点上，你可以将北村最美的风景装进相机内。

3. 在北村韩屋村游玩时，游客可以在北村旅游资讯站租一个多媒体"北村掌上导航机"，这样你不仅能知道自己所在的位置，还能通过汉语讲解帮你了解一些非开放的私人韩屋内外部的详情。导航机的出租时间为 10:00~14:00，退还时间为 10:00~17:00，游客持护照便可免费租用，咨询电话为：02-7310851。

奥林匹克公园

奥林匹克公园

奥林匹克公园是首尔市为纪念 1988 年首尔奥运会举办而修建的主题公园，也是一座面向普通市民开放的多功能综合公园。该公园分为健康、观赏、游玩三大主题，内有奥林匹克会馆等各种体育运动设施。此外，公园内还有众多雕塑作品，熊熊燃烧的奥运圣火就位列其中。同时，园内还有空间科学和恐龙展厅，游客可以在这里看到宇宙的物品和远古生物。

旅游资讯

地址：松坡区奥林匹克路 426 号

交通：乘地铁 8 号线在梦村土城站下车，从 1 号出口出可到

门票：免费

开放时间：5:00~22:00，和平广场 5:00~24:00

电话：02-4101600

网址：www.kspo.or.kr

最容易让人忽略的景点

📍 北汉山国立公园

北汉山国立公园与京畿道和 6 个区接壤，四季景色秀丽，是最受首尔市民欢迎的景点之一。北汉山最大的特点是巨大花岗岩形成的陡峭曲线，以及岩峰和岩峰间流淌着的清澈溪水，都使公园变得异常美丽迷人。其岩峰中的第一高峰是仁寿峰的奇岩，登山路线达到 100 多条。公园内还有真兴王巡狩碑、北汉山城以及名僧元晓大师主持修建的祥云寺等众多景观。

🗨 旅游资讯

地址：江北区牛耳洞道峰区一带

交通：乘地铁 1 号线在望远山站下车，步行约 10 分钟可到

门票：全天　**开放时间：**免费

电话：02-3797043

📷 旅游达人游玩攻略

游客在秋天游览北汉山国立公园时，一定要记得登上北汉山城，然后从城上远眺北汉山。这时候的北汉山，有四季中最为美丽的景色。

北汉山国立公园

📍 世界杯公园

世界杯公园建在掩埋了多年垃圾的兰芝岛上，占地面积广阔。该公园由和平公园、蓝天公园、夕阳公园、兰芝川公园及兰芝汉江公园共 5 座公园组合而成。其中，和平公园是为了纪念最初的世界杯比赛而建的；蓝天公园用风力发电机为公园内的照明灯以及咨询中心供应电力；夕阳公园建有大众高尔夫场地；兰芝公园是老人及青少年休闲活动用的场地；兰芝汉江公园是世界杯大会游览船的停泊处。

🗨 旅游资讯

地址：麻浦区城山洞兰芝岛路 45-1 号

交通：乘地铁 6 号线在世界杯体育场站下车，从 2 号出口出；或乘支线公交 7011、7714、7715 路在世界杯公园入口站下车

门票：免费

开放时间：全天

电话：02-3005500

网址：www.worldcuppark.seoul.go.kr

宗庙

📍 宗庙

　　宗庙是供奉朝鲜王朝历代国王和王妃牌位的王家祠堂。宗庙的建筑在中国文化的影响下加入了中国风水学说，因而整座建筑群少了一些宫殿的华丽，多了一些肃穆和庄重。其建筑由正殿和偏殿组成，正殿主要用来供奉神位、进行祭祀，偏殿则包括永宁殿、典祀厅、御肃室、香大厅、神堂等。

💬 旅游资讯

地址：钟路区勋井洞 1-2 号

交通：乘地铁 1 号线钟路在 3 街站下车，从 4 号出口出，步行约 5 分钟可到

门票：1000 韩元

开放时间：9:00~18:00（3 月至 9 月），9:00~17:30（10 月至次年 2 月），每周二闭馆

电话：02-7650195

网址：www.jikimi.cha.go.kr

📷 旅游达人游玩攻略

1. 宗庙内共有三条道路，游客在宗庙中游玩时，建议选择东西两边的道路行走，尽量不要在中间有点高的道路上行走。

2. 宗庙内每天 11:00、15:00 会有免费的汉语讲解服务，想要听讲解的游客，可以在这个时间点在宗庙咨询处等候。

📍 宣靖陵

　　宣靖陵是宣陵与靖陵的合称。宣陵是成宗和其继妃贞显王后的陵寝，而靖陵则是中宗的陵寝。宣靖陵虽处在城市中心，但是相对清静，环境极其清幽。陵园内古树密布，草地青翠，石头雕塑林立，建筑精美，处处流露着一股浓郁的王家陵园气息，是个安静的好去处。

💬 旅游资讯

地址：江南区三成洞 133-2 号

交通：乘地铁 2 号线在宣陵站下车，从 8 号出口出可到；乘地铁 7 号线在江南区厅站下车，从 1 号出口出可到

门票：成人（19~64 岁）1000 韩元，儿童（7~18 岁）500 韩元

开放时间：6:00~21:00（3 月至 10 月）；6:30~21:00（11 月至次年 2 月），每周一闭馆

电话：02-5681291

网址：www.jikimi.cha.go.kr

📷 旅游达人游玩攻略

游客在夜间游玩宣靖陵时，建议仅仅参观有照明灯照射的部分就行了，不要去处于黑暗中的景点游玩。

梦村土城

　　梦村土城是百济初期最具代性的土城，在奥林匹克公园建成后，这里成为了游客和市民的最佳休憩地。在梦村土城的草海中间，有一颗被称为"孤树"的香叶桧独自立于其中，是梦村土城一道亮丽的风景线。梦村土城的散步路沿城墙而建，在这里还可以看到用木栅栏建成的防御工事，路边的风景也会随季节的变化而变化。另外，位于梦村土城附近的梦村历史馆，也是值得一看的景点。

💬 旅游资讯

地址：松坡区五轮洞 88-3 号梦村土城

交通：乘地铁 8 号线在梦村土城站下车，从 1 号出口出可到

门票：免费

开放时间：9:00~19:00（3 月至 10 月），9:00~18:00（11 月至次年 2 月）

电话：02-21472814

网址：www.culture.songpa.go.kr

首尔城郭

💬 旅游资讯

地址：中路区三清洞山

交通：乘钟路 02 路公交车在成均馆大学后门站下车，然后步行至卧龙公园，再沿卧龙公园城郭步行 20 分钟可到

门票：免费

开放时间：9:00~15:00（4 月至 10 月），10:00~15:00（11 月至次年 3 月），周一闭馆（如果周一是公休日，则周二休息）

网址：www.bukak.or.kr

首尔城郭

　　首尔城郭是首尔的古城墙，连接了北岳山、骆山、南山、仁王山这四座山脉，工程极其庞大。该城郭的山地城墙由石头砌成，山间平地城墙为泥土砌成。在现存的城墙中，仁王山和北岳山之间的一段，充满着神秘色彩，是最受游客和市民喜爱的游览路线。在这条线路上行走，可以观看首尔的肃靖门、彰义门等景观。

📷 旅游达人游玩攻略

1. 前往首尔城郭游玩时，游客一定要带好护照，因为首尔城郭虽然免费，但必须要用护照登记身份。另外，首尔城郭依然为军事要地，游客一定要在指定地点进行拍照。

2. 游览首尔城郭，建议游客穿一双轻便、舒适的旅游鞋，并带些水和干粮。另外，首尔城郭比较陡峭，时间较紧或者苦于登山的游客，建议爬山势较为平缓的骆山段。

📍 曹溪寺

　　曹溪寺位于首尔的市区，是韩国最大的佛教宗派——曹溪宗的发源地。该寺作为曹溪宗的核心寺院，规模非常宏大，其中，大雄殿的规模甚至比景福宫的勤政殿还要大。寺内真身舍利七层石塔里还供奉着一块释迦牟尼佛真身舍利。同时，寺内还针对外国游客开设了体验佛教文化的"寺院生活"项目。

📷 旅游达人游玩攻略

1. 每年 5 月前后，曹溪寺在纪念佛祖诞辰日时，都会举办莲灯节。这时，大批的韩国人、外国人都将纷至沓来，建议游客不要错过这一盛典。

2. 想在曹溪寺内体验"寺院生活"项目的游客，可以登录曹溪寺网站或拨打电话进行具体咨询。

💬 旅游资讯

地址：钟路区坚志洞 45 号

交通：乘地铁 1 号线在钟阁站下车，从 2 号出口出，步行 70 米左右，经过肯德基，再步行 100 米，左侧是通往曹溪寺的马路，步行 10 分钟可到

门票：1000 韩元

开放时间：全天，大雄殿和极乐 4:00~21:00

电话：02-7322183

网址：www.jogyesa.kr

📍 奉恩寺

　　奉恩寺位于江南区最繁华的闹市区里，是一座千年古刹，收藏了包括《华严经疏》在内的许多木刻版本佛经，以及多处物质文化遗产。其中，"弥勒大佛"为该寺的镇寺之宝。同时，寺院还开设有许多针对外国游客的体验活动，同时配有专门的外语讲解，给忙碌的现代人提供一个休息的场所。

奉恩寺

💬 旅游资讯

地址：江南区三成洞 73 号

交通：乘地铁 7 号线在清潭站下车，从 2 号出口出，步行 10 分钟可到

门票：免费

开放时间：3:00~22:00

电话：02-32184800

网址：www.bongeun.org

📷 旅游达人游玩攻略

1. 每年 5 月前后，奉恩寺在纪念佛祖诞辰日时，会举办莲灯节，游客可以在这时前往寺内体验盛会。

2. 奉恩寺入口设有外语咨询中心（英、日、中），游客可以在这里询问寺内体验活动的相关信息。

吉祥寺

　　吉祥寺前身是一家名叫"大苑阁"的著名饭店，后改建为寺院。该寺完全保留了原饭店的建筑，是一座气质非常独特的寺院。寺内的主要建筑为法堂和极乐殿。同时，寺内还开设有"沉默之家"、"寺院寄宿"等众多游客参与项目。此外，寺内的僧人与其他宗教界人士的交流也非常活跃，因而，吉祥寺又被誉为"开放的寺庙"。

💬 旅游资讯

地址：城北区城北 2 洞 323 号
交通：乘地铁 4 号线在汉城大
　　　入口站下车，从 6 号出
　　　口出，再乘吉祥寺免费
　　　班车可到
电话：02-36725945
网址：www.kilsangsa.or.kr

南大门

　　南大门，又称"崇礼门"，是首尔市城门中规模最大，也是现存最古老的木结构建筑物之一。该门分为上下两层，是在石头堆砌的石阶上用柱子和屋顶构成的，入口处为拱形，东西两边也是有门互通的。

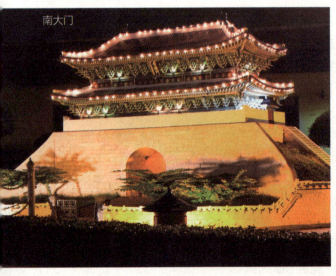

南大门

💬 旅游资讯

地址：首尔市中区南大门路 4 街 9 号
交通：乘地铁 4 号线在会贤站下车，从 4
　　　号口出
门票：免费
开放时间：9:00~18:00
电话：02-7234206
网址：www.rainbowfestival.co.kr

📷 旅游达人游玩攻略

南大门每周六（11:00、13:00、15:00）和每周日（13:00、14:00、15:00）会现场抽取 20 个特别参观名额入内参观，游客在这时前往南大门，也可能被抽中。

东大门

　　东大门，又称"兴仁之门"，与南大门同时期建造。该门的外围有砖石砌成的半圆形的城墙，两层门楼上正面有 6 间房，侧面有 2 间房，大门屋檐的上方还有许多的动物雕像，使得整座门显得极其宏伟、壮观。

💬 旅游资讯

地址：首尔钟路 6 街东大门
交通：地铁 4 号线在东大门体育
　　　站下，4 号口出
门票：免费
电话：02-7310412
网址：www.tour.jongno.go.kr

首尔美食

无论是在首尔人头攒动的街头小巷，还是在繁华的商业区，你都能品尝到众多特色美食。首尔的韩餐大致可以分为烧烤类、炖汤类、饭类、配菜类、面类、街头小吃等几类。其中韩式烤肉、参鸡汤、拌饭、泡菜、刀切面是这里的主打食品。同时，首尔还汇聚有世界各地的风味美食。

韩国风味

· Hanuso

Hanuso 选购的是来自全罗南道咸平草原上生长的顶级韩牛（母牛），并聘请名厨亲自制作料理，以提供给客人最高级的料理和最优质的服务，其主打菜为韩牛（母牛）调料排骨。餐厅采用现代式装饰风格，可以举办大型宴会。

地址：道峰区芦海路 327 号
交通：乘地铁 4 号线在仓洞站下车，从 2 号出口出
营业时间：10:00~24:00
电话：02-9009900
网址：www.hanuso.com

📷 旅游达人游玩攻略

前往 Hanuso 餐厅就餐时，可以提前打电话或者在网上预订餐位，这样，在到达的时候就不必因为人多而等待了。另外，餐厅内还可以使用信用卡买单。

·科帕卡巴纳烧烤

　　科帕卡巴纳烧烤以巴西著名的科帕卡巴纳海而命名，是一家首尔风味的巴西料理餐厅。餐厅中主要供应将沙朗、菲力、美式香肠等各种食材串成长串后，再用高温烧烤制而成的料理。餐厅中提供足够分量的食物，让所有食客都能在这里尽情享用美味。

地址：龙山区梨泰院路 27 街 41 号
交通：乘地铁 6 号线在梨泰院站下车，从 1 号出口出
营业时间：12:00~22:00（周末 22:30）
电话：02-7961660
网址：www.copacabanagrill.kr

📷 旅游达人游玩攻略

科帕卡巴纳烧烤内会给食客提供英语、葡萄牙语等咨询服务。

·土俗村

　　土俗村是首尔市内无人不知的著名参鸡汤店。食客在该店吃饭的时间点前去时，经常会遇到排队等候的情况，但是该店店面很大，不会让食客等太长时间。店内参鸡汤最大的特点是，肉汤中除了放有数十种韩国药材外，还加入了店里的秘制材料，可谓是色、香、味俱全。

地址：中路区紫霞门路 5 路 5 号
交通：乘地铁 3 号线在景福宫站下车
营业时间：10:00~22:00
电话：02-7377444

·厨师的面条

　　厨师的面条是一家以家常面条为主打的主题餐厅。该餐厅的面条是专业厨师制作的，做出来的面条外观精致，味道可口，价格也十分实惠。同时，店内用充满年轻、时尚的色彩做装潢，还不断开发出新的菜单，大大迎合了不同年龄阶段食客的口味。

地址：西大门区梨花女子大学 2 街 17 号
营业时间：11:30~22:00（15:00~17:00 为休息时间），每周周日闭馆
电话：02-440840
网址：www.chefguksoo.co.kr

·柳树家

柳树家位于绿色自然风景笼罩下的牛眠山脚下，餐厅中洋溢着与周围美景相协调的传统香味。该餐厅以鲜里脊、排骨、排骨汤为主打菜肴，体现出一种文化与自然相融合的传统味道。

地址：瑞草 1 洞 1425-13 号
交通：乘地铁 3 号线在南部客运站下车，从 4 号出口出
营业时间：11:30~22:00
电话：02-5975900

📷 旅游达人游玩攻略

食客前往柳树家就餐时，可以提前打电话预订餐位，吃完后可以用任何银行的信用卡买单。另外，顾客买单时，除了要支付所点的菜肴的钱外，还要另外支付 10% 的附加税。

其他韩国风味餐馆推荐		
名称	地址	电话
Outback Steakhouse	中区世宗大路 84 号	02-7545181
五壮洞兴南家	中区乾川路114号	02-22660735
加味	西大门区梨花女大路8街2号	02-3643948
春川鸡排荞麦面	西大门区延世路5街1号	02-3252361

🍴 中国风味

·含池博中餐店

含池博中餐厅为了满足不同消费水平的食客的口味追求，提供品种众多且美味可口的菜肴。该餐厅的午餐十分丰富。餐厅的菜单还会随着季节的变化而更新菜单，使食客充分地享受到常变常新的美味菜肴。

地址：瑞草区方背 4 洞 807-1 号
交通：乘地铁 7 号线在内方站下车，从 7 号出口出
营业时间：12:00~22:00
电话：02-5912727
网址：www.hamjipark.co.kr

·贺琳觉

贺琳觉是一家坐落在北岳山、仁王山山脚下的中餐店，以制作中国传统菜肴而闻名。该餐厅的中式菜肴口味地道，价格较为实惠。同时，除美味菜肴之外，餐厅服务员高品质的服务，亲和的态度，也成了这家餐馆吸引食客的魅力之一。

地址：钟辂区釜岩洞 188 号
交通：乘 7018、7022、钟路 13 路巴士在贺琳觉站下车
营业时间：11:30~22:00
电话：02-3962442
网址：www.harimgak.com

· 鼎泰丰

鼎泰丰是《纽约时报》评选出的"世界餐厅10强"之一，旗下的分店铺遍及日本、中国、印度尼西亚等亚洲国家和美国洛杉矶等地。该餐厅中最受食客喜爱的食物为小笼包。这里的小笼包由韩国国产新鲜材料手工制作而成，肉汁丰富，口感滑嫩。

地址：中区明洞2街104号
交通：乘401、406、701路公交车在明洞韩国乐天前站下车
营业时间：11:00~22:00
电话：02-7712778
网址：www.dintaifung.co.kr

📷 旅游达人游玩攻略

1. 食客前往鼎泰丰就餐时，可以提前一天打电话或上网预定餐位，但必须3人以上才能预订。另外，顾客买单时，除了要支付所点菜肴的钱外，还得另外支付10%的附加税。

2. 食客在鼎泰丰就餐完毕后，可以用信用卡买单。同时，不同种类的信用卡也会享受不同的优惠，具体优惠可以打电话咨询鼎泰丰餐厅或进入鼎泰丰网站查看。

3. 鼎泰丰餐厅还会给食客提供英语、汉语、日语等外语咨询服务。

· 南山东宝城

南山东宝城是明洞地区规模最大、设施最好的中式餐馆。该餐馆共有4层，设有主厅、别室等各式房间，适于食客在此举办各种聚会。店内还会根据食客的口味推出多种标准席，同时还会为午间简单进餐者提供各式午餐。

地址：中区南山洞2街6-1号
交通：乘地铁4号线在明洞下车，从2、3号出口出
营业时间：11:30~21:30
电话：02-7987155
网址：www.dongbo.net

· 蔚青中国

蔚青中国是一家正宗的中餐馆，主打菜肴为海鲜锅巴汤、辣汤面、蟹肉炒饭等。该餐馆装修精致典雅，拥有各种宴会所需的屏幕、音响设备，菜肴美味可口，很受食客欢迎。另外，餐馆内非周末时间18:00~21:00会给顾客提供啤酒和洋酒自助餐。

地址：麻浦区上岩洞1601号KGIT 2层
交通：乘地铁6号线在数字媒体城站下车，从2号出口出
营业时间：09:30~21:30
电话：02-63931900

📷 旅游达人游玩攻略

食客前往蔚青中国就餐时，在就餐完毕后，可以用信用卡付费。蔚青中国餐馆会给食客提供英语、汉语两种外语咨询服务。

其他中国风味餐馆推荐		
名称	地址	电话
凤酒楼	江南区新沙洞600号ISA大楼地下1、2层	02-34470001
龙宫	江南区三成洞159号Oakwood酒店3层	02-34667799
HO LEE CHOW	龙山区梨泰院洞119-25 HAMILTON酒店2层	02-7930802
香林	芦原区下溪洞256-5Han Shin运动中心2楼	02-9724454

世界风味

·味加味

　　味加味以韩国南海和大川港直接送达的韩国国内产的新鲜活海鲜为主要食材，使得来这里就餐的客人可以毫无顾忌地享用新鲜生鱼片。该餐馆开设了宴会厅，且午餐和晚餐的价格完全一样，是商务活动、家庭聚会、团体聚会的理想场所。

地址：瑞草区瑞草洞 1337-32 号光日 PlazaB1
交通：乘地铁 2 号线在江南站下车，从 7 号出口出
营业时间：10:00~23:00（中秋、春节休息）
电话：02-5226522
网址：www.migami.co.kr

旅游达人游玩攻略

1. 味加味餐厅会根据季节的变化，为顾客提供不同的海鲜。不过，该餐厅 17:00 过后，海鲜生鱼片会在原有价格的基础上，另外加收 10% 的附加税。

2. 前往味加味餐厅就餐时，食客可以提前打电话预约。同时，团队预约的客人，可以在电话中和老板协商优惠价格。

·天边

　　天边的总部在日本，是一家日式料理连锁店。该店以经营年轻人喜欢的铁板料理为主，顾客在食用前，可以将多种蔬菜和面条放在铁板上炒，加上鸡蛋，淋上调料后，就可以大快朵颐了。此外，天边餐厅中的服务员也很热情，总能给食客一种温馨的感受。

地址：麻浦区西桥洞 409-1 号
交通：乘地铁 6 号线在上水站下车，从 1 号出口出
营业时间：17:00 至次日 1:00（周二至周五），17:00 至次日 2:00（周六、日），每周周一、公休日闭馆
电话：02-3365578
网址：www.teppenkorea.com

旅游达人游玩攻略

食客在前往天边餐厅吃饭前，可以在 12:00~16:00 打电话预约餐位。另外，食客吃完饭后，需在菜肴原价格的基础上，另支付每人 2500 韩元的附加税。

· 森田回转寿司

　　森田回转寿司是一家日式寿司店，好吃的是鳗鱼寿司、金枪鱼寿司、鲑鱼寿司、鲜虾寿司等。该餐厅的厨师每天都会用新鲜的生鱼片，为顾客制作地道、美味的寿司。同时，餐厅中的服务员服务态度也非常好。

地址：钟路区唐珠洞 15-7 号
交通：乘地铁 5 号线在光化门站下车，从 8 号出口出
营业时间：11:30~14:00、16:30~21:00，每周周日闭馆
电话：02-7351748

· Maharaja

　　Maharaja 是一家以经营地道的巴基斯坦料理为主的餐厅，招牌菜肴为咖喱烤鸡、炒饭、馕等。该餐厅比起其他经过改良的巴式料理来，更加注重保持巴基斯坦料理的原汁原味，口感极其正宗，价格也比较实惠，深受食客喜爱。

地址：龙山区梨泰院 1 洞 132-3 号
交通：乘地铁 6 号线在梨泰院站下车，从 3、4 号出口出
营业时间：10:00~23:00
电话：02-7972898

· 波斯宫殿

　　波斯宫殿位于成均馆，是一家以经营咖喱饭为主的伊朗餐厅。走进餐厅，迎面而来的是伊朗服饰试穿区，厅内墙壁上挂有绘画作品，桌子上铺有深色波斯花纹的桌布，还有阵阵的伊朗音乐传来，这一切都让食客有种仿佛来到了伊朗的感受。该店的所有料理由老板亲自掌勺，你还可以选择咖喱的辛辣度。

地址：钟路区明伦洞 2 街 121-1 号
交通：乘地铁 4 号线在惠化站下车，从 4 号出口出
营业时间：12:00~22:30
电话：02-7636050
网址：www.persianpalace.com

其他世界风味餐馆推荐		
名称	地址	电话
香川	芦原区孔陵1洞670-7号	02-9777100
AKAMATSU	江南区三成洞159号Oakwood酒店3层	02-34667733
明洞猪排	中区明洞1街59-13号	02-7765300
Gassra	中区南大门路64-1号	02-7793690
"本"寿司店	中区小公洞 25号2楼	02-7560296

首尔购物

　　首尔市内分布着众多购物大街、商场、名品折扣店，各种价位和品牌的商品你几乎都能在这里找到。首尔的购物地主要集中在明洞、仁寺洞、狎鸥亭洞、文井洞等地，且每个购物地都有各自的文化和特色。如果你是"购物狂"的话，明洞这个首尔最具代表性的商业购物街区，是你购物的必去之地。

人气旺盛的购物大街

·明洞大街

　　明洞大街是首尔最大的购物区，被称为"首尔服饰流行的中心地带"。该大街聚集了各种各样的品牌专卖店、百货店、免税商店，每年4月底到5月初韩国公休日集中的"黄金周"期间，大街上便挤满了购物的人群，整个街道都会被人流所淹没。

地址： 从地铁4号线明洞站到乙支路、
　　　　乐天百货店之间

交通： 乘地铁2号线在乙支路入口站
　　　　下车，从5号出口出来

旅游达人游玩攻略

明洞大街上的Migliore店有汉语、英语、日语三种文字的电子显示屏、宣传材料，同时还会提供退税服务，建议在逛明洞大街时前去看下。

·仁寺洞大街

仁寺洞大街是一条充斥着"韩国风"的购物大街，是首尔深受游客喜爱的街道之一。在这里，你可以买到古代美术品、现代美术品、韩服、陶瓷器、各种工艺品等商品，还可以买到很多韩国旅游纪念品。其中与古代美术品、现代美术品相关的物品最多。同时，仁寺洞大街的胡同里还分布着众多韩国传统饮食店和传统茶馆。

地址：从安国洞环岛经过仁寺洞十字路口，到钟路 2 街塔谷公园前面的一带

交通：乘地铁 3 号线在仁寺洞站下车可到

📷 **旅游达人游玩攻略**

在仁寺洞大街上挑选古董、美术品时，顾客一定要学会辨别真伪，如果身边有识货的朋友，一定要记得邀请他一起去。自己拿捏不准真假的商品，建议尽量不要购买。

·狎鸥亭洞大街

狎鸥亭洞大街是首尔著名的购物区，街上集中了各类大中型名牌专卖店，精美的服饰店、精品店更是随处可见。该大街主要定位于各种高档消费品，特别是各种国际知名品牌的销售，因此无数年轻人都将这里视为首尔购物的理想场所。

地址：江南区狎鸥亭 Galleria 百货大厦以及汉阳公寓一带

交通：乘地铁 3 号线在狎鸥亭站下车

🎁 名牌集中的大本营

·梨大时尚街

梨大时尚街聚集了众多专门面向年轻女性开设的服装、鞋子、饰品等各种时尚产品店，是年轻女性们的"时尚之城"。该街道上以经营十七八岁到二十三四岁这个年龄段的女性商品为主，同时还开设有最新潮的美容店，是在首尔游玩不可错过的时尚街区。

地址：梨花女子大学附近大区

交通：乘 6002 路巴士在梨大站下车

梨大时尚街

·梨泰院

梨泰院，又名"万国城"，是首尔的一个著名商业圈。该地以经营皮革品、首饰、体育用品、纪念品和土产品为主，货物种类繁多，且价格比较实惠，是外国游客在首尔购物时的理想地点。来到这里，你不仅能挑选到称心如意的商品，还能感受这里特有的韵味。

地址：韩国首尔龙山区南山东麓

交通：乘地铁 8 号线在 630 梨泰院站下车

🎁 物美价廉的**淘宝地**

· 马里奥折扣商场

　　马里奥折扣商场有数百家品牌店入驻，是亚洲最大规模的都市型折扣商场之一。该商场有从名牌服装、百货、化妆品等商品的卖场，还有西餐厅、快餐店、儿童乐园等店面，给顾客提供了一站式购物和文化服务。

地址：衿川区 Digital 路 9 路 23 号

交通：乘地铁 1 号线在加山 Digital 团地站下车，从 1 号出口出；或乘地铁 7 号线在加山 Digital 团地站下车，从 4 号出口出

营业时间：10:30~21:00（周一至周四），
　　　　　　10:30~21:30（周五至周日）

电话：02-21097000

网址：www.mariooutlet.co.kr

📷 **旅游达人游玩攻略**

1. 马里奥折扣商场会给外国顾客提供美元、日元现金结算服务，中国顾客能直接使用银联卡购物。另外，顾客在消费满 3 万韩元时，还可以享受除手续费以外的附加价值税的退税服务。顾客可以拿着退税单在该商场 1 馆 7 楼和 3 馆 11 楼的顾客中心办理退税手续，然后在出境时交给海关即可。

2. 马里奥折扣商场会给游客提供外语购物咨询服务，还会有中文、英文、日文的购物宣传册发行，给前来购物的顾客提供了极大的便捷。

· New Core Outlet

New Core Outlet 由新馆和本馆两部分构成,有食品馆、名品百货专门店、高尔夫球服饰店、运动服饰店等折扣店铺。此外,该商场除了销售品牌的过季商品外,还有直接从外国进口的当季减价商品,且每个月都会举行特价商品展。

地址:瑞草区蚕院洞 70-2 号

交通:乘地铁 7 号线在盘浦站下车,从 4 号出口出,步行约 5 分钟可到

营业时间:10:30~22:00(春节、中秋节当天休息)

电话:02-5305000

网址:www.newcore.co.kr

· 乐天名牌折扣购物中心

乐天名牌折扣购物中心位于首尔站内,是一座大型折扣商场。该商场里面有第一毛织休闲、LG 服饰、金刚等百余个品牌的商品。来到这里,顾客可以挑选丰富多样的商品,并能以十分优惠的价格购买百货店名牌商品。

地址:龙山区乐天名牌折扣购物中心首尔站店

交通:乘地铁 1 号线在首尔站下车

营业时间:11:00~21:00(周一至周四),11:00~22:00(周五至周日)

电话:02-69652500

网址:www.store.lotteshopping.com

📷 旅游达人游玩攻略

乐天名牌折扣购物中心给顾客提供了用韩、英、日、中 4 种语言制作的介绍手册,这为顾客在商场内购物提供了很大的便捷。

· 文井洞名牌折扣购物街

文井洞名牌折扣购物街与其他的折扣卖场相比,有着较大的空间优势,街内名牌折扣店众多,以 Bean Pole、NIKE、Adidas、Puma 等运动休闲品牌专卖店居多。其中,NIKE 品牌店内的服饰、运动鞋、帽子等过季商品一应俱全,商品的优惠折扣也特别低。

📷 旅游达人游玩攻略

1. 文井洞名牌折扣购物街在 5 月和 9 月春秋换季期间,店铺中的商品会比平时有更多的优惠,顾客可以选择在这时候前往店内淘物美价廉的宝贝。

2. 文井洞名牌折扣购物街的所有店铺都不会提供退货服务,建议顾客在挑选商品时,一定要经过仔细查看后再购买,避免买到不满意的商品。

地址:松坡区文井洞

交通:乘地铁 8 线在文井站下车,从 1 号出口出,步行约 10 分钟可到

营业时间:10:00~21:30

网址:www.rodeo1.co.kr

首尔娱乐

首尔是韩国政治、经济、文化和教育的中心，自有别样的风韵和情调。

· Once In A Blue Moon

　　Once In A Blue Moon 是一家十分特别的酒吧，也是一家以音乐为主题的高级夜店。该酒吧有着古典、雅致的情调，以及烈酒、红酒、白酒、香槟、鸡尾酒等美酒，其中尤其以红酒数量最多。同时，这里每晚有两场重头戏上演——爵士演奏，届时整个酒吧的气氛将会变得奔放、炙热起来。

📷 旅游达人游玩攻略

Once In A Blue Moon 中的爵士演奏表演时间一般为每天 19:30~ 次日 0:40（周一、周二为 20:00~24:00，周三至周六为 19:30 至次日 0:40，周日、法定节假日为 20:00~22:30），一天两场，第一场与第二场之间有 20~30 分钟的休息时间。

地址：江南区狎鸥亭罗德奥街 85-1 号
电话：02-5495490

· Cult hall

　　Cult hall 是一个以幽默著称的脱口秀团体，在首尔很受欢迎。当他们在剧场表演时，场场爆满的情景是经常出现的。那经典的段子，不断创新的表演项目，无不显示着浓浓的吸引力。来到首尔，亲身去感受一下 Cult Hall 中的气氛，将是你非常有必要去做的一件事。

地址：首尔市钟路区东崇洞
　　　　1-64 号
演出时间：16:00（周一至周五），16:00、20:00（周六、日）

·汉南大桥瞭望台"彩虹咖啡厅"

汉南大桥瞭望台"彩虹咖啡厅"位于汉南大桥南段的瞭望台上，是瞭望台娱乐区中最亮丽的风景。该咖啡馆的装潢以自行车零件以及相关的设计要素为主体，色彩鲜明。来到这里，捧一杯香气四溢的咖啡，一边品尝，一边欣赏汉江的夜景，是多么惬意啊。

地址：瑞草区蚕院洞汉南大桥南段
交通：乘地铁 3 号线在新沙站下车，从 4 号出口出，再换乘前往汉南大桥的巴士可到

营业时间：11:00~00:00
电话：02-5117345
网址：www.visitseoul.net

汉江夜景

·1974回家的路图书咖啡馆

1974 回家的路图书咖啡馆是一座装满书和杂志的小咖啡馆，主人希望下班后走在回家的路上的客人能偶尔走进店内喝一杯香浓的咖啡。该咖啡馆充分利用了狭长的设计空间，以雪松材料的原木色与点缀其中的绿色组合在一起，营造出了一种舒适温馨的氛围。

地址：Ducksan 建筑 528-3 号
电话：02-5461974

·咖啡王子一号店

咖啡王子一号店位于绿荫环绕下的小屋内，环境极其清幽。该店原是韩剧《咖啡王子一号店》的拍摄地，现在以剧中原样保留下来，继续经营着咖啡。来到这里，找一个靠窗的座位坐下，可以一边品尝香浓的咖啡，一边欣赏窗外的美景。

地址：麻浦区西桥洞 337-2 号
电话：02-3248085

· 乱打专用剧场

乱打专用剧场位于贞洞文化艺术会馆中，是一座大型现代化剧场。该剧场分为上下两层，经常会举办各种演出和电影首映式。剧场内的装潢虽不是十分豪华，但多了一份令人踏实的轻松感，坐席之间的距离比较宽敞，且有一定的斜度，后排看演出的观众绝不会受前排观众的影响。

📷 旅游达人游玩攻略

在乱打专用剧场看演出时，观众可以不用带饮料，在剧场内的自动贩卖机上购买即可。

地址：中区贞洞路 3 号
交通：乘地铁 5 号线在西大门站下车，从 5
　　　号出口出
门票：60000 韩元　营业时间：17:00~20:00
电话：02-7398288
网址：www.nanta.i-pmc.co.kr

· 贞洞剧场

贞洞剧场是首尔最著名的传统剧场之一，也是韩国向游客介绍本国民俗文化的渠道之一。该剧场设有针对国外游客开设的韩国传统艺术舞台，每天都有演出，在演出时，演员还会与观众进行互动。特别是在上演"美笑"这一剧目时，演员与观众的互动会变得极为热烈。

地址：中区贞洞路 43 号
交通：乘地铁 5 号线在西大门站下车，从 5 号出口出，步行约 10 分钟可到
营业时间：每周一关闭
电话：02-7511500
网址：www.chongdong.com

· Arko艺术剧场

Arko 艺术剧场是一座为振兴表演艺术和扩大公演观众群开设的大型剧场，也是一处艺术家专门的表演空间。该剧场以组织大型公演为主，以组织各种表演活动为辅，是游玩首尔值得一去的剧场之一。

地址：钟路区东崇洞 1-130 号
交通：乘地铁 4 号线在惠化站下车，从 2 号出口出，朝文艺振兴院、马罗尼矣公园方向步行可到
门票：随公演不同而各异
电话：02-36680007
网址：www.hanpac.or.kr

📷 旅游达人游玩攻略

想要购买 Arko 艺术剧场门票的观众，可以登录该剧场的主页或订票网页提前预定，这样就能节省不少时间。

首尔住宿

首尔的住宿场所非常多，无论是高档的精品酒店，还是经济型的青年旅馆、客房旅馆、韩屋寄宿，你都能轻易找到。首尔的经济型住宿点的消费一般在每晚5万韩元以下，高档的精品酒店消费则在5万韩元以上。首尔住宿点的价格一般不会随着季节的变化而变化，但有些酒店也会因为淡季的到来而调低价格。

江北区

酒店推荐			
名称	地址	电话	网址
明洞Nine Tree宾馆	中区奖忠路二街63-2号	02-7500999	www.visitseoul.net
BENIKEA酒店	中区乙支路5街99号	02-22774917	www.hotelacacia.co.kr
皇宫精品酒店	龙山区汉南洞737-32号	02-37028000	www.ipboutiquehotel.com
Elleinn酒店	龙山区葛月洞98-14号	02-7928700	www.hotelelleinn.com
乐天城市酒店	麻浦区孔德洞467号	02-60091000	www.lottecityhotel.co.kr
假日酒店	麻浦区桃花洞169-1号	02-7179441	www.seoulgarden.co.kr

客房旅馆推荐			
名称	地址	电话	网址
MARUJI客房旅馆	麻浦区延南路5街 30-4号	02-60825013	www.marujiguesthouse.com
Peter House	龙山区读书堂路123号号	02-7491234	www.petercasa.net
GoodDay Korea	龙山区大使馆路20街 8-3号	02-7938886	www.gooddaykorea.com
笑谈客房旅馆	麻浦区西江路20路11号号	010-24067122	www.sodamguesthouse.com
绿洲客房旅馆	麻浦区蜗牛山路29街12号	019-2910945	www.facebook.com
Little Garden of Maria	城北区北岳山路1街12号	010-55306384	www.lgmaria.com

韩屋寄宿推荐

名称	地址	电话	网址
北村旅馆	钟路区桂洞路99号	070-41503428	www.bukchoninn.com
古韵堂	钟路区紫霞门路8街20号	02-22770808	www.gowoondang.com
Seughyo House	钟路区北村路12路35-3号	02-7626917	www.homestay.jongno.go.kr
大宅门	钟路区桂洞2路7号	02-7626981	www.kundaemunjip.com
南岘堂	钟路区三一大路446-15号	02-26598788	www.namhyundang.co.kr

🏠 江南区

精品酒店推荐

名称	地址	电话	网址
LACASA酒店	江南区新沙洞 527-2号	02-5460088	www.hotellacasa.kr
特利亚酒店	江南区驿三洞677-11号	02-5532471	www.triahotel.co.kr
加利福尼亚观光酒店	松坡区可乐洞 98-6号	02-4014653	www.california-hotel.co.kr
湖水酒店	松坡区石村洞158号	02-4221001	www.hotellake.co.kr
乐天世界酒店	松坡区蚕室洞40-1号	02-4197000	www.lottehotelworld.com

青年旅馆推荐

名称	地址	电话	网址
首尔奥林匹克青年旅馆	松坡区芳荑洞88-8号	02-4102514	www.parktel.co.kr

2 首尔 →仁川

Shou'er→Renchuan

仁川交通

从首尔去仁川

从首尔到仁川，地铁无疑是最方便的交通工具之一。首尔直达仁川可乘坐与仁川 Korail 京仁线相连的地铁 1 号线，1 号线从首尔站开往仁川站，运行时间为 1 小时 20 分钟左右。

乘地铁游仁川

仁川市内现运行的地铁线路主要有仁川都市地铁1号线和Korail京仁线。其中，仁川都市地铁1号线从仁川北方的桂阳站开往南方的国际业务园区站，全程用时约54分钟；Korail京仁线从仁川站开往富川站，这条线路连通了首尔地铁1号线，可以直接由此进入首尔市内。另外，富平站是仁川都市地铁1号线和Korail京仁线的换乘车站。在仁川搭乘地铁时，可以使用T-money卡或购买单程票。

🚌 乘巴士游仁川

仁川市内巴士站的位置和仁川地铁站是在一起的。仁川市内巴士主要有市内券（循环型）、市内券（主题行）、江华观光路线（主题型）三种类型，各类型的巴士可参观的景点、运行时间以及费用是不同的。想了解仁川市内巴士的具体信息，可以通过打电话032-7724000（仁川市区游）、02-1330（1330旅游咨询热线）查询，也可以参照下表信息。

仁川市内巴士信息				
名称	运行线路	出发时间	运行时间	费用
市内券（循环型）	仁川站-月尾岛-仁川港闸门-月尾公园-仁川港-仁川大桥（通过）-乙旺里海水浴场-京仁船路-仁川站	12:00、13:00、14:00（周六、周日增加15:00运行）	2小时	7 000韩元（13岁以上），5000韩元（4岁至12岁）
市内券（主题行）	仁川站-韩国移民史博物馆-仁川港-智能城市-仁川大桥（通过）-仁川国际机场-展望台-乙旺里海水浴场-京仁船路-桂阳站-仁川站	11:00（周二至周日运行）	5.5小时	10 000韩元（13岁以上），8000韩元（4岁至12岁）
江华观光路线（主题型）A 路线	仁川站-高丽宫址-龙兴宫-江华和平展望台-江华富近里支石墓-江华人参中心-仁川站	10:00（每周六）	8小时	10 000韩元（13岁以上），8000韩元（4岁至12岁）
江华观光路线（主题型）B 路线	仁川站-草芝镇-广城堡-传灯寺-江华郡农耕文化馆-江华人参中心-仁川站	10:00（每周日）	8小时	10 000韩元（13岁以上），8000韩元（4岁至12岁）

🚌 乘出租车逛仁川

仁川市内乘坐出租车非常方便，几乎每个辖区都有出租车呼叫中心，想乘坐的话可以事先打电话预订。乘坐出租车的基本费用可以打电话咨询。

仁川市内巴士信息			
名称	电话	名称	电话
韩国通信出租车呼叫中心	032-7650129	南区仁川天使出租车呼叫中心	032-4211005
中区京仁出租车呼叫中心	032-8857555	南区京仁出租车呼叫中心	032-7630355
东区新星出租车呼叫中心	032-8857555	南洞区艾尼出租车呼叫中心	032-8658887
东区联星出租车呼叫中心	032-8844553	南洞区出租车呼叫中心	032-4638255
富平区友利会出租车呼叫中心	032-5214443	西区京仁出租车呼叫中心	032-5777566

仁川景点

龙宫寺

龙宫寺

龙宫寺原名"白云寺"，后改为现名。该寺历史悠久，是仁川最著名的寺庙之一，主要建筑有观音殿、疗舍、七星阁等。寺内高达十余米的弥勒佛像和两棵树龄达到千余年的榉树为其主要看点。

旅游资讯

地址：中区云南路 199-1 号
交通：乘 202、203 路市内巴士在永宗办
事处站下车
电话：032-7461361
网址：www.cn.koreatemple.net

月尾岛

月尾岛与仁川陆地相连，名字来源于该岛半月尾状的形状。月尾岛上有游乐场、咖啡厅、餐厅、文化街等娱乐、餐饮场所。其中，游乐场以惊险刺激的海盗船闻名，文化街上则时常会有画家即兴为游客作画。同时，游客还可以坐在游船上环游四周美景，享受凉爽的海风。

旅游资讯

地址：中区月尾路 252 号
交通：乘地铁 1 号线在仁川站
下车
门票：免费
电话：032-7654169
网址：www.my-land.kr

旅游达人游玩攻略

1. 尾岛上的游览船运营时间为 12:00、14:00、16:00、18:00（夏季运行至 19:30）这四个时间段，环岛一周所用时间约为 1 小时 20 分钟，参考费用为 15 000 韩元。具体情况可以拨打游览船售票处的电话咨询：032-7641171。

2. 月尾岛海边文化街每年都会举行"月尾庆典"活动。活动期间，街道上会有各种庆典活动和传统表演，游客可以在这一时段前往游玩。"月尾庆典"活动具体举办时间可以在网上查询。

草芝镇

草芝镇原是仁川为阻挡从海上侵略的外敌而修建的军事要塞，现为仁川的重要观光旅游景点。来到这里，你可以看到战争在老松与城墙上留下的炮击痕迹，还能看到军队使用过的大炮等文物。

旅游资讯

地址：江华郡吉祥面草芝里 624 号

交通：乘江华邑内出发的循环巴士可到

门票：成人 700 韩元，儿童、军人、青少年 500 韩元。通票：成人 2700 韩元，儿童、军人、青少年 1700 韩元

开放时间：9:00~17:00（1~2 月、11 月），9:00~18:00（3~4 月、9~10 月），9:00~19:00（5~8 月）

电话：032-9307072

网址：www.tour.ganghwa.incheon.kr

旅游达人游玩攻略

草芝镇常年设有文化观光汉语解说员，解说时间为10:00、11:00、13:10、14:00、15:00、16:00，想听解说的游客可以提前在草芝镇卖票处咨询具体解说地点。另外，在解说时间外，游客也可以申请解说，申请电话为：032-9379365。

乙旺里海水浴场

乙旺里海水浴场位于龙游岛西南侧。该浴场的平均水深为 1.5 米，浅海坡度较为平缓，拥有美丽的白沙滩。浴场内还有更衣室、淋浴场、学生野营场、草坪等，适合游客前来游泳、观光。同时，这里也是观测天象的绝佳场所。

旅游资讯

地址：中区乙旺洞

交通：乘开往龙游的巴士可到

门票：免费　**开放时间**：全天开放

电话：032-7510015　**网址**：www.icjg.go.kr

旅游达人游玩攻略

游客在每年 7~8 月，前往乙旺里海水浴场游玩并设置帐篷时，需要交纳 5000 韩元的废物处理费。

乙旺里海水浴场

广城堡

广城堡是光海君时修建的堡垒，由鳌头、花岛、广城墩台及鳌头亭等建筑组成。整座堡垒完整保存了战争时期使用过的大炮、炮台和城墙等遗迹，非常适合游客前来参观，体会当时战争的激烈场面。同时，游客还可以站在城墙上俯瞰海景与墩台的曲线。

旅游资讯

地址：江华郡佛恩面德城里 833 号

门票：成人 1100 韩元，儿童、军人、青少年 700 韩元。通票：成人 2700 韩元，儿童、军人、青少年 1700 韩元

开放时间：9:00~17:00（12 月至次年 2 月），9:00~18:00（3 月至 4 月、9 月至 10 月），9:00~19:00（5 月至 8 月）

电话：032-9307070

仁川儿童博物馆

　　仁川儿童博物馆是韩国最大的儿童博物馆，也是一个可以亲手触摸和进行制作的体验型博物馆。该博物馆内设有地球村探访、科学探访、恐龙探险等多种主题展示馆，还有立体影像馆、艺术体验教室等设施。家长带孩子来这里游玩，可以通过相关的教育项目，提升孩子的创意能力和解决问题的能力。

旅游资讯

地址：南区文鹤洞 482 文鹤主竞技场内仁川儿童博物馆

交通：乘 4、6、13 路等公交车在文鹤竞技场站下车

门票：一般（中学生以上）5000 韩元，儿童（1岁以上）6000 韩元

电话：032-4325600

网址：www.enjoymuseum.org

水道局山贫民村博物馆

　　水道局山贫民村博物馆位于松现近隣公园内，是一座以贫民村人民的生活为主题的博物馆。该博物馆重现了 1960~1970 年仁川"贫民村"的样子，在这里可以看到理发店、烟炭卖店、小杂货店等店铺，还可以看到村民共用的水道、厕所以及家庭代工的场面，游客可以从中了解当时韩国人的某些生活状况。

旅游资讯

地址：东区松光路 51 号

交通：乘 12、16 路等公交车在美林剧场前站下车

门票：成人（19 岁以上）500 韩元，青少年（13~18 岁）300 韩元，儿童（5~12 岁）200 韩元

开放时间：每周一、元旦、春节和中秋节当天闭馆

电话：032-7706131

网址：www.icdonggu.go.kr

水道局山贫民村博物馆

最容易让人忽略的景点

龙兴宫

龙兴宫是哲宗登上王位之前曾居住过的房子，也是广域市最著名的遗迹游览胜地之一。该宫为住宅式建筑，屋顶的侧面为八字形的八字屋顶房，建筑风格简单、古朴，但又不失风雅。龙兴宫内部有哲宗曾经居住过的房子，相关碑石、碑阁，并设有哲宗的生平展。

旅游资讯

地址：江华郡江华邑同门安路 21 号路 16-1 号

门票：免费

电话：032-9303627

网址：www.ganghwa.incheon.kr

江华支石墓

江华支石墓位于江华郡富近里地区，是一处研究史前文化的宝贵资料库。该地区分布有多座支石墓，均由巨石搭建而成。这里的支石墓最大的特点是比一般支石墓分布的平均海拔高度要高。此外，探访江华支石墓的最佳时机为夕阳西下时。

旅游资讯

地址：江华郡河岾面富近里 317 号

交通：乘江华邑到支石墓的班车可到

门票：免费

开放时间：9:00~18:00

电话：032-9333624

旅游达人游玩攻略

江华支石墓会给游客提供英语和日语两种语言的解说服务，需要该服务的游客可以打电话直接申请。

仁川跨海大桥

仁川大桥

仁川大桥是韩国最长、最大的一座桥，享有"韩国桥梁建设史上巅峰之作"的美称。该大桥由斜拉桥、引桥和高架桥组成，大桥中间的倒"Y"字形钢筋混凝土结构的主塔几乎和首尔 63 大厦一样高。该大桥大大缩短了仁川国际机场到首尔南部的距离，还成为了观赏仁川秀丽风光的理想地。

旅游资讯

地址：中区云南洞 1113-70 号仁川大桥

交通：乘地铁机场线慢车可到　　**门票**：免费

开放时间：全天开放　**电话**：032-7458281　**网址**：www.incheonbridge.com

仁川美食

仁川的美食主要以韩式风味和亚洲风味美食为主。仁川的韩式风味美食以烧烤类、炖汤类、面类为主，亚洲式风味美食有饭菜类、汤类、烧烤等。

仁川风味

· 鳗鱼名家

鳗鱼名家是一家韩式餐厅，主打菜肴为韩国产木炭盐烤淡水鳗鱼、腌烤鳗鱼等。该餐厅外部建筑时尚、美观，内部环境舒适，餐桌干净整洁，给人一种温馨、舒适的感觉。来到这里，你可以找个靠窗的位子，点上几个菜，一边吃一边看窗外的景色。吃完饭后，还可以坐在露天阳台上喝一杯香浓的咖啡，等待夕阳西下。

地址： 南洞区间石 4 洞 617-20 号
交通： 乘地铁 1 号线在间石站下车
营业时间： 11:30~23:30；春节和中秋节当天闭馆
电话： 032-4275700
网址： www.jjanga.co.kr

🎦 旅游达人游玩攻略

在 11:30~15:00 这个时间段来鳗鱼名家吃饭，食客如果点淡水鳗鱼和鳗鱼汤这两个菜，店家会给予打折优惠。

· 新村雪浓汤

新村雪浓汤是一家以雪浓汤为主打菜肴的韩式餐厅。餐厅中的雪浓汤只用骨头熬制，不会掺杂其他材料，汤味清淡，味道非常好。在这里喝过雪浓汤后，大多数食客都会说"吃过一次，就想来第二次"。同时，餐厅中的牛尾汤、熟肉、炖牛尾等也是值得一尝的菜肴。

地址： 中区机场路 424 号路 47 号
营业时间： 全天
电话： 032-7437461

· 清河Korea

　　清河 Korea 距离仁川机场非常近，是一家以接待旅行社团体游客为主的韩式餐厅。该餐厅主打菜肴为蘑菇火锅、烤鱿鱼、五花肉和乌冬面，口味地道，价格也较为实惠。此外，该餐厅一、二楼还设有外国人专用购物中心，吃完饭后，可以享受购物的乐趣。

地址：中区云南洞 211-2 号
交通：乘 202、203 路巴士可到
营业时间：10:00~22:00
电话：032-7510448
网址：www.chkorea.co.kr

📷 **旅游达人游玩攻略**
前往清河 Korea 就餐前，食客可以通过打电话或上网两种方式提前预约。预约截止时间为当日下午 16:00，预约进餐截止时间为 20:00。如果，食客想要在 20:00 以后进餐的话，就必须提前一天预约。此外，如果食客想取消预约的话，必须在约定时间前 2 小时打电话通知餐厅。

🍴 中国风味

· 仁川中国城

　　仁川中国城有许多中国料理店，店主大部分是华人。这里的中华料理口味却非常正宗。来到这里，随便走进一家料理店，你都能从中感受到一份浓浓的中国气息。

地址：仁川广域市中区善隣洞北城洞一带
交通：乘地铁 1 号线在仁川站下车，步行约 2 分钟可到
电话：032-8102853
网址：www.ichinatown.or.kr

🍴 世界美味

· **Samarkand**

　　Samarkand 是一家正宗乌兹别克斯坦餐馆，主打菜肴为蒸羊排、羊肉汤、牛肉炒饭。该餐厅由乌兹别克斯坦本土厨师亲自主厨，烹饪材料主要为羊肉、牛肉、鸡肉等，做出来的菜肴色香味俱佳，口感地道。餐馆价格较为实惠，且服务态度很好，是在仁川游玩值得一尝美味的餐馆。

地址：广域市中区新浦洞 20-1 号
营业时间：11:00~23:00
电话：032-7736700

📷 **旅游达人游玩攻略**
在 Samarkand 餐厅用餐时，食客一定要记得保留好餐厅给你的优惠券（一次一张），如果能积攒十张优惠券，就可以免费在餐厅中吃一顿饭。

• Arabesque

　　Arabesque 在刚开业时名为"Sahara Tent"，后变更为现在所用之名。该餐厅以经营印度菜、土耳其菜、阿拉伯菜为主，主打菜肴为土耳其烤羊肉、印度手抓饭、咖喱等。菜肴最大特色是基本接近本土口味。

地址：仁岘洞 22-40 号
交通：乘地铁 1 号线在东仁川站下车，从 6 号出口出可到，或乘 16、21 路公交车在东仁川站下车
营业时间：12:00~22:30
电话：032-7640064

仁川购物

　　在仁川的百货商场、廉价超市、免税店走走，你可以看到很多别的地方没有的商品，也能"淘"到很多物美价廉的宝贝。总之，在仁川购物，会是一次充满惊喜与欢乐的体验活动。

人气旺盛的百货商店

• 乐天百货公司

　　乐天百货公司建筑规模庞大，共有十余层店面，每层店面布局都非常舒适、温馨。商场内有着众多品牌服饰、化妆品、生活用品等商品，还有乐天影院、文化中心、餐厅区等多种服务设施，给顾客提供了很大的方便。

地址：仁川市南洞区艺术路 148 号
交通：乘坐地铁仁川 1 号线在艺术会馆站或仁川客运站下可到
营业时间：10:30~20:00（周末特殊，10:30~20:30）
电话：032-7712500

乐天百货公司

·新世界百货公司

　　新世界百货公司是一座超大型综合购物商场。商场内有数百个品牌专柜，商品齐全，价格比较合理，购物环境也非常舒适。此外，商场内还有一个开放式的艺术主题馆，里面经常会举办展示会。

地址：南区官校洞 15 号

交通：坐仁川地铁 1 号线在仁川客运站下车

开放时间：10:30~20:00，每月休息一次，星期一（随营业计划安排会有所变动）

电话：080-4301615

网址：www.department.shinsegae.com

📷 旅游达人游玩攻略

新世界百货公司有专门为女性顾客准备的化妆间、授乳间和授乳用具洗涤室等，还有专门为孩子们准备的幼儿休息室和适用于 3~7 岁儿童玩耍的儿童游乐园等设施，给在这里购物的顾客提供了极大的方便。

🎁 名牌集中的免税店

·新罗免税店

　　新罗免税店是仁川机场内规模最大、服务最好的免税店之一。该店在仁川机场航站楼和新登机楼内都设有销售柜台，店内经营商品种类众多，主要有国际品牌服饰、化妆品、体育用品、传统工艺品等。

地址：中区机场路 424 街 47 号

交通：仁川机场 3 楼出境区

营业时间：7:00~21:30（部分商店 24 小时营业）

电话：032-7434463

网址：www.shilladfs.com

📷 旅游达人游玩攻略

顾客在前往新罗免税店购物时，可以事先进入网站中看下自己喜爱的商品的样式和价格，然后再前往实体店中购买。

·乐天免税店

　　乐天免税店是目前韩国最大的拥有连锁体系，提供优质服务和商品的大型购物中心。位于仁川机场的这家店铺以经营化妆品、香水、烟酒、服饰及韩国观光纪念品等商品为主，商品种类丰富，且售货员服务态度很好。

地址：中区机场路 271 号

交通：乘 6702、6703、6704 路机场巴士可到

营业时间：7:00~21:30（部分卖场 24 小时营业）

电话：032-7437779

网址：www.kr.lottedfs.com

📷 旅游达人游玩攻略

必须携带有关本人具体出国证件（出境日期、机场名称、航班/船班号）和护照才能在乐天免税店购物。买好商品后，顾客可用韩元、美元、日元等现金买单，也可以用信用卡买单。

· 韩国观光公社仁川 1 港免税店

　　韩国观光公社仁川 1 港免税店位于仁川中区海港边，是旅客在办完出国手续后，仍可以进行购物的地方。该店以经营洋酒、烟为主，兼营化妆品、相机、红参等商品，价格较为实惠，服务态度也很好。

地址：仁川中区港洞 7 街 85-72 号

交通：乘地铁 1 号线在东仁川站下车，再搭 12、
　　　23、24 路公交车在沿岸码头下车

营业时间：11:00~21:00

网址：www.dutyfreekorea.co.kr

📷 **旅游达人游玩攻略**

在韩国观光公社仁川 1 港免税店购物时，顾客可以用韩元、日元、美元等结账外，还可以使用信用卡和旅行支票。

🎁 物美价廉的**超市**

· Home plus

　　Home plus 是一座综合性的购物中心。店内设有餐厅、服饰店、时尚单品店、CGV 影院等服务设施，并从方便外国顾客的角度出发，配备了一大批精通外语的店员，给顾客购物带来了很大的方便。此外，店内还实行了双倍赔偿制、结算失误补偿制、送货责任制等多项特色服务。

地址：南洞区艺术路 198 号

交通：乘地铁 1 号线在艺术会馆站下车

营业时间：8:00~24:00

电话：032-4282080

网址：www.corporate.homeplus.co.kr

· 易买得

　　易买得位于 AIRJOY 主题公园内，是一家大型综合性廉价超市。超市营业面积很大，不仅有商品种类繁多的购物中心，还有主题博物馆、饮食区、体验展示馆、机场展望台等多个区域，是能让顾客享受不一样的乐趣的地方。

地址：中区机场路 424 号路 47 号

交通：乘 203、233、222 路公交车在
　　　易买得下车即可

营业时间：10:30~22:00

电话：032-7441234

网址：www.store.emart.com

仁川娱乐

　　仁川的娱乐项目主要分为传统体验和特色体验两部分。其中，传统体验主要分为传统文化体验馆和山寺体验两种，特色体验则是体验江华药艾。来到仁川，亲身体验一下这两种特殊的娱乐方式，不失为一种美好的享受。

·仁川机场传统文化体验馆

　　仁川国际机场传统文化体验馆是专门为飞往美洲、欧洲、亚洲等各洲的旅客，在候机时间里，提供的体验韩国传统文化的展示空间。该馆主要有传统韩纸制作珠宝盒、利用裁缝制作衣服等体验活动，在仁川国际机场 3 楼出境区的旅客都可以免费到体验馆内参观。此外，体验馆里还可以欣赏韩国传统工艺作品。

地址：仁川国际机场 3 楼出境区内
开放时间：7:00~22:00
电话：032-7413139

📷 旅游达人游玩攻略

1. 仁川国际机场传统文化体验馆内的公演舞台，在每周一、周五、周六会举办每天两次的传统国乐公演（15 分钟）及短萧体验（20 分钟）活动，游客可以前往观看。具体举办时间和地点为：东侧 12:15、18:15，西侧 11:00、17:00。同时，馆内还会举办长达半小时的以外国游客为对象的免费授课，有兴趣的游客也可以去看下。

2. 仁川国际机场传统文化体验馆内的传统工艺作品展示馆全天都会开放。该馆 4 层便利设施 Snack Bar 的对角位置，每周一至周五 10:00~18:00，会有免费的英文解说服务，有兴趣的游客可以前去看下。

·传灯寺

　　传灯寺位于鼎足山上，是一处千年古刹。该寺每周都会有游客在寺庙寄宿，来体验寺庙的佛教文化与自然之美。寺内的主要体验项目为学习寺庙礼节、参禅冥想、齐心协力等，还有与僧侣们喝茶聊天的特殊体验。

地址：江华郡吉祥面传灯寺路 37-41 号
交通：乘新村客运站开往传灯寺的直达公交车可到
开放时间：7:00~18:00
电话：032-9370125
网址：www.jeondeungsa.org

· 江华Armiae World

江华 Armiae World 是一个可以体验江华药艾的主题空间。空间内设有品尝最高级药艾韩牛的餐厅，还有药艾足浴、药艾面颊热疗等体验场所以及陶瓷体验场和江华品牌农特产销售场。此外，这里还有能够让孩子们学习农业重要性的农耕文化馆、黄土温室。

地址：仁川市江华郡佛恩面中央路 742-2 号

门票：免费，各体验项目费用不等

开放时间：农耕文化馆 9:30~17:30；温色迷宫公园夏季 9:00~18:00，冬季（12月至次年2月）9:00~17:00；药艾体验场 9:00~20:00（提前3天预约）；陶瓷器体验场 10:00~18:00；药艾 Wellga 专门餐厅 10:00~22:00；江华农特产品贩售处 8:00~18:00

电话：白天 032-9304114，夜间 032-9304119

网址：www.armiae.com

📷 旅游达人游玩攻略

1. 前往江华 Armiae World 游玩时，游客可以提前通过上网或打电话的方式预约。游玩农耕文化馆、迷宫公园时，还可以打电话预约药艾 Wellga、加工工厂的门票。

2. 游玩江华 Armiae World 时，游客可以免费体验药艾。不过，在陶瓷体验场上体验时需要另外付费。

3. 想在江华 Armiae World 购物的游客，可以前往药艾 Weooga1 楼的江华农特产品卖场中购买。

仁川的住宿点主要分为观光酒店和汽车旅馆两种，其中以观光酒店居多。仁川的观光酒店有高中低三种档次，旅客可以根据自己的需求选定。同时，观光酒店还会根据旅游旺季和淡季，相应地调整酒店房间价位。

🏠 仁川国际机场区

高档观光酒店推荐			
名称	地址	电话	网址
港湾公园大酒店	中区港洞3街 5号	032-7709500	www.harborparkhotel.com
仁川乐园酒店	中区港洞1街3-2号	032-7625181	www.incheon.paradisehotel.co.kr
凯悦仁川	中区云西洞2850-1号	032-7451234	www.hyattregencyincheon.co.kr
天空酒店	中区云西洞2790-2号	032-7521101	www.eng.hotelsky.co.kr
最佳西方精品仁川机场酒店	中区云西洞2850 -4 国际业务团地	032-7431000	www.airporthotel.co.kr

中档观光酒店推荐			
名称	地址	电话	网址
海洋世界观光酒店	中区乙旺洞877-10号	032-7522000	www.hotelseaworld.co.kr
胜者观光酒店	中区乙旺洞891号	032-7515322	www.hotelwinners.net
仁川海滩观光酒店	中区乙旺洞773-2号	032-7511177	www.hotelib.co.kr
瑟堡酒店	中区乙旺洞703-14号	032-7520013	www.chinese.visitkorea.or.kr
仁川机场六月酒店	中区新都市南路150号街18号	032-7464417	www.hoteljune.com

低档观光酒店推荐			
名称	地址	电话	网址
仁川机场酒店	中区云西洞2790-4号	032-7522066	www.incheonairporthotel.co.kr
塞维利亚观光酒店	中区云西洞2801-4号	032-7521170	www.hotelsv.co.kr
华克山庄仁川机场换乘酒店	中区云西洞 仁川国际机场客运站4楼	032-7433000	www.airgardenhotel.com
仁川机场皇后酒店	中区云西洞2801-5号	032-7470070	www.incheonairporthotel.net
空中花园酒店	中区云西洞2798-2号	032-7522266	www.incheonairtel.com
乙旺观光酒店	中区乙旺洞749号	032-7512233	www.ulwanghotel.com
森林公园酒店	中区德桥洞128-12	032-7528281	www.parkwood.co.kr
海边酒店	中区德桥洞128-17号	032-7460072	www.oceanside.co.kr

🏠 其他区

高档观光酒店推荐			
名称	地址	电话	网址
最佳西方精品松岛公园酒店	延寿区高科技园路151号	032-2107000	www.songdoparkhotel.com
Benikea松岛Bridge酒店	延寿区松岛洞10-2号	032-2103000	www.songdobridgehotel.com
希尔顿仁川酒店	延寿区国际会展中心大路路153号	032-8351000	www.sheratonincheon.co.kr
卡里斯酒店	桂阳区鹊田洞428-2号	032-5560880	www.hotelcharis.com

中档观光酒店推荐			
名称	地址	电话	网址
富平观光酒店	富平区葛山洞181号	032-5048181	www.hppwed.com
松岛华美达酒店	延寿区东春1洞	032-8322000	www.ramada-songdo.co.kr
皇家酒店	南洞区间石3洞	032-4213300	www.royalhotel.co.kr

低档观光酒店推荐			
名称	地址	电话	网址
切尔西酒店	仁川南区洞间石3洞123-9号	032-4347517	www.chelseahotel.co.kr
半岛观光酒店	桂阳区鹊田洞905-3号	032-5515959	www.chinese.visitkorea.or.kr

汽车旅馆推荐			
名称	地址	电话	网址
仁川Black Hole酒店	南区朱安6洞69-18号	032-4383856	www.cafe.naver.com
西海旅馆	瓮津郡白翎面镇村1里 630号	032-8361101	www.bshmotel.co.kr

3 仁川→京畿道
Renchuan→Jingjidao

京畿道交通

🚌 从仁川去京畿道

　　从仁川前往京畿道,最为便捷的交通工具是地铁。游客可以乘 Korail 京仁线从仁川站出发,然后由地铁 1 号线到达位于京畿道水原市的地铁 Korail 金釜线水原市站。其运行时间大约为 2 小时 40 分钟。

🚌 乘地铁玩京畿道

　　京畿道与首尔距离非常近,首尔有多条地铁线延伸到了京畿道市内,这也使得乘地铁游玩京畿道变得十分便捷。京畿道境内的地铁线主要有通向东豆川的 1 号线,通向高阳市的 3 号线,通向果川市、安山市的 4 号线,从水西开往龙仁宝亭的盆唐线等。不熟悉地铁线路的乘客，可以在地铁站售票窗口旁边的黄色盒子中免费领取地铁路线图。

 乘出租车逛京畿道

在京畿道乘出租车非常方便，价格也比较便宜。想搭乘出租车时，你只需在出租车停靠站或路边挥手叫车即可。当然，你也可以通过打电话的方式叫车，不过这种方法需要另交1000元的服务费。京畿道的出租车主要有普通出租车、模范出租车、大型出租车和货物车（CallVan）四种类型，普通出租车较为便宜，模范出租车、大型出租车和货物车（CallVan）则稍微贵一点，你可以根据自己的需要选择出租车类型。

京畿道景点

华城行宫

华城行宫是正祖在出驾显隆园时，临时居住过的宫殿，规模雄伟壮大，用途广泛，被称作景福宫的"副宫"。该行宫东西南北依次由四道门楼围成，分别为苍龙门、华西门、八达门、长安门。其建筑风格杰出，是韩国最早新城市建设的典范。华城行宫内有很多供游客体验的项目，如华城国弓体验、八达山山顶的孝园敲钟、大长今服饰试穿等。

💬 旅游资讯

地址： 水原市八达区南仓洞68-5号

交通： 乘83-1路巴士在华城行宫下车可到

门票： 成人1500韩元，青少年、军人1000韩元

开放时间： 夏季9:00~18:00，冬季9:00~17:00

电话： 031-2284677

网址： www.hs.suwon.ne.kr

📷 旅游达人游玩攻略

华城行宫内，每周六都会举办试典活动、宫中舞蹈、舞童游戏、传统走绳等公演活动，活动时间为每场20分钟，届时，你还可以前往观看。

华城行宫

水原华城博物馆

　　水原华城博物馆是为向世界宣传华城而建立的大型博物馆，共有三层，设有常设展览区、常设体验室等展区。其中，常设展览区内，有展示水原华城的筑城过程和城市发展过程的华城筑城室，常设体验室主要针对儿童和青少年开展体验教育活动。

旅游资讯

地址：水原市八达区苍龙大路 21 号

交通：乘 2、7、60 路等公交车在博物馆站下车

门票：成人（19 岁以上至 64 岁以下）2000 韩元，青少年（13 岁以上至 18 岁以下）1000 韩元

开放时间：9:00~18:00，每月第一个周一闭馆（为公休日时则下一天闭馆）

电话：031-2284205

网址：www.hsmuseum.suwon.ne.kr

旅游达人游玩攻略

水原华城博物馆内设有英语、日语、汉语等翻译服务，需要该服务的游客可在网站预约，或当天到水原华城博物馆咨询台申请。在某些特殊情况下，这里可能会不提供外语介绍，具体情况可提前在网站上查询。

利川陶艺村

利川陶艺村

　　利川陶艺村是韩国古代制作白瓷的中心地带，也是韩国有代表性的陶艺村。该陶艺村现拥有数十家陶瓷工厂和数百座陶窑。来到这里，既可以了解陶瓷的整个制作过程，也可以直接购买看中的瓷器。其中，欣赏有"陶艺界民间文化遗产"之称的老陶匠的得意作品是最受游客欢迎的活动。

旅游资讯

地址：利川市新屯面水光里 153 号

交通：乘开往新屯面的 14 路巴士可到

电话：011-97223251　网址：www.ceramic.invil.org

旅游达人游玩攻略

1. 利川陶艺村每年都会举办世界性的"利川陶瓷节"，主要是为了将韩国的传统文化推向世界。陶瓷节上为游客准备了展示陶器的陶艺室、烧窑及出窑演示、单件陶器及陶群展等各种建筑及节目。想知道陶瓷节具体举办时间的游客，可在网上查询。

2. 利川陶艺村有陶瓷文化体验观光、陶瓷体验及温泉观光、陶瓷体验及农村体验、陶瓷体验及庆典观光等体验活动，想参加体验活动的游客可打电话咨询。

国立现代美术馆

📍 国立现代美术馆

国立现代美术馆是韩国唯一一家可以同时欣赏到韩国与世界各国美术作品的国立美术馆。该美术馆傍依清溪山而建，建筑风格与韩国特有的景致融为一体，其壮观令人瞩目。馆内除拥有顶级设备外，还开设有露天雕塑场，并修建了韩国古代的城郭和烽火台以及传统村落的围墙和阶梯等模型。

💬 旅游资讯

地址：果川市莫溪洞 58-4 号

交通：乘地铁 4 号线在大公园站下车，从 2 号出口出，步行约 20 分钟可到

门票：免费

开放时间：10:00~18:00（3 月至 10 月）；10:00~17:00（11 月至次年 2 月）；每周一、元旦节闭馆

电话：02-21886000

网址：www.moca.go.kr

📷 旅游达人游玩攻略

1. 在国立现代美术馆游玩，除了可以欣赏美术作品外，还可以去图书资料室里查看有关美术作品方面的书，去音像商店里买纪念品和工艺品。此外，若是在美术馆里玩累了，还可以去餐厅或休息室享用味美价廉的食物。

2. 国立现代美术馆内有企划展示活动，平时体验时，游客需购买门票，但在每月第二个周六，则可以免费体验。

📍 首尔乐园

首尔乐园是一座深受市民和游客喜爱的主题公园。公园分世界广场、冒险王国、未来国度、三千里乐园等五大主题区，各主题区都有自己与众不同的特色。其中，世界广场集中了世界各国著名建筑风格的建筑物，冒险王国是以西部拓荒时代为背景的"奇幻王国"，未来国度是演绎尖端科技和神秘未来的区域，三千里乐园则以"鬼吹风"和人气明星们经常演出的三千里大剧场而扬名。

💬 旅游资讯

地址：果川市莫溪洞首尔乐园

交通：乘地铁 4 号线在大公园站下车，从 2 号出口出可到

门票：白天：成人 31 000 韩元，青少年 27 000 韩元，儿童 24 000 韩元。夜间：成人 28 000 韩元，青少年 24 000 韩元，儿童 21 000 韩元

开放时间：9:30~21:00（周一至周五），9:30~22:00（周六、周日）

电话：02-5096000

网址：www.chn.seoulland.co.kr

📷 旅游达人游玩攻略

在首尔乐园游玩时，建议游客穿轻便、舒适、合脚的鞋子，不要将硬币放在裤兜内。另外，女士尽量不要穿裙子。

京畿道周边景点

米BC大长今主题公园

米BC大长今主题公园是电影《大长今》的主要拍摄场地之一，也是韩国第一个以电视剧为主题的大型公园。该公园中设有御膳厨房、住房等宫殿建筑，复原了的李朝王宫和集市。

旅游资讯

地址：杨州市晚松洞米BC文化乐园

交通：乘地铁1号线在杨州站下车后，再打车前往米BC文化乐园；或乘30路公交车可到

门票：13岁以上5000韩元，5~12岁3000韩元

开放时间：10:00~17:00

旅游达人游玩攻略

米BC大长今主题公园的行宫中，每周一都会举行华城行宫勇营守卫仪式，游客可以前往观看，还可以试穿国王和大臣的服装（试穿费用为5000韩元），并可以拍照留念。同时，游客还可以参加投壶游戏、乘轿子等活动。

爱宝乐园

爱宝乐园占地面积庞大，由地球购物中心、美洲冒险区、魔幻乐园、欧洲冒险区、赤道冒险区这五大主题区组成，每个主题区内都有不同的冒险和浪漫元素。其中，在地球购物中心里可以看到伊斯兰、西班牙等世界各地新奇漂亮的建筑；美洲冒险区有30多种最新游乐设施；魔幻乐园里有世界唯一的伊索主题空间——伊索村；欧洲冒险区有世界最陡峭的木质过山车"T express"；赤道冒险区内共有数百种动物。

旅游资讯

地址：龙仁市处仁区蒲谷邑前垈里310号

交通：乘1500路巴士在爱宝乐园站下车

门票：白天票：成人33 000韩元，青少年28 000韩元，小孩、老人25 000；夜间票：成人26 000韩元，青少年24 000韩元，小孩、老人22 000

开放时间：10:00~18:00（周一至周五），10:00~20:00（周六），10:00~19:00（周日、公休日）

电话：031-3205000

网址：www.everland.com

旅游达人游玩攻略

1. 不方便的游客在爱宝乐园游玩时，可以将导盲犬和导聋犬带入。另外，带孩子的游客还可以在乐园内租借（一般/双人车都可租借）婴儿车，租借费用为：一般4000韩元，双人车10 000韩元。

2. 在游玩爱宝乐园时，如果购买了巴士游车票，可以免费使用骑坐动物、冒险世界、特别旅行等娱乐设施。

韩国民俗村

　　韩国民俗村由复原和展出民俗资料及民族文化遗产的民俗景观区、展出文化遗产和民俗资料的博物馆区、展出传统食品、工艺品、纪念品的集市街这三部分构成，主要展现的是李朝后期不同阶层人民的文化和生活景象。走在这里，你可以看到李朝时代的官衙、铁匠铺、书房、年糕店等店铺。此外，还能看到丰富多彩的民俗游戏。

旅游资讯

地址：水原市八达区梅山路 1 街 18 号
交通：乘地铁 2 号线在江南站下车，从 6 号出口出，再换乘 1560 路公交车在民俗村站下车可到
门票：11 000 韩元，通票 16 000 韩元，民俗村通票 14 000 韩元
开放时间：9:00~18:00（周一至周五）

龙仁韩国民俗村的表演

最容易让人忽略的景点

龙珠寺

　　龙珠寺位于幽静青翠的山林里，是一座历史悠久的古老寺院。该寺环境清幽，主要由大雄宝殿、千佛殿、冥府殿、梵钟阁、法鼓阁等建筑组成。寺内拥有"韩国国宝"之称的龙珠寺梵钟，以及石造舍利塔、《父母恩重经》、天保楼等韩国珍贵文物。

旅游资讯

地址：华城市龙珠路 136 号
交通：乘 24、46 路市内巴士在水原南门站或水原站下车
门票：成人 1500 韩元，青少年 1000 韩元，儿童 700 韩元
电话：031-2340040
网址：www.yongjoosa.or.kr

神勒寺

神勒寺相传为新罗时代元晓大师创建的寺庙，寺前有南汉江流过，景色非常优美。寺内以极乐殿为中心，周围分布有祖师堂、多层砖塔、大藏阁记碑等建筑。其中，分布在江边绝壁上的江月轩，是神勒寺的代表景点，同时也是著名的恋人约会场所。

旅游资讯

地址： 北内面天松里 282

交通： 从骊州高速汽车站乘汽车在神勒寺站下车

门票： 成年人 2000 韩元，青少年 1500 韩元，小学生 1000 韩元

电话： 031-8852505

网址： www.silleuksa.org

旅游达人游玩攻略

神勒寺给游客提供了山舍体验，想要体验该活动的游客，可以通过上网或者打电话这两种方式具体咨询。

幸州山城

幸州山城以德阳山山顶为中心，是沿山岭线筑造的土筑山城。幸州山城的东南侧和南侧一带山峰非常陡峭，形成了自然要塞的地形。该山城主要有忠壮祠、典祀厅、幸州大捷碑、权栗将军铜像、幸州大捷纪念塔等游玩景点。

旅游资讯

地址： 高阳市德阳区幸州内洞德阳 26-2 号

交通： 乘地铁 3 号线在花井站下车，再乘坐席巴士或居民区小巴士在幸州山城入口或正门下车

门票： 成人 1000 韩元，青少年 500 韩元，儿童 300 韩元

开放时间： 每周一闭馆

电话： 031-80754640

网址： www.goyang.go.kr

旅游达人游玩攻略

幸州山城为外国游客提供了文化解说员解说服务，需要该解说服务的游客可以打电话咨询 031-9380903。

京畿道美食

京畿道的每一个市或郡都有不同的特色美食。在水原市，你可以品尝到色香味俱佳的牛排、排骨汤、烧烤，在利川市，你可以品尝到香喷喷的米饭，在果川市，你可以见到令人垂涎欲滴的烤鸭……

京畿道风味

· 本水原排骨

本水原排骨餐厅以排骨为主打菜肴。餐厅中的排骨用数十种调料混合加工，然后再经过 24 小时传统工艺腌制而成，滋味香浓。另外，餐厅中用韩国山豆酿制后制作的大酱汤，也深受顾客欢迎。

地址：水原市八达区牛满洞 51-20 号
交通：乘地铁 1 号线在水原站下车
营业时间：11:30~22:30
电话：031-2118434　**网址**：www.bonsuwon.co.kr

旅游达人游玩攻略

在本水原排骨餐厅就餐时，食客可以打电话提前预约餐位。另外，餐厅内提供英语、汉语、日语三种外语咨询服务，需要服务的食客可以跟餐厅申请。

· 佳宝亭排骨

佳宝亭排骨餐厅以韩牛调味排骨、鲜牛排为主打菜肴，选用优质韩牛，切成大小合适的肉块，放入自家调制的调料中腌制，最后放在木炭上烤熟而成。吃起来充满弹性，味道一流。

地址：水原市八达区仁溪洞 956-14 号
交通：乘地铁 1 号线在水原站下车
营业时间：11:00~22:00
电话：031-2383883　**网址**：www.kabojong.co.kr

旅游达人游玩攻略

佳宝亭排骨餐厅每月都会举办各种优惠活动，以吸引食客前来就餐，特别是在秋季，餐厅内会针对客人常点的红酒举办大型优惠活动。

·莲浦牛排

莲浦牛排餐厅位于"水原华城八景"之一的华虹门旁边，当你游完水原城后，可以到这里休息用餐，品尝水原代表性食物水原牛排的真正味道。餐厅的外部用原木装修而成，内部干净明亮，坐在里面可以观赏窗外华虹门的美景。同时，你还可以在餐厅里买到水原市推荐的各种价格实惠的旅游纪念品。

地址： 水原市八达区正祖路 906 号街 56-1 号
交通： 乘地铁 1 号线在水原站下车，从 1 号出口出可到
电话： 031-2551337
网址： www.chinese.visitkorea.or.kr

·赛马场烤鸭店

赛马场烤鸭店地理位置优越，左面是赛马公园，右面是首尔大公园，前面是首尔国立科学馆。因此，这里成为了家庭成员、外国游人、公司职员均十分喜爱的聚会场所。该餐厅中的主打菜肴是黄土烤硫黄鸭、韩方清炖鸭子、锅烧鸭子、熏鸭子。同时，餐厅外的宽阔的空地上，还有供活动使用的足球场。

地址： 果川市果川洞 647-2 号
交通： 乘 4 号线在赛马公园站下车，从 4 号出口出
营业时间： 10:00~22:00
电话： 02-5027500

·常春花园

常春花园位于风景秀丽的大自然中，有幽静的庭院和水畔盈绿的莲池喷泉，散发着一股自然古朴的风情。该餐厅的主打菜肴为牛排骨，所选的均为最优质的食材。其制作工艺复杂，并配有精心调制的调料，口感极好，是在水原市游玩时值得前去品尝美味的餐馆。

地址： 杨州市榛接邑八野里 736 号
交通： 乘 707、7、88 路等公交车在光陵内终点站下车
营业时间： 10:00~22:30
电话： 031-5724447
网址： www.neulbom.co.kr

📷 **旅游达人游玩攻略**
常春花园餐厅有专门为小朋友准备的儿童游乐场，设施丰富多样，给带孩子前去就餐的游客提供了很大的方便。

其他京畿道风味餐馆推荐

名称	地址	电话	菜肴
百济参鸡汤	安养市万安区安养1洞 674-3号	031-4493279	参鸡汤
渡口	高阳市德阳区幸州外侗 198-10号	031-9740250	韩牛料理
松湫釜谷新馆	杨州市长兴面釜谷里624-34号	031-8263000	釜谷排骨、荞麦冷面
陶雅外卖	利川市新屯面水广1里592-3号	031-6334747	利川米饭
牛家黄牛	城南市盆唐区亭子洞15-7号4层	031-7135477	牛肋眼肉

🍴 中国风味

·万寿庄

万寿庄位于风景秀丽的国立树木园、光陵、奉先寺附近，是一家由华侨经营的传统中式餐馆。餐厅内的主打菜肴为海鲜锅巴汤、干烹虾、青椒炒肉丝、糖醋里脊等。餐厅内还可以举办各种家庭聚会、情侣男女双方父母见面仪式、生日派对等活动。

地　址：抱川市苏屹邑梨谷里468-1号

交　通：乘21路公交车在议政府站下车

营业时间：11:30~21:00

电　话：031-5437898

·南宫

南宫是一家位于人工湖附近的中国菜馆。餐厅内备有各种中国料理，主打菜肴为天然松茸海鲜锅巴汤、凉拌山胡椒凉皮、粤式炭烤鳄鱼尾、鲜虾海鲜辣椒汤面。另外，餐厅的各单间内还配有可举行会议的广播音响设施。

地　址：高阳市一山西区大化洞2101号

交　通：乘地铁3号线在大化站下车

营业时间：10:00~22:00

电　话：031-9113773

网　址：www.namguung.com

·志东馆

志东馆开业时间较早，是议政府地区的代表性饭馆。餐厅目前仍坚持选用最好原料，由华侨出身的厨师长精心烹饪，清洁卫生，口感极佳。同时，饭菜价格多样，丰俭由人。三鲜辣椒炒汤面、水果糖醋里脊、柠汁炸鸡块、海虾点心是餐厅内的主打菜肴。

地　址：议政府市议政府1洞196-14号

交　通：乘21路公交车在议政府站下车

营业时间：11:00~21:30，每月第二、第四周周一，节假日连休

电　话：031-8462047

网　址：www.jidongkwan.com

其他中国风味餐馆推荐			
名称	地址	电话	菜肴
诚爱南	坡州市金村洞986-7号	031-9417888	www.namguung.com
喜来登	安养市东安区虎溪1洞985-5号	031-4592777	www.hiraiwon.co.kr
鸿春馆	杨平郡杨平邑杨根里299-18号	031-7747359	www.chinese.visitkorea.or.kr

⭐ 世界美味

· **Rosen Brau**

　　Rosen Brau 位于湖水公园附近的文化街附近。餐厅内拥有 100% 的德国产啤酒生产设备 KASPAR SCHULZ，其主题型装修空间，儿童游乐设施，安装了梦幻般照明设施的表演舞台等，将餐厅装饰成了设施多样，且富有气氛的娱乐型西餐厅。餐厅内的主打菜肴是德国式香肠拼盘、酱炒牛肉、小虾比萨。

地址：高阳市一山东区獐项洞 766 号
交通：乘地铁 3 号线在鼎钵山站下车，从 2 号出口出
营业时间：17:00 至次日 2:00
电话：031-9209900
网址：www.rosenbrau.co.kr

· **亚洲亚洲**

　　亚洲亚洲是一家传统印度餐厅，其老板从为客人健康着想的角度出发，用纯天然香辛料作调料，并特地请印度厨师为客人制作菜肴。餐厅内的主打菜肴为红椒大虾、鸡肉扁豆、奶酪扁豆，吃饭时有印度传统音乐播放，适合举办各种聚会。

地址：高阳市一山东区獐项洞 868 号
交通：乘地铁 3 号线在鼎钵山站下车，从 1 号出口出
营业时间：11:30~22:00
电话：031-9010086
网址：www.asiaasia.co.kr

📷 **旅游达人游玩攻略**

亚洲亚洲餐厅会按季度举办优惠活动，活动时会采取名片抽签的方式，来给顾客赠送印度当地的奖品。想知道具体举办时间的食客，可以上网查询。

· **Royal India**

　　Royal India 的门口放有很多绿色植物，内部挂有印度式彩灯，整个餐厅都洋溢着浓郁的异国情调。餐厅内有印度传统咖喱与火炉烤制的各种烧烤、印度式烤饼供应，其中最受游客喜爱的是泥炉烤鸡、哈拉瓦拉鸡肉、馕。

地址：高阳市一山东区獐项洞 761 号
交通：乘地铁 3 号线在鼎钵山站下车
营业时间：11:00~23:00
电话：031-8166692

京畿道购物

　　京畿道的购物场所非常多，无论是名牌集中的百货商店，还是折扣极低的名品折扣购物中心，你都能找到。来到百货商店，你可以挑选到衣服、包、化妆品等高档商品；来到名品折扣购物中心，你可以轻易挑选到性价比高的商品。此外，京畿道的购物环境宽敞、舒适，肯定能让你满心愉悦地满载而归。

名品集中的百货商店

・AK PLAZA百货商店

　　AK PLAZA百货商店内囊括了数百个国内外知名品牌店铺，并设有餐厅、CGV电影院、银行等各类设施，为顾客提供了一个舒适的购物休闲环境。店内还有精通外语的导购员，给前来购物的外国游客提供了方便。

地址：水原市八达区德灵大路924号
交通：乘地铁1号线在水原站下车　**营业时间**：10:30~20:00
电话：031-2401000
网址：www.akplaza.com

AK PLAZA百货商店

旅游达人游玩攻略

在AK PLAZA百货商店购物后，部分商品可以办理退税手续。想知道具体办理事宜的顾客可以打电话咨询。

・现代百货商店

　　现代百货商店是高阳市中心的一家大型购物商场。商场内有众多奢侈品牌和韩国著名品牌店铺，所售商品包括化妆品、包、服饰、家电等，可选种类多，但价格均比较高昂。来到这里，你可以尽情地挑选心仪的商品，还可以在屋顶花园欣赏周围的美景。

地址：高阳市一山西区湖水路817号
交通：乘地铁3号线在大化站下车，从4、5、6号出口出
营业时间：10:30~20:00
电话：031-8223030
网址：www.ehyundai.com

· 乐天百货商店

乐天百货商店与地铁盆唐线薮内站相通，是集食品、杂货、化妆品、服装、家电等商品于一体的大型百货商场。这里的 UNIQLO 服饰卖场是城南市中最大的一个，化妆品区则囊括了几十个知名品牌。同时，商场内还拥有 J.PRESS 和 Brooksbrothers 等人气品牌的独家卖场。

地址：城南市 Hwangsaeul 路 200 路 45 号

交通：乘坐地铁盆唐线在薮内站下车，从 1 号出口出

营业时间：10:30~20:00（周一至周四），
　　　　　10:30~20:30（周五至周日）

电话：02-7712500

网址：www.lotteshopping.com

物美价廉的淘宝地

· 骊州名牌折扣购物中心

骊州名牌折扣购物中心是韩国首家国际名牌折扣购物中心，这里处处散发着浓郁的异国风情，顾客在此能一边观赏户外景色，一边享受购物的乐趣。卖场内有 Bally、Burberry、Bottega Veneta 等知名品牌，从服装、鞋子、包，到首饰配件、童装、厨房用品等，顾客都能在这里以比较实惠的价格买到。另外，这里还有一条美食街，顾客在愉快购物的同时，还能享受美食。

地址：骊州郡骊州邑上巨里 460 号

交通：乘 13 路市内巴士在骊州名牌折扣购物中心下车

营业时间：10:00~20:00（周日至周五），10:00~21:00（周六）；中秋、春节当天休息

电话：02-16444001

网址：www.premiumoutlets.co.kr

旅游达人游玩攻略

骊州名牌折扣购物中心销售的商品大部分都是过季商品，所以很多商品都会缺号。不过，这里的商品普遍都比较便宜，种类也多，仔细挑选，还是能"淘"到令你满意的商品。

· 坡州名牌折扣购物中心

坡州名牌折扣购物中心是新世界切尔西经营的第二家名牌折扣购物中心。购物中心内有 Tory Burch、Jil Sander、Armani、Hugo Boss 等品牌店铺，可供选择的商品较多。同时，这里还有食品广场、餐厅、咖啡厅等服务设施，购物完后，可以在这里用餐、休息。

地址：坡州市炭县面必胜路 200 号

交通：乘 200、900、2200 路市内巴士在坡州名牌折扣购物中心站下车

营业时间：10:00~20:00（周一至周四），10:00~21:00（周五至周日、公休日）；中秋与春节当天休息

电话：02-16444001

网址：www.premiumoutlets.co.kr

·乐天名牌折扣购物中心

　　乐天名牌折扣购物中心（坡州店）是韩国口碑较好的名牌折扣购物中心之一。店内布置温馨、舒适，导购服务贴心。来到这里，你通常能以低廉合理的价格买到各种海外名牌和 Bean Pole、MCM 等韩国国内著名品牌商品。此外，这里还设有文化中心、文化厅、乐天电影院等服务设施。

地址：坡州市回洞路 390 号

交通：乘 200 路市内巴士在乐天名牌折扣购物中心坡州店下车

营业时间：夏季（3 月至 10 月）11:00~21:00，冬季（11 月至次年 2 月）11:00~21:00；中秋与春节当天休息

电话：031-9602500

网址：www.paju.lotteoutlets.com

京畿道娱乐

　　京畿道娱乐活动主要以户外活动外主。喜欢玩水的游客，可以去京畿道的水上乐园尽情玩乐；喜欢滑雪的游客，设备齐全的滑雪场是你的理想选择。总之，来到京畿道，只要你愿意，绝对可以玩得尽兴。

·加勒比海湾

　　加勒比海湾最早是以水为主题的水上游乐园，也是韩国最有人气的复合型水上乐园之一。这里开设了波浪池、加勒比海 SPA、茉莉花池、无机盐温泉、玉石池、情侣足浴"MIRACL SPA"等娱乐项目，可以让人尽情享受游玩的乐趣，消除紧张与疲劳感。

地址：京畿道龙仁市蒲谷邑前垈里 310 号

交通：乘坐地铁 2 号线在江边站下，转搭乘往龙仁爱宝乐园方向的 5800 路巴士，在爱宝乐园下车，车费约 1600 韩元

门票：淡季 30 000 韩元，平季 45 000 韩元，旺季 55 000 韩元，黄金季 65 000 韩元

开放时间：10:30~19:00

电话：031-3205000

网址：www.everland.com

📷 **旅游达人游玩攻略**

想在下午前往加勒比海湾游玩的游客，可以购买下午券。下午券在淡季与中季 14:30 后入场，在旺季与黄金旺季则 15:00 后入场。具体购买方法和价格可以上网查询。

· 安阳水世界

　　安阳水世界位于环境清幽的石水洞地区，是一个四季综合型主题乐园。乐园中使用冠岳山与三圣山深谷中的干净溪水作为娱乐用水，凉爽舒适，有滑梯、游泳池、水上皮划艇等娱乐设施，是值得一去的休闲空间。

地址：京畿道安阳市万安区石水洞 825-1 号

交通：乘地铁 1 号线在安阳站下车，转乘 2 号循环巴士在安阳游园地终点下车；或乘 1、5-2、20、51、5530 路等市区公交车在冠岳电信局前下车

门票：25 000 韩元、星光票 12 000 韩元（周一至周五），29 000 韩元、星光票 15 000 韩元（周六、周日）

开放时间：整日券 10:00~22:00，夜间券 17:00~22:00

网址：www.anyangwaterland.com

· 杨平韩华度假村雪橇场

　　杨平韩华度假村雪橇场有主坡道、儿童专用坡道、幼儿坡道这三座雪橇场，保护设施完善。雪橇场内还拥有完备的住宿设施和服务设施，让来这里游玩的人不会有丝毫不便之感。

地址：杨平郡玉川面新福里 141-5 号

交通：乘杨平城郊汽车客运站开往韩华度假村的巴士可到

租借费：10 000 韩元

开放时间：10:00~17:00

电话：031-7723811

网址：www.hanwharesort.co.kr

· 龙仁韩华度假村雪橇场

　　龙仁韩华度假村雪橇场离首尔非常近，是一座顶级度假村。雪橇场内设有主山坡和少儿专用山坡这两处雪上娱乐场，其坡度舒缓度适中，很受游客喜爱。此外，这里还有缆车、高尔夫球场等休闲娱乐设备及场所。

地址：龙仁市处仁区南四面凤舞里 257-1 号

交通：从乌山站乘龙仁韩华度假村雪橇场接驳车可到

租借费：雪橇 10000 韩元，儿童乐园 6000 韩元（仅小孩能入场）

开放时间：10:00~17:00

电话：031-3321122（内线 120）

网址：www.hanwharesort.co.kr

京畿道住宿

在京畿道游玩过后，你可以选择的住宿点很多，酒店、公寓都可以随便挑选。京畿道虽然距离首尔很近，但这里的住宿费用相对要便宜很多，而且住宿条件也比较好。总之，在京畿道，你可以花比较少的钱，住到比较舒适的房间。

水原市区

观光酒店推荐			
名称	**地址**	**电话**	**网址**
水原宜必思国宾酒店	水原市八达区仁溪洞 1132-12号	031-2305000	www.ibis.ambatel.com
路标酒店	水原市灵通区Bongyeong路1591号	031-2023773	www.landmarkhotel1.com
高丽亚酒店	水原市八达区仁溪洞 1030-7号	031-2215678	www.chinese.visitkorea.or.kr
里茨酒店	水原市八达区劝光路134号街44-11号	031-2241100	www.hotelritz.co.kr
城堡酒店	水原市八达区牛满洞144-4号	031-2116666	www.hcastle.co.kr
Regency Hotel	水原市八达区梅山路159号	031-2464141	www.htregency.co.kr

京畿道其他市区

观光酒店推荐			
名称	**地址**	**电话**	**网址**
加平雪岳观光酒店	加平郡雪岳面有名路1808-20号	031-5856440	www.gshotel.co.kr
世界观光酒店	平泽市新场2洞 690-7号	031-6675300	www.worldhotel21.com
新王子观光酒店	富川市远美区深谷2洞 139-14号	032-6147500	www.hotelbucheon.co.kr
始兴观光酒店	始兴市正往洞 1622-6号	031-4330001	www.siheunghotel.net
亚洲观光酒店	平泽市新场洞 297-61号	031-6642367	www.asiatouristhotel.com
太平洋观光酒店	京畿道安山市四洞 1198-4	031-4174321	www.tpyhotel.co.kr
新城市观光酒店	城南市盆唐区金谷洞 157号	031-7116900	www.newtownhotel.co.kr
美兰达酒店	利川市中里川路115号街45号	031-6395000	www.mirandahotel.com

家庭酒店推荐			
名称	地址	电话	网址
贝拉吉欧酒店	杨平郡龙门面新店1里 348-1号	031-7749670	www.bellagio.co.kr
山井湖家庭酒店	抱川市永北面山井里 204-1号	031-5322266	www.sanjunghotel.co.kr

公寓式客房推荐			
名称	地址	电话	网址
韩华度假村/山井湖湖水	抱川市永北面 山井里 454-4号	031-5345500	www.hanwharesort.co.kr
芝山丹枫公寓	利川市麻长面 海月里山 28-1 芝山度假村	031-6385940	www.jisanresort.co.kr
阳智松树度假村公寓	龙仁市处仁区阳智面南谷里 34-1号	031-3382001	www.pineresort.com
黄金家庭公寓	龙仁市器兴区古梅洞 5-73号	031-2869111	www.chinese.visitkorea.or.kr
熊城度假村公寓	抱川市内村面巢鹤里 295号	031-5405060	www.bearstown.com

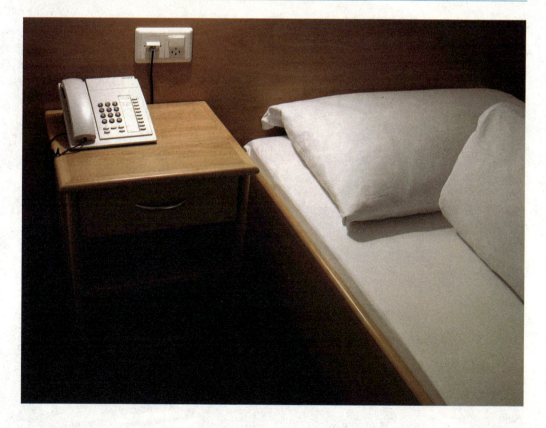

釜山夜景

PART 4

釜山→济州道

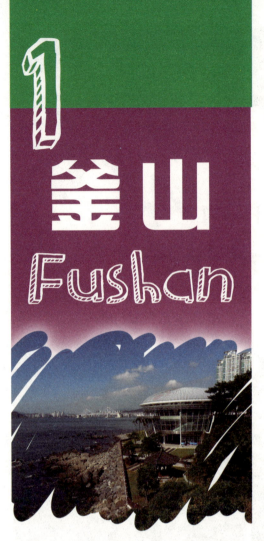

釜山 Fushan

釜山交通

🚌 从机场前往市区

　　釜山金海国际机场是韩国第二大国际机场，也是大韩航空和韩亚航空的总部枢纽。机场分为国内航班和国际航班两个航站楼，且每个航站楼都有各自的咨询中心。其中，国内航班航站楼主要停靠飞往首尔、仁川、济州等城市的航班，国际航班则主要停靠飞往日本、中国、泰国等国家的航班。为了不影响市民休息，机场在23:00至次日6:00会实行宵禁，禁止飞机升降。

　　从金海国际机场进入市区可以选择乘坐巴士、机场轻轨、出租这车三种交通工具。如果选择乘坐巴士，乘坐点在国际航站楼前2层的高架桥处。选择乘坐机场轻轨的话，可以从机场站乘轻轨，在沙上站下车，换乘地铁2号线前往市

金海国际机场信息		
名称	地址	电话
金海国际机场	釜山市江西区大渚2洞2350号	051-9743114

金海国际机场咨询服务中心信息				
名称	地址	服务类型	营业时间	电话
国内航班咨询中心	国内航站楼1、2层2、3号门之间	英语、日语（交替提供）外语咨询服务	1层7:00~22:20, 2层6:00~21:00	1层051-974-3774，2层051-974-9776
国际航班咨询中心	国际航站楼1、2层2、3号门之间	提供英语、日语、汉语、泰语等外语咨询服务	1层7:00~22:00, 2层6:30~21:00	1层051-9743772，2层051-9743773

区；也可以从机场站乘轻轨在大浦站下车，换乘地铁 3 号线前往市内。选择乘坐出租车的话，可以在机场巴士乘车处旁边乘坐普通出租车和黑色高级模范出租车。

🚍 乘地铁玩釜山

　　釜山地铁分布范围较广，是在釜山市内游玩最为便捷的交通工具之一。釜山的地铁共设有 5 条线路，分别是 1~4 号线和釜山至金海轻轨。釜山地铁运行时间为 5:10 至次日 00:45，票价一般在 1200~1400 韩元，游客可以在地铁站售票处购买鲜京电信卡或密比卡。

釜山地铁运行线路信息		
名称	**首末车站点**	**换乘车站**
1号线	新平–老圃	西面（2号线）、东莱（4号线）、莲山（3号线）
2号线	梁山–长山	德川（3号线）、西面（1号线）、水营（3号线）
3号线	大渚站–水营	德川（2号线）、美南（4号线）、莲山（1号线）、水营（2号线）
4号线	美南–安平	东莱（1号线）
釜山至金海轻轨	沙上–加耶大学	沙上（2号线）、大渚站（3号线）

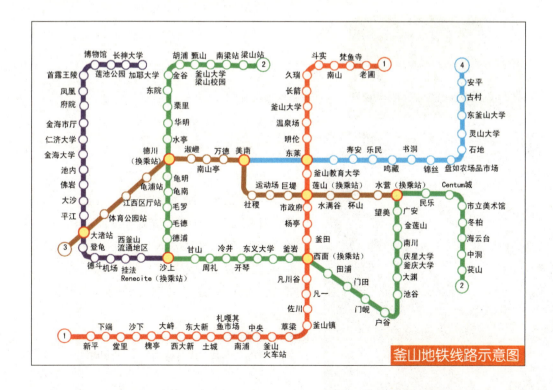

釜山地铁线路示意图

🚌 乘**公交车**游釜山

　　釜山拥有百余条公交线路，游客乘公交车游览釜山是非常方便的。釜山公交车主要有普通客车、座席客车、区内客车等种类，普通客车为蓝白相间的颜色，座席客车为红白相间的颜色。乘车时，游客由前门上车，上车后通过侧面的收款箱或读卡机付费，下车前伸手按下墙上的响铃按钮，等客车在停靠站点停稳后可从后门下车。需要注意的是，乘公交车时应尽量准备好小额纸币或硬币，或者办一张鲜京电信卡、密比卡来支付。

🚌 乘**出租车**逛釜山

　　釜山拥有普通、模范、品牌、大型4种出租汽车。普通出租车起步价（2千米）为2200韩元，按行驶距离加收费用，司机主要在出租车站等候乘客，车内无乘客时会显示红色"空车待租"字样，车顶灯标也会被点亮；模范出租车起步价（3千米）为4500韩元，按行驶距离加收费用，车身为黑色，主要是在机场、饭店、旅游景点等候乘客；品牌出租车有"灯塔"（叫车电话051-6001000）和"釜山"（叫车电话051-2002000）2种，收费标准与普通出租车相同，乘客可以通过打电话的方式向呼叫中心叫车；大型出租车车身为黑色，收费标准与模范出租车相同，可容5~10名乘客乘坐。

📍 **釜山市区景点**

釜山电影街

📍 **南浦洞街**

　　南浦洞街分布有众多剧场，每到釜山国际电影节时，这条街便成为人潮汇聚的中心舞台。人们为纪念电影节，还在街道上建起了釜山国际电影节广场。广场的地面上每年都会有刻着获奖人手掌、脚印的铜盘和获奖作品名字的铜盘被镶嵌在这里。此外，每年10月，南浦洞街大大小小的剧场都会开始上映电影节的作品。

💬 **旅游资讯**

地址：中区南浦洞

交通：乘地铁1号线在南浦洞站下车　**开放时间：**全天

札嘎其市场

　　札嘎其市场是釜山最有名的地方之一，属于釜山最大的鱼市，内部有种类繁多的海产品销售。来到这里，你可以亲身感受到当地居民们朝气蓬勃的日常生活，也可以品尝到物美价廉的小吃。

旅游资讯

地址：中区南浦洞 4 街 37-1 号
交通：乘地铁 1 号线在札嘎其站下车，从 10 号出口出
开放时间：6:00~22:00，每月最后一个星期二休息
电话：051-2452594
网址：www.jagalchimarket.bisco.or.kr

旅游达人游玩攻略

喜欢吃生鱼片的游客来到札嘎其市场后，一定要记得前往活鱼部，现场品尝一下自己挑选的活鱼做成的鲜鱼片。

旅游资讯

地址：中区新昌洞 4 街
交通：乘地铁 1 号线在札嘎其站下车，从 7 号出口出
开放时间：8:30~20:30，每月第 1、3 周星期日休息
电话：051-2457389
网址：www.etour.busan.go.kr

旅游达人游玩攻略

南浦洞国际市场每年 10 月都会举行札嘎其文化观光节，这是韩国最大的海产品庆祝节日。届时，这里会满是观光和购物的人群，想要感受文化节气氛的游客，可以在这时前往。

南浦洞国际市场

　　南浦洞国际市场曾是韩国规模最大的交易市场。这里以胡同里的空间为中心，相互连通，将富平市场、铁罐市场等小型市场连通起来，形成了如今的国际贸易市场。来到这里，你可以买到日常生活所需物品，还可以买到韩国的民俗工艺品。

龙头山公园

　　龙头山公园内有数百种生长繁茂的植物，是深受釜山市民喜爱的休憩场所。园内有釜山塔、李舜臣将军铜像、4.19 纪念塔等景观。园内最吸引人的是站在釜山塔上观看釜山夜景，届时，蓝色的照明灯将整座塔体装扮得更加迷人，给釜山的夜景增添了几分迷幻的色彩。

龙头山公园俯瞰

旅游资讯

地址：中区光复洞 2 街
交通：乘 8、13、15 路市内巴士在南浦洞云雨堂站下车
电话：051-2451066
网址：www.yongdusanpark.or.kr

釜山近现代历史馆

　　釜山近现代历史馆位于大厅洞大街上，馆内楼高三层，共分为两个展馆。每一个展馆展示的主题都不同，有展示釜山开港以来的历史文物，也有展示各种实物资料和近代韩国的发展资料等。

旅游资讯

地址：中区大厅洞 2 街 24-2 号

电话：051-2533845

交通：乘地铁 1 号线在南浦洞站下车，3 号出口步行

开放时间：9:00~18:00（11 月至次年 2 月 17:00，周一休息）

釜山周边景点

影岛太宗台游园地

　　影岛，是绝影岛的简称。太宗台是一片岩石海岸，因太宗武烈王曾在这里射箭游玩而得名。该台以海拔 250 米的最高峰为中心，山峰上长有松树等数百种茂密的树木。台上有大自然鬼斧神工般削凿而成的悬崖峭壁，怪石奇岩，在明丽的天空下，显得十分迤逦。灯台下形态奇特的神仙岩是太宗台的代表性景观。

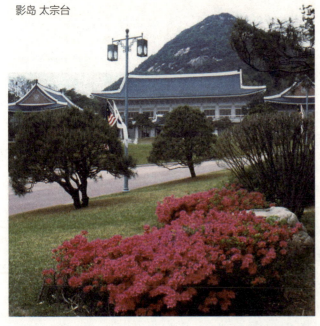

影岛 太宗台

旅游资讯

地址：影岛区东三洞山 29-1 号

交通：乘 88、101 路公交车在釜山站下车

门票：成人（19 岁以上）600 韩元，青少年（13~18 岁）300 韩元

开放时间：4:00~24:00

电话：051-4052004

网址：www.taejongdae.or.kr

旅游达人游玩攻略

游玩影岛太宗台游园地时，游客可以花 4~5 个小时时间，沿着这条线路游玩：广场—自然学习观察路—体育公园—太宗寺—灯塔—灯塔碎石小院—灯塔游览船—展望台—南港眺望地—救命寺—泰园碎石小院—泰园游览船—芹曝家—芹曝游览船—广场。

海东龙宫寺

海东龙宫寺位于釜山东海岸边，是韩国唯一一座位于海边的寺庙。寺庙周边景色优美，主要有108阶、海水观音、大雄殿、龙王堂、窟法堂、四狮子三层石塔等景观。其中，最特别的景致当属108阶和日出岩。游人从龙宫寺进入寺庙必须下108级台阶，日出岩就位于108阶中间，站在岩石上可以聆听到海浪拍打岩壁的声音，还可以欣赏日出的壮观美景。

旅游资讯

地址： 机张郡机张邑侍郎里416-3号

交通： 乘139、140、2003路市内巴士在松亭海水浴场站下车，换乘181路市内巴士在龙宫寺站下车

门票： 免费

开放时间： 4:00~19:00

电话： 051-7227744

网址： www.yongkungsa.or.kr

旅游达人游玩攻略

每年农历4月时，龙宫寺入口便有樱花盛开。想要观看樱花的游客，可以选择在这时候来寺庙游玩。

通度寺

通度寺

通度寺是一座有着悠久历史的古寺，也是韩国的"三大名刹"之一。该寺的建筑位于郁郁葱葱的树林中，主要建筑有大雄殿、不二门、石造浮雕等，保存了各种各样的弘鼓、云版、梵钟、木鱼等物品。其中，最吸引人的景观当属供奉着释迦牟尼真身舍利的舍利塔。

旅游资讯

地址： 鹫栖山南部

交通： 在釜山东部汽车站乘坐前往通度寺的汽车可到

门票： 2000韩元

开放时间： 8:00~18:00（3月至10月）；8:00~17:30（11月至次年2月）

电话： 055-3827182　**网址：** www.kspo.or.kr

海云台

海云台是韩国有名的海水浴场，也是韩国的"八景"之一。海云台上蜿蜒曲折的白沙滩和苍翠浓郁的冬柏岛，构成了一幅景色秀丽的图画。每年夏天，这里都会上演游泳大赛和放风筝比赛，届时，整个海边都聚满了游客，热闹非凡。同时，这附近的东莱温泉也是非常受游客欢迎的旅游点。

旅游资讯

地址： 海云台区中洞

交通： 乘40、139、140路等公交车在海云台站下车

旅游达人游玩攻略

海云台的晚上，沙滩周围会散布着众多的路边小吃摊，游客可以坐在帐篷里尽情品尝美食。住在沿海酒店里的游客，则可以观看来往的船只、月色和渔火。

APEC世峰楼

📍 APEC世峰楼

APEC 世峰楼，简称"世峰楼"。世峰楼是釜山的一座别处无法见到的会议中心，是专为 2005 年韩国召开 APEC 会议而修建的。世峰楼的三层建筑全部用透明玻璃和钢化支架建成，外观吸取了韩式传统亭子的元素。来到这里，你可以看到 召开 APEC 峰会时的各种场景。

💬 旅游资讯

地址：海云台区中洞

交通：乘 40、139、1003 路公交车在银川站下车

门票：免费

开放时间：10:00~17:00

最容易让人忽略的景点

📍 金刚公园

金刚山公园位于金刚山山脚下，主要景观由郁郁葱葱的树林和奇岩绝壁构成。公园内树种丰富，景色秀丽，有泉水潺潺流淌于山谷间，给人一种仿佛来到了仙境般的舒适感觉。来到这里，游客不仅能在自然景色中畅游，还能玩缆车、自行车、松鼠筒旋转木马等娱乐设施。

金刚公园

💬 旅游资讯

地址：东莱区温泉 1 洞 山 27-9 号一带

交通：乘 51、51-2、77 路等市内巴士在金刚公园入口处下车

门票：免费　电话：051-8607880　网址：www.geumgangpark.or.kr

广安大桥 日落

📍 广安大桥

广安大桥是一座从水营区南川洞一直延伸到海云台区佑洞附近的大型桥梁，也是韩国最大的跨海大桥。来到这里，白天，你可以从上往下看无边无际的大海，还可以看荒岭山、广安里白沙滩、海云台冬柏岛、迎月坡等景观；夜晚，你可以在具有艺术造型美的灯光照耀下，欣赏充满了浪漫氛围的夜景。

💬 旅游资讯

地址：水营区南川洞到海云台区佑洞

交通：乘地铁 1 号线在西面站下车，再换乘 2 号线在广安站下车可到

电话：051-7800077

网址：www.gwanganbridge.or.kr

📍 釜山博物馆

釜山博物馆是展示釜山文化与地域特征的重要信息库。博物馆共有三层，包括常设馆、窑展示馆、户外展示场等展览区。其中，第一展示馆有先史展厅、统一新罗展厅、高丽展厅等；第二展示馆设有韩日关系展厅、生活文化展厅、釜山民俗展厅、现代展厅等；窑展示馆主要介绍土窑和瓦窑的制作过程；户外展示馆陈列有东来南门碑、斥和碑等石雕物。

💬 旅游资讯

地址：南区大渊 4 洞 948-1 号

交通：乘地铁 2 号线在大渊站下车

门票：500 韩元

开放时间：9:00~18:00（11 月至次年 2 月 17:00，周一休息）

电话：051-6107111

网址：www.museum.busan.go.kr

📷 旅游达人游玩攻略

游玩釜山博物馆时，有兴趣亲身体验瓦窑制作工序的游客，可以前往窑展示馆。

📍 梵鱼寺

梵鱼寺位于金井山北麓，是韩国佛教三十一本山之一。寺内有殿阁、阁楼、巨门、进修庵、三层石塔等众多历史古迹。其中，修建最为精致华丽的建筑是大雄殿，最古老的建筑则是三层石塔。

💬 旅游资讯

地址：金井区青龙洞 546 号

交通：乘地铁 1 号线在梵鱼寺站下车

门票：1000 韩元　　**开放时间**：7:00~18:00

电话：051-5083122

📷 旅游达人游玩攻略

游玩梵鱼寺时，游客一定不要错过观看大雄殿后的神龙华盖。这个神龙华盖上雕有数条相互缠绕的巨龙，设计程序相当复杂。据说，韩国现在只有在梵鱼寺才能看到这样的华盖。

釜山美食

　　提到釜山的美食，不得不说的就是海鲜了。釜山靠近海边，在这里，你可以轻易地吃到各种新鲜海鲜做成的菜肴，如生鱼片、蚬汤、海鲜汤等。同时，这里还有极其美味的烤牛排、葱饼。总之，在釜山，你可以轻易找到让自己大饱口福的食品。

釜山风味

· 老奶奶蚬汤

　　老奶奶蚬汤因曾将釜山龟浦地区的蚬抓来煮成蚬汤而得名，其主打菜肴为蚬汤。餐厅中的蚬汤非常爽口，蚬的量也很多，价格也较为实惠。同时，餐厅内的蚬定食、蚬盖饭、拌蚬子等也是值得一尝的菜肴。

地址：釜山水营区广安 2 洞 198-1 号
交通：乘地铁 2 号线在金莲山站或广安里站下车
营业时间：全天
电话：051-7517658
网址：www.chinese.visitkorea.or.kr

· 东莱奶奶葱饼

　　东莱奶奶葱饼是一家保持了东莱葱饼传统乡土饮食风味的餐厅，有着"釜山 1 号民俗饮食店"的称号。餐厅中的东莱葱饼用香气逼人的汤汁、糯米粉、粳米粉、海鲜、牛肉以及清香的大葱制成，配料丰富，口感非常好。

地址：釜山东莱区明伦路 94 街 43-10 号
营业时间：12:00~22:00，每周日、春节、中秋节
　　　　　当天休息
电话：051-5520791
网址：www.dongraehalmaepajun.co.kr

· 东莱别庄

东莱别庄位于一座大型庭院中，内用古松、莲花池等构景，用餐环境好。东莱别庄继承了韩国传统的风味及特色，推出了口味极佳的宫廷料理，如御膳桌、御膳定食、松定食、竹定食等。

地址：东莱区温泉 1 洞 126-1 号
交通：乘 51、51-2、77 路等市内巴士在金刚公园入口处下车
营业时间：午餐 12:00~15:00，晚餐 18:00~22:00，春节、端午节、中秋节当天休息
电话：051-5520157
网址：www.dnbj.com

· 忠武生鱼片店

忠武生鱼片店位于南浦洞札嘎其市场中，以生鱼片、烧烤、海鲜汤为主打菜肴。餐厅内有宽敞的座位，服务十分周到，是品尝釜山新鲜、美味生鱼片的好去处。

地址：中区南浦洞 6 街 9 号
交通：乘地铁 1 号线在南浦洞站下车
营业时间：全天
电话：051-2468563

· 南浦参鸡汤

南浦参鸡汤开业时间较早，做料理的经验十分丰富。店内参鸡汤采用韩国产的活鸡、糯米、金山人参和从别处直接购进的各种原料熬制而成，香味浓郁。此外，这里用极品美味的鲍鱼为辅料做成的参鸡汤、烤全鸡也值得一尝。

地址：中区南浦洞 3 街 12 号
交通：乘地铁 1 号线在南浦洞站下车
营业时间：10:00~22:00
电话：051-2455075

其他釜山餐馆推荐			
名称	**地址**	**电话**	**菜肴**
元祖祖方章鱼	东莱区明伦路94号街37号	051－5557763	辣炒章鱼
汉阳猪蹄	中区富平洞1街35号	051－2463039	凉拌猪蹄
锦绣福汤	海云台区中洞 1394－65号	051－7423600	鳗鱼料理
海豚嫩豆腐	区新昌洞2街12－2号	051－2461825	嫩豆腐套餐
江村婚宴自助餐厅	沙下区下端洞850－1号	051－2934500	自助餐

🍴 中国风味

· 峨眉山

峨眉山位于海云台玛瑞纳中心内，是一家很受欢迎中式餐厅。餐厅制作的中国菜肴以鸡肉、牛肉、羊肉为主要食物，口味地道，价格较为实惠，是来釜山游玩的游客必去的餐厅之一。

地址：海云台区佑 1 洞 1434-1 号玛瑞纳中心 8 层

交通：乘地铁 2 号线在芢山站下车，再乘坐前往海云台方向的地铁在冬柏站下车，从 1 号出口出可到

营业时间：12:00~15:00，18:00~22:00

电话：054-7470131

网址：www.amisan96.com

📷 旅游达人游玩攻略

前往峨眉山吃饭时，想要预订餐位的食客，需提前一天通过电话或上网这两种方式预约。

🍴 世界美味

· Invito

Invito 是一家位于伊甸公园山麓的西餐厅，主打菜肴为大虾牛腩排、泥炉比萨、海鲜意大利面。餐厅充斥着浓郁的意大利风情，在这里，你可以享受户外派对和烧烤的乐趣，还可以品尝传统火炉烤制的比萨饼。

地址：沙下区下端 2 洞 850-1 号

交通：乘地铁 1 号线在下端站下车，从 1 号出口出

营业时间：10:00~24:00；春节、中秋节当天休息

电话：051-2010777

网址：www.kang-chon.co.kr

· 桃山

桃山是一家服务周到的日式餐厅。餐厅以经营定食和深受日本人喜爱的海鲜寿司、烧烤、油炸、炖锅料理和乌冬类为主，设有多间极富日本传统气息的榻榻米式房间。推荐菜肴为日本传统套餐、生鱼片套餐、烧烤套餐。

地址：釜山镇区釜田洞 503-15 号釜山乐天酒店 LL 楼

交通：乘地铁 1、2 号线在西面站下车

营业时间：7:00~10:00(早餐)，12:00~22:00

电话：051-8106360

釜山购物

　　釜山购物场所非常多，每个购物场所内的商品种类多样，从高档到低档的商品你都能在这里找到。在釜山购物，最不可错过的地方就是光复洞时装街。同时，釜山的一些免税店也值得进去逛逛。

人气旺盛的购物大街

·光复洞时装街

　　光复洞时装街是光复路附近的一条热闹非凡的时装街，有釜山"购物乐园"的美称。这里汇聚了百余间时装店，主要经营高级童装、毛皮服装、西服和女套装，兼营化妆品、装饰品、金银首饰、照相机等商品。此外，这里还有韩国民俗工艺品、体育用品等商品出售。

地址：中区光复洞
交通：乘地铁 1 号线在中央洞站下车
营业时间：10:00~21:00

名牌集中的大本营

·乐天釜山免税店

　　乐天釜山免税店主要经营香奈儿、路易威登、爱马仕和卡乐迪等百余个世界名牌商品，兼营各种韩国旅游纪念品。此外，该店还与酒店、百货商店、餐厅、电影院等相连，顾客可以在此享受一站式购物的便捷与乐趣。

地址：釜山镇区伽倻大路 772 号乐天百货商店釜山总店 8 层
交通：乘地铁 1、2 号线在西面站下车
营业时间：9:30~20:00
电话：051-8105000
网址：www.kr.lottedfs.com

📷 旅游达人游玩攻略

乐天免税店为顾客提供了日语、英语、汉语这三种外语咨询服务，想要该服务的游客，可以提前打电话咨询。

·新世界免税店

　　新世界免税店位于天然休养地海云台地区，原为天堂免税店，后改名"新世界免税店"。这里聚集了服装、鞋、包、化妆品等众多进口名牌商品，价格较为合理。此外，这里还可以购买韩国旅游纪念品和土特产品。

地址：海云台区海云台海边路 298 街 15 号
交通：乘 307 路坐席巴士在海云台站下车
营业时间：9:30~20:00
电话：051-7430181
网址：www.ssgdfs.com

·乐天免税店

乐天免税店内销售的商品有香水、化妆品、表、洋酒、香烟、服饰、土特产、皮革等，其中包括 Max-Mara、Bally、Cartier、Burberrys、Dunhill、Missoni 等世界服装品牌商品。店内的商品价格普遍比市场上便宜。

地址：江西区金海机场进入
路 108 号大渚 2 洞
交通：金海机场出境处内
营业时间：7:00~21:20
电话：051-9702300
网址：www.kr.lottedfs.com

📷 旅游达人游玩攻略

1. 想要在乐天免税店购物的游客，可以先在网站上查看商品种类，然后打电话 051-9731101 询问欲购商品是否有货，并跟买家预订好货物，再动身前往购买。

2. 在乐天免税店购物时，顾客除了可以用信用卡付款外，还可以使用日元、美元等现金结算。

釜山娱乐

来到釜山，你可以按照自己的喜好去选择娱乐项目。如果你喜欢在美酒中消遣，可以选择前往酒吧，俱乐部等地；如果你想在音乐和舞蹈中度过，可以去剧场、歌厅等场所；如果你想在碧海蓝天下沐浴，海水浴场是个不错的地方。

海云台海水浴场沙滩节沙雕

·海云台海水浴场

海云台海水浴场是韩国知名的海水浴场，以其广阔的沙滩、美丽的海岸线和较浅的海水闻名于世。浴场内设施齐全，吸引了不少慕名前来的游客在此尽情地游玩，享受海水浴带来的乐趣。

地址：海云台区佑 1 洞中洞
交通：乘 139、140、239 路等市内巴士可到
门票：1000 韩元
电话：051-7497614
网址：www.chi.haeundae.go.kr

· 釜山跳跃专用剧场

釜山跳跃专用剧场是一座大型音乐剧场。剧场内以表演音乐剧"跳跃"为主，剧目采用音乐与舞蹈结合的形式来演出。精彩的表演，让这里经常出现一票难求的情况，表演期间，观众的情绪很容易被跌宕起伏的音乐所感染。

地址：海云台佑洞 651-2 海云台豪华酒店地下 1 楼

交通：乘地铁 2 号线在海云台站下车，从 5、7 号出口出

门票：R 席 50 000 韩元，S 席 40 000 韩元

营业时间：20:00（周二至周五），17:00、20:00（周六、公休日），
　　　　　　18:00（周日）

电话：051-7444885　　**网址：**www.yegam.com

📷 旅游达人游玩攻略

想要前往釜山跳跃专用剧场观看演出的游客，可以通过上网或打电话两种方式提前预订门票。

· 地下室酒吧

地下室酒吧（Basement），店如其名，位于釜山大学正门繁华路段的地下室中。酒吧由一位美国纽约人开办，内部装饰以纽约风格为主，是一个将音乐和酒精完全融合的地方。每到周末，这里经常人满为患，众多爱音乐爱摇滚的年轻人都会选择到这里释放他们的激情，整个酒吧的气氛异常浓烈。

地址：金井区长箭洞

交通：乘地铁 1 号线在釜山大学站下车，从 3 号出口出

开放时间：19:00~ 次日 4:00

📷 旅游达人游玩攻略

1. 地下室酒吧可以打免费桌球，想打的客人只需在白板上写上名字，轮到自己时，就可以和朋友或者邀请边上的外国人一起玩上一局。同时，酒吧里面还有一个小隔间，里面有玩投掷飞镖的游戏机，投入 1000 韩元即可玩一局。

2. 地下室酒吧在每周四是店里的 Ladies Night，来到这里的女士都可以免费得到一杯鸡尾酒。

釜山住宿

　　在釜山，你随处都可以看到带有住宿标志的酒店、旅馆。釜山的住宿点主要分为观光酒店、公寓式客房、汽车旅馆三大类。每到旅游旺季时，这些住宿点的价格一般会往上涨，而且有些地方甚至会出现没有空房间的现象。所以，在釜山选择住宿点时，可以提前打电话询问是否有空房，再预订。

中区

观光酒店推荐			
名称	地址	电话	网址
康莫饭店	中区瀛州洞743-80号	051-4669101	www.commodore.co.kr
釜山观光酒店	中区东光洞2街12号	051-2414301	www.pusanhotel.co.kr
釜山凤凰酒店	中区南浦洞5街	051-2458061	www.hotelphoenix.net
Hill Side Hotel	中区中区路160号	051-4640567	www.chinese.visitkorea.or.kr

汽车旅馆推荐			
名称	地址	电话	网址
爱丽舍旅馆	中区东光洞3街46号	051-2414008	www.elyseemotel.com

其他区

观光酒店推荐			
名称	地址	电话	网址
釜山西面东横INN	釜山镇区田浦洞666-8号	051-6381045	www.toyoko-inn.kr
釜山沙滩观光酒店	西区南富民洞523-44号	051-2310755	www.chinese.visitkorea.or.kr
上南国际会馆	金井区长箭洞山30号	051-5107000	www.sangnam.co.kr
海云台日落商务酒店	海云台区中洞1391-66号	051-7309900	www.sunsethotel.co.kr
松亭观光酒店	海云台区松亭洞297-9号	051-7027766	www.songjunghotel.co.kr
水蓝宫殿	水营区广安2洞192-5号	051-7560202	www.aquapalace.co.kr
城堡海滨观光酒店	水营区民乐洞110-60号	051-7572500	www.castlebeach.co.kr
农心酒店	东莱区温泉洞137-7号	051-5502101	www.hotelnongshim.com

公寓式客房推荐			
名称	地址	电话	网址
韩华度假村	海云台区佑1洞1410–3号	051–7495500	www.hanwharesort.co.kr
海云台荣誉度假村	海云台区佑1洞628–5号	051–7468181	www.glory.co.kr

汽车旅馆推荐			
名称	地址	电话	网址
公园酒店	水营区广安2洞201–1号	051–7555005	www.hotelpark.co.kr
天使酒店	釜山镇釜田2洞223–2号	051–8028223	www.angelhotel.co.kr
天一温泉酒店	东莱区温泉1洞142号	051–5538191	www.chinese.visitkorea.or.kr
皇后旅馆	釜山镇区釜田2洞515–55号	051–8068871	www.queensmotel.co.kr
欢聚酒店	釜山镇区釜田2洞	051–8030070	www.chinese.visitkorea.or.kr

2 釜山 → 济州道
Fushan → Jizhoudao

济州道交通

从釜山去济州道

乘飞机前往

从釜山前往济州道，飞机是最方便的交通工具。釜山飞往济州道的航班是由金海国际机场出发，降落在济州国际机场。航班飞行时间大约为 1 小时。

乘轮渡前往

从釜山前往济州道，轮渡是一种可以观赏海景的交通工具。轮渡是由釜山客运港出发，停靠在济州轮渡码头。釜山开往济州的轮渡主要是雪峰号，其航行时间一般为 13 个小时左右。

乘巴士游济州道

济州岛上的主要交通工具是巴士。济州巴士种类有机场巴士、市外巴士、市内巴士、旅游巴士四种，机场巴士提供英语、韩语等标识和广播，市外巴士和市内巴士则只有韩语标识和广播。济州岛的公交线路很复杂，建议游客选择乘坐运行至机场和市内之间的机场座席巴士或旅游巴士。

市外巴士

市外巴士就是在济州岛内全境运行的巴士，在济州市和西归浦市都有市外巴士总站。济州市外巴士总站位于旧济州外侧，其售票处在岛的西侧和南侧。西归浦市的巴士总站设在西归浦市的西南方向。市外巴士的主要运行线路为西环道路、东环道路、5.16道路、1100道路、东部观光道路、西部观光道路、南朝路、中文高速道路，价格一般在850~7500韩元，会根据路线的距离收取费用。

市内巴士

市内巴士通常指在济州市、西归浦市中心及周边运行的巴士，有普通巴士和座席巴士两种。其中，普通巴士的费用一般为800韩元左右，座席巴士的费用一般在850韩元左右，游客在乘坐巴士时需要备好零钱。所有市内巴士的运行时间均为6:00~22:00。

旅游巴士

初次前往济州道旅游，

乘坐快速游览主要景点的旅游巴士观光是非常方便的。乘坐旅游巴士时，游客可提前一天通过打电话064-15444118，或在机场国内航线抵达大厅的综合旅游咨询处和酒店的旅游受理台预约，旅游巴士运行线路有西路、东路两条，运行时间为9:00~19:00，费用为1天35 000韩元，2天55 000韩元.

乘出租车逛济州道

在济州道搭乘出租车非常方便，你只需要在出租车搭乘处等着即可。济州道出租车分为普通出租车、大型出租汽车和模范出租车三种类型，其中普通出租车2千米以内基本费用为1900韩元，超过2千米为每144米或35秒增加100韩元；大型出租汽车和模范出租车的费用一样，在3千米内基本费用为4500韩元，每164米或39秒增加200韩元。需要注意的是，济州道的出租车在午夜至4:00运行时，费用会提高20%。

济州道景点

汉拿山国立公园

济州岛汉拿山

汉拿山国立公园位于济州道的中部，以拥有济州道名山——汉拿山而闻名。公园内动植物种类繁多，你在这里能轻易找到温带和寒带的植物。另外，汉拿山上开设了多条登山路线，给登山爱好者提供了很大的便捷。

旅游资讯

地址：海安洞

交通：从济州市外巴士客运站，乘前往城板岳的大巴，在城板岳入口下车可到

门票：免费

电话：064-7139950

网址：www.english.tour2jeju.net

旅游达人游玩攻略

1. 汉拿山国立公园设有御里牧登山路、灵室登山路、城板岳登山路、观音寺登山路、顿乃克登山路这五条登山线路，游客可以任选一条登山线路进行游玩。具体路线信息可在网上查询（www.hallasan.go.kr）。

2. 观音寺野营场设有可以野营的场所，野营费为小型3000韩元、中型4500韩元、大型6000韩元。

龙头岩

龙头岩是200万年前熔岩喷发后冷却形成的岩石，外形像是在龙宫生活的龙欲飞上天时化作石头一般。在龙头岩东面有一处龙池，这里据说是龙嬉游之地，故名龙池。在这里，你可以看到济州道著名的海女们海底作业的场面，还可以沿海岸线步行至一个拥有众多咖啡厅、粥店、餐厅等设施的小型咖啡厅村。

旅游资讯

地址：龙潭洞

交通：在济州机场乘坐机场大巴（200路、300路）至龙潭2洞事务所下车，再向前步行15分钟可到

门票：免费

开放时间：全天

电话：064-7282753

网址：www.english.tour2jeju.net

📍 榧子林

　　榧子林是被韩国指定的受保护植物林，也是世界上最大的榧子林。这里有数千棵古老榧子树密集生长着，每棵榧子树均有着巨大的树干。榧子树林中有一棵济州道内最古老的树，树龄达 800 年以上，可以称为榧子树的祖先。此外，这里还生长着罕见的兰科植物。榧子树林中开辟了散步小道，游客能在郁郁葱葱的榧子林中享受山林浴。

💬 旅游资讯

地址：北济州郡旧左邑坪垈里山 15 号

交通：在济州长途巴士客运站，乘东环线郊区汽车，在金宁站下车，再换乘开往榧子林的循环汽车可到

门票：成人 1500 韩元，学生 800 韩元

开放时间：夏季 (3 月至 10 月) 9:00~19:00，冬季 (11 月至次年 2 月) 9:00 ~ 17:00

电话：064-7833857　　**网址：**www.english.tour2jeju.net

📍 济州泰迪熊博物馆

济州泰迪熊博物馆

　　济州泰迪熊博物馆是一个可以观赏各种动物缝制玩具的博物馆。该博物馆最大的特征是拥有野生动物、水生动物和花鸟等缝制玩具。博物馆分为 A、B 两栋，里面可以看到大象、老虎等动物的玩具和各种模样的泰迪熊。此外，馆内还展示了电影游行、希腊神话泰迪熊。

💬 旅游资讯

地址：济州市涯月邑召吉里 115-12 号

门票：成人 6500 韩元，青少年 5500 韩元，儿童 4500 韩元

开放时间：9:00~21:00

电话：064-7994820

网址：www.teseumjeju.com

📍 万丈窟

　　万丈窟是目前世界上最长的熔岩洞。万丈窟内有熔岩石笋、熔岩管状隧道等典型熔岩洞所具有的各种形态。洞内一年四季保持 11~21℃的温度，还栖息着蝙蝠等珍贵生物。

💬 旅游资讯

地址：北济州郡旧左邑东金宁里山 7-1 号

交通：在济州长途汽车总站，乘东环线郊区汽车，在万丈窟入口处下车

门票：成人票 2000 韩元，青少年 1000 韩元

开放时间：夏季 9:00~18:00，冬季 9:00~17:30

电话：064-7834818

网址：www.english.tour2jeju.net

📍 如美地植物园

　　如美地植物园位于中文旅游区内，是亚洲规模最大的植物园。园中温室内有花蝶园、水生植物园、生态园、热带果树园、肉质植物园、中央瞭望台等景致，稀有植物众多。此外，园内还有济州道本地植物园和由韩国、日本、意大利、法国等国的特色园林组成的民俗园林。登上园内的瞭望台，可以一饱中文旅游区、天然瀑布、汉拿山以及附近沿海一带的美景。

💬 旅游资讯

地址： 西归浦稽达洞 2920 号

交通： 乘济州机场开往西归浦的机场大巴可到

门票： 成人 (19~64 岁)7000 韩元，青少年 (13~19 岁)4500 韩元，儿童 (3~13 岁) 3500 韩元

开放时间： 夏季 (4 月至 10 月) 8:30~18:30，冬季 (11 月至次年 3 月) 9:00~18:00

电话： 064-7351100

网址： www.yeomiji.or.kr

📍 济州道周边景点

乐园内的石雕

📍 小人国主题乐园

　　小人国主题乐园在当今世界上具有很高的艺术价值。园内有着北京紫禁城、伦敦塔桥、意大利比萨斜塔等 30 多个国家的著名建筑物模型，还有济州石文化、民俗信仰、恐龙化石等陈列空间。

💬 旅游资讯

地址： 南济州郡安德面西广里 725 号

交通： 乘济州机场开往大静方向的 1135 号道路巴士，在西光十字路口下车

门票： 成人 (19~64 岁)7000 韩元，青少年 (13~18 岁)5000 韩元，儿童 (3~12 岁)4000 韩元

开放时间： 夏季 8:30~19:30，冬季 9:00~17:30

电话： 064-7945401

网址： www.soingook.com

金宁迷宫公园

　　金宁迷宫公园是一座位于万丈窟和金宁寺窟之间的主题公园。公园周围景色秀丽，美不胜收。公园内有高于人身的树篱，进入其中，往往会因弄不清方向，而乱转起来。不过，在入园时，园方会附上一张地图，这样就可以顺利走向出口。出口处设有一座高台，高台上有一座钟，顺利完成的人可敲钟庆贺。

旅游资讯

地址：济道州市旧左邑万丈窟街 122 号
交通：在济州市外客运站，搭乘东线市外巴士，在万丈窟下车
门票：成人 3300 韩元，青少年 1650 韩元，儿童 880 韩元
开放时间：8:30~19:00（2 月至 4 月），8:30~20:00（5 月至 7 月），8:30~19:30（8 月至 10 月），8:30~18:20（11 月至次年 1 月）
电话：064-7829266
网址：www.jejumaze.com

最容易让人忽略的景点

太平洋乐园

　　太平洋乐园是一座拥有日本猴子表演、海狮表演和海豚表演的具有四季全天候室内表演场的大型海洋公园，一次入场后，三种表演均可观看。公园内还有以济州海鱼为主题的迷你水族馆鱼类神经标本展、剥制标本展等，室外则有企鹅、海豹、海狮的展示水槽和与大海相连的草坪广场。

旅游资讯

地址：西归浦市色达洞 2950-5 号
交通：乘 95 路公交车在中文观光团地下车
门票：成人 12 000 韩元，青少年 10 000 韩元，儿童 8000 韩元
电话：064-7382888
网址：www.pacificland.co.kr

旅游达人游玩攻略

太平洋乐园有酒店式的游艇，在游艇上，你可以享受美食、垂钓、住宿等带来的乐趣，想了解如何乘坐游艇可以打电话咨询。

山房窟寺

　　山房窟寺位于没有火山口的山房山上，因山峰西南侧的悬崖上有一个岩石洞，洞内供奉着佛像，而得名山房窟寺。洞内可沿着海岸线看到马罗岛以及呈龙头形的海岸，洞顶一年四季都有水珠滴下，积于洞内。

旅游资讯

地址：南济州郡安德面沙溪里
交通：乘西归浦开往四季间的巴士可到
门票：成人 2500 韩元，青少年 1500 韩元
电话：064-7606311
网址：www.english.tour2jeju.net

济州道美食

来到济州这座被海洋环绕的海岛，除了尽情游玩美景外，放开肚子品尝美食也是必做的一件事。济州道既有本土风味的菜肴，也有中国口味的菜肴，美食主要以海鲜为主，济州黑猪肉也是非常值得品尝的食物。

济州道风味

·海进生鱼片屋

海进生鱼片屋位于济州市塔洞西码头防波堤入口处，餐厅以鲈鱼、鲷鱼制成的生鱼片最有名。餐厅2、3楼设有落地窗，坐在窗户旁边，可以一边眺望大海的美景，一边品尝新鲜的生鱼片等美食。

地址：济州市健入洞 1435-2 号
营业时间：10:30~24:00
电话：064-7224584

·中文新罗园

中文新罗园位于中文观光团地内，是传统草家与现代建筑相融合的餐厅。餐厅外面设有凉台，到了晚上，你可以感受到夜景与灯光相融合的气氛。餐厅中的主打菜肴是马肉。同时，这里的济州黑猪肉、带鱼、鲭鱼、玉鲷等也是十分美味的菜肴。

地址：西归浦市色达洞 2480-4 号
交通：乘 600 路巴士在中文观光团地入口下车
营业时间：10:00~22:00
电话：064-7397920
网址：www.jejushinlawon.com

· 新岛排骨

　　新岛排骨位于济州西归浦有名的天地渊瀑布旁边，以经营济州道黑猪五花肉而出名。店内猪肉经过精心挑选，并采用直火烧烤，口感细腻。另外，店内的冷面也值得一尝。

地址：西归浦市西归洞 650-2 号
交通：在济州机场乘 600 路机场巴士，到西归浦新京南酒店下车
营业时间：10:00~23:00
电话：064-7324001

· 随喜餐厅

　　随喜餐厅以杂色鲍、海鲜砂锅、烤玉鲷、烤济州银带鱼及水拌生鱼片为特色菜肴，味美价廉。来到这里，你不仅可以品尝到新鲜的食物，还可以一览天地渊瀑布下流与埠头西归浦七十里全景。

地址：西归浦市正房洞 444 号
交通：乘 95、99、1118 路公交车，在阳光沙滩酒店站下车
营业时间：10:00~22:00
电话：064-7620777
网址：www.yescall.com

🍴 中国风味

· 大观园

　　大观园是济州一家拥有数十年历史的中式餐馆。餐馆制作的中式菜肴相当地道，红烧鱼、炒三鲜、松茸炒鲜蔬是其主打菜肴。餐厅环境舒适，服务周到，是来济州道游玩的中国游客最喜欢去的餐馆之一。

地址：济州市连洞 312-54 号
营业时间：11:00~21:00
电话：064-7466067

· 桃源

　　桃源是一家口感正宗的中餐店，店主是一位华侨。店内以经营海鲜锅巴汤、干烧虾、中式冷面、套餐为主，其海鲜类菜肴均选用济州道产的新鲜海产品烹制而成，深受中国游客喜爱。

地址：济州市老衡洞 748-1 号
交通：乘 100、502 路公交车可到
营业时间：11:00~22:00
电话：064-7463981

· 老上海

　　老上海以提供各式新鲜美味又独具特色的高级中餐而闻名。餐馆主要提供蒸鳕鱼、蟹肉鱼池浓汤、干烹鸡、粤式点心等美食。餐馆以接待外宾、游客为主，也是家庭聚餐及友人聚会的理想场所。

地址：济州市连洞 291-30 号
交通：乘 38、100、200 路市区公交可到
营业时间：12:00~22:00
电话：064-7418480
网址：www.thehotelasia.com

📷 **旅游达人游玩攻略**
在老上海就餐后，除了要支付所点菜肴的钱外，还得另外支付 10% 的附加税。

济州道购物

走在济州，你可以根据自己的喜好来选择不同的购物场所。如果想要购买名牌商品，可以前往免税店；如果想要购买廉价商品，则可以前往廉价超市。此外，想要购买济州特产，可以前往旅游特产品综合店。

名品集中的免税店

· 济州机场免税店

济州机场免税店是给来济州观光的游客提供便捷购物服务的大型商场，也是韩国国内唯一的本国人也可以购物的免税店。店内销售的产品多达数千种，主要商品有化妆品、服装、洋酒、烟等。不过，需要注意的是，这里不销售济州岛的纪念品或土特产品。

地址：龙潭 2 洞 2002 号
交通：济州国际机场国际线 3 层
电话：064-7470283
网址：www.cn.lottedfs.com

旅游达人游玩攻略

想要在济州机场免税店购物的人，可以先在网上查看想要的商品的种类和价格，然后提前预订。另外，在店内购物后，可以用日元、美元、韩元等现金或信用卡、旅行支票支付货款。

· 新罗免税店

新罗免税店是一家有着休闲、舒适的购物环境的大型免税店。该店共分两层，主要销售著名国际品牌商品和观光旅游纪念品。其一层有各种海外名品店，二层有化妆品、皮包、太阳镜、服装、电子机器等店及韩国纪念品店。

地址：莲洞 252-20 号
交通：乘坐济州机场至市内的坐席巴士可到
营业时间：10:00~19:30
电话：064-7107100
网址：www.shilladfs.com

🎁 物美价廉的超市

· Home plus

　　Home plus 位于风景优美的西归浦市中心地带，是一家深受外国游客喜爱的廉价超市。超市共有三层，一层主要销售杂货、各种品牌服装、体育用品、化妆品等商品，二层主要销售新鲜食品、糕点、加工食品等商品，三层有照相馆、咖啡厅等服务设施。

地址：西归浦市中央路 180 号
交通：乘 1、2、5、9 路一般巴士可到
营业时间：9:00~23:00
电话：064-7318000
网址：www.corporate.homeplus.co.kr

· 易买得超市

　　易买得超市位于繁华的一周东路上，是一家连锁廉价超市。超市主要经营食品、生活用品、家电等商品，提供换汇、免税服务，并配备了精通外语的导购员，给外国游客购物带来了很大的便捷。

地址：西归浦市一周东路 9209 号
交通：乘 100 路座席巴士可到
营业时间：10:00~23:00
电话：064-7971234
网址：www.emart.com

济州道娱乐

　　济州道绝对是一个能让你玩得开心的地方。在这里，你可以去咖啡店内，点上一杯咖啡，静静地享受美景；可以去高尔夫球场中，一边挥杆一边看海景；可以去风景优美的牛岛钓鱼、骑自行车……

· 星巴克咖啡店

　　星巴克咖啡店位于风景优美的西归浦市内，以卡通的装修风格而格外受关注。咖啡店建筑顶部用卡通图案装饰而成，内部有明亮的落地玻璃窗。来到这里，你可以找个靠窗的位置坐着，一边品尝香浓的咖啡，一边观看窗外的景色。

地址：西归浦市城山邑城山里
交通：乘 1 路一般巴士可到

·五月花良心咖啡馆

五月花良心咖啡馆是一间位于海边的咖啡馆，二楼朝海的一面有一个露台，游客可以坐在上面一边吹海风、一边喝咖啡。这家咖啡馆里没有服务人员，完全自助，客人需要自己冲洗咖啡杯，自己冲泡咖啡，最后结账时也靠客人凭自己的良心给钱。

地址：济州市（近济州国际机场）

电话：082-7127898

·中文高尔夫俱乐部

中文高尔夫俱乐部位于中文观光园内，这里拥有一座较高水准的高尔夫球场。内部拥有汉拿路线和海岸路线这两条打球线路。其中，汉拿路线是外部路线，可以一边打球一边观赏汉拿山的美景；海岸路线是内部路线，场内沿中文海岸布置球洞，可以一边打球一边观赏海景。

地址：西归浦市穑达洞中文观光园内

交通：在济州国际机场乘机场大巴，在高尔夫俱乐部入口下车

电话：064-7357240

网址：www.jungmunbeachgolfclub.com

·牛岛

牛岛是济州地区最大的岛屿，自然环境极为优越。来到这里，你不仅可以住在有着浓厚民族风味的民居里，还可以在宽阔的大草原骑着马儿奔跑，可以前往海边钓鱼，可以骑自行车环岛游。

地址：济州市牛岛面

交通：在济州郊外汽车站，乘东环线郊区汽车，在城山下车，然后乘船前往

营业时间：全天

电话：064-7283381

网址：www.english.tour2jeju.net

📷 **旅游达人游玩攻略**

在牛岛钓鱼时，需要注意的是，除灯塔下方的区域外，其他海域的水都比较深，风浪也大，建议游客不要随便垂钓。

济州道住宿

在济州道选择住宿点非常方便，不管是在济州市，还是在西归浦市，你都能轻易找到住宿点。在这里，你可以根据自己的喜好挑选住宿点类型，其主要类型有观光酒店、家庭酒店、公寓式客房三种。每个种类的住宿点价格都不同，而且会随着旅游淡旺季变化而波动，具体情况可以在网上查询。

济州市区

观光酒店推荐			
名称	地址	电话	网址
济州海洋套房酒店	塔洞海岸路74号	064-7206000	www.oceansuites.kr
济州星园度假村	涯月邑新严里920号	064-7441160	www.etoileps.com
海洋豪华酒店	朝天邑咸德里1252-55里	064-7830007	www.oceangrand.co.kr
罗伯洛酒店	三徒2洞57-2号	064-7577111	www.roberohotel.com
芳香酒店	连洞274-37号	064-7438000	www.aromajejuhotel.com

家庭酒店推荐			
名称	地址	电话	网址
考特道家庭酒店	旧左邑东福里827号	064-7820800	www.cotedor.co.kr
波澜沙滩酒店	涯月邑郭支里1565-18号	064-7992345	www.billowbeach.com
济州多莱度假村	涯月邑2867-4号	064-7997770	www.jejuolle.co.kr

西归浦市区

观光酒店推荐			
名称	地址	电话	网址
济州水晶酒店	西归洞316-4号	064-7328311	www.jejucrystal.com
小法国酒店	西归洞486-1号	064-7324552	www.littlefrancehotel.co.kr
大国岛酒店	西归洞322-6号	064-7630002	www.isleinnhotel.co.kr
好时光酒店	西归洞411-13号	064-7679600	www.goodinn.co.kr

《去日本 去韩国终极实用版》编委会

本书主编：付春琳

编写成员：单　雪　影　　尹　　浩　　陈　玉　兰　　聂　宝　菊　　李　玉　佳
　　　　　朱　　兰　　董　　蕾　　吴　丹　丹　　岳　会　博　　汪　婷　婷
　　　　　朱　五　红　　刘　　芬　　靳　　颖　　李　来　阳　　陈　龙　龙
　　　　　王　　磊　　许　　红　　文　　章　　李　莉　莉　　黄　　嫚
　　　　　魏　亚　男　　常　美　玲　　刘　春　洁　　郑　晓　小　　尹　钢　钢
　　　　　陈　　艳　　姚　章　琳　　李　兴　华　　刘　萌　萌　　王　春　晓
　　　　　王　永　军　　刘　佳　辉　　褚　小　璇　　姜　　薇　　曾　　祥
版式制作：缪　利　军　　江　　豪　　薄　　静　　顾　传　营

技术总监：李彩燕